그리고 로마는 그들을 보았다

로마 세계의 눈에 비친 그리스도교

THE CHRISTIANS AS THE ROMANS SAW THEM

그리고 로마는 그들을 보았다

로마 세계의 눈에 비친 그리스도교

로버트 루이스 윌켄 지음 · 양세규 옮김

비아
VIA

| 차례 |

일러두기

· 고대 사료를 인용한 경우 본문 아래에 명시했다. 플리니우스나 켈소스
등 이 책이 다루는 핵심 인물의 본문과 번역본에 관한 정보는 해당하는
장에 수록되어 있다. 많은 고전 그리스·로마 문헌의 영문 대역본이 「로
브 고전 문고」Loeb Classical Library 시리즈로 출간되어 있다. 그 밖에 잘 알려
지지 않은 저작에 관해서는 편집자의 이름을 수록했다.

· 그리스도교 문헌은 자크폴 미뉴Jacques-Paul Migne가 편집한 「교부 문헌
총서」Patrologiae cursus completus(Paris, 1844)의 분류를 따라 PG(그리스 교부 총
서Patrologia Graeca) 또는 PL(라틴 교부 총서Patrologia Latina)로 인용하거나, 「그
리스도교 원전」Sources chrétiennes(Paris, 1941) 「그리스도교 문학 전집」Corpus
Christianorum(Turnhout and Paris, 1953)및 더 최근의 비평판이 있는 경우 이를
따랐다.

· 고대 저작의 약어 표기는 다음의 표준 사전의 용례를 따랐다. *A Greek
English Lexicon*, comp. Henry George Liddell and Robert Scott (Oxford, 1968),
Oxford Latin Dictionary, ed. P. G. W. Glare (Oxford, 1982), *A Patristic Greek
Lexicon*, ed. G. W. H. Lampe (Oxford, 1961), *Dictionnaire Latin-Français des
Auteurs Chrétiens*, ed. Albert Blaise and Henri Chirat (Turnhout, 1954).

· 그리스도교 문헌의 한글 제목은 한국교부학연구회, 「교부 문헌 용례집」
(수원가톨릭대학교출판부, 2017)을 따랐습니다.

· 인명의 경우 라틴어로 글을 쓴 사람은 라틴어 발음을, 그리스어로 글을
쓴 사람은 그리스어 발음을 따르는 것을 원칙으로 하였습니다. 다만 이
미 널리 관행으로 굳어진 형태가 있는 경우, 관행을 따랐습니다.

· 지명의 경우 고대 발음을 존중하되, 현대 지명으로 표기하는 것이 이해
에 더 도움이 된다고 판단된 경우에는 현대 지명을 따랐습니다.

· * 표시는 독자의 이해를 돕기 위해 옮긴이가 단 주석입니다.

던과 메리에게,

그리고 스쿠딕 호수에서 보낸 여름을 추억하며

감사의 글

책의 원고 전체를, 또는 일부를 읽고 유용한 논평과 비판을 해준 여러 친구와 동료들에게 감사한다. 특히 필립 데버니시, 로버트 M. 그랜트, 데니스 그로, 스탠리 하우어워스와 앤 하우어워스, 찰스 캐넌기서, 리처드 J. 뉴하우스, 헤럴드 리머스에게 감사한다.

아울러 이 책에 관심을 가져 준 예일대학교 출판부의 찰스 그렌치에게 감사한다. 바버라 폴솜은 이 책의 원고를 성심껏 편집해 주었다. 데이비드 헌터는 색인 작업을 해주었다. 이 모두에게 감사의 인사를 전한다.

2판 서문

몇 년 전 어느 국제 학회에서 이 책의 일본어 번역자를 만난 적이 있다. 그는 일본에서 이 책이 꽤 인기를 끌었다고 했다. 궁금해진 나는 이유를 물었다. 그러자 그는 곧바로 "일본의 지식인들이 이 책에서 그리스도교를 반박할 새로운 근거들을 발견했기 때문"이라고 대답했다. 책을 쓴 입장에서는 참으로 유감스럽고 우려스러운 답변이었다. 그러나 독자는 저자의 의도를 거의 따라가지 않으며, 때로는 저자가 원하지 않았던 방향으로 읽는 경우도 있는 법이다. 책을 쓰는 이 모두는 언젠가 이 사실을 배우게 된다.

독일어 번역본이 출간되었을 때도 나는 마찬가지의 깨달음을 얻었다. 원래 이 책의 표지는 1세기 로마의 희생 제사 장면을 담고 있었다. 왼편에는 신관으로 보이는 한 여성이 서 있고, 가운데에는 제구들을 둘, 발이 세 개 달린 받침대 모양의 용기가 있다. 그 옆에는 향로가 있고, 오른편에는 한 남성이 제물로 바칠 동물을 데려오고 있다. 젊은 시종이 그를 따른다. 책을 쓰기 시작할 즈음 뮌헨의 글립토테크 박물관에서 본 부조인데, 나는 출판사에 표지로 써 달라고 특별히 요청했다. 로마인들의 종교심을 잘 드러낸다고 생각했기 때문이다. 로마 사회가 비종교적이고 부도덕했다는 통념을 극복하는 것도 이 책을 쓴 목적 가운데 하나였다. 그러나 독일어 번역본을 받아본 나는 유감을 금치 못했다. 출판사는 하필《사비니 여인들의 중재》일부를 표지 삽화로 넣었기 때문이다. 전체 그림에 담긴 사정을 모르는 이에게는 로마 군인이 잔인하고 무자비한 제국의 권력 아래 두려워 떠는 그리스도인들을 향해 창을 던지는 모습으로, 폭력과 희생양이라는 이분법으로 보일 수 있지 않을까? 지나친 기우일 수도 있겠지만 말이다.

이 책은 로마 세계의 눈으로 바라본, 다시 말해 로마인과 그리스인의 시각에서 바라본 그리스도교에 관한 이야기다. 1948년 프랑스 학자 피에르 드 라브리올Pierre de Labriolle은 『고대 다신교의 반응』La Réaction païenne이라는 제목으로 그리스도교에 대한 그리스·로마 세계 전통 종교의 비판을 다룬 적이 있다.[*] 그러나 이 책은 번역되어 소개된 적도 없고, 무엇보다 그리스도교와 전

---

[*] 다음 책을 가리킨다. Pierre de Labriolle, *La réaction païenne: Étude sur la polémique anti- chrétienne du Iᵉʳ au VIᵉ siècle* (Paris: L'Artisan du livre, 1948)

통 종교의 관점을 오가는 문제가 있었다. 그러므로 이 책에서는 비판자들의 세계로 들어가 최대한 그들과 공감하고 그들을 이해하는 가운데 그들이 바라본 그리스도교의 모습을 제시하고자 했다.

이 책에 앞서 그리스도교가 등장할 무렵의 로마 종교에 관해 야심 차게 다룬 연구가 있다. 로빈 레인 폭스Robin Lane Fox가 1987년에 쓴 『고대 다신교인과 그리스도인』Pagans and Christians이다.* 레인 폭스는 그리스도교라는 새 종교를 지중해 세계 주요 도시들의 시민 생활, 종교 생활에 나란히 놓고자 했다. 그는 문헌뿐만 아니라 금석문도 광범위하게 활용하며 로마 세계의 전통적 경건, 종교심에 담긴 경외와 친밀감이 얼마나 강력한 것이었는지 매우 상세하게 분석했다. 통념과는 달리 2세기와 3세기는 '근심의 시대'가 아니었다. 신들은 항상 함께했다. 신들은 "인간의 꿈에 나타나 함께하고 그들의 뜻을 담은 말로써, 표지로써 인간의 길을 인도했다". 레인 폭스는 종교에 관한 사람들의 생각 자체보다는 지역 사당과 신전, 축제와 제사, 봉헌과 신탁에 주목했다. 이런 것들은 모두 시민적 자부심의 원천이었다. 나중에 가서야 그리스도교와 유대교의 영향으로 서구 사회에는 진정한 의미에서의 종교적 헌신이나 (우리가 흔히 말하는) 신앙이란 내면의 문제라는, 정신과 마음의 변화와 관련되어 있다는 식의 이해가 자리

---

* 다음 책을 가리킨다. Robin Lane Fox, *Pagans and Christians* (New York: Alfred A. Knopf, 1987)

잡게 된다. 레인 폭스는 로마 세계 사람들이 이러한 전통적 관행을 얼마나 친숙하게, 얼마나 편안하게 느꼈는지 보았다. 그리스도교가 교정해야 할 치명적 결함은 로마 종교에 없었다.

제도로서의 종교와 관행에 주목하며, 레인 폭스는 그리스도교의 비판자들이 살았던 세상이 어떤 것이었는지 탐구하는 한편, 켈소스나 포르퓌리오스와 같은 사상가들이 무엇을 지키려고 했고 왜 그리스도교가 주장하는 새로운 방식에 비판적이었는지 더 쉽게 이해하게 했다. 그의 요지 가운데 우리가 돌아보아야 할 중요한 것 하나는 그리스도교의 성공이 전통 종교의 결점 때문이 아니었다는 사실이다. 그리스도교와 고전 문화의 연속성을 강조하는 해석에 그는 반대한다. 그리스도교는 무언가 새로운 것을 가져왔다. 그리고 이는 고대 사회에 이미 확립된 통념과 감수성에 불편하게 다가오는 것이었다. "그리스도교의 이상에는 다른 동기, 다른 핵심이 있었다."

그리스도교가 왜 성공했는지, 전통 종교는 왜 몰락했는지 설명할 수 있는 이론을 제시하는 것은 이 책의 목적이 아니었다. 거창한 이야기를 할 생각은 없었다. 나의 주된 관심은 그리스도교가 뿌리내린 세계의 종교적 지평을 묘사하며, 그 세계가 그리스도교라는 새로운 종교의 모습과 시각을 어떤 방식으로 형성했는지 살펴보는 데 있었다. 이를 위해 당시 로마 세계의 문화적, 종교적 지평을 (발흥하던) 그리스도교의 문화적, 종교적 함의와 긴밀히 연결하고자 했다. 그리스도교가 지금 형태의 모습으로 발전한 것은 한편으로 켈소스와 포르퓌리오스, 율리아누스와 같은 비판자들이 있었기 때문이다. 그리스도인들은 고대 세계의 전통을 과거의 학문적 유산으로만 접하지 않았다. 그리스와 로마의 지식인들이 제기한 가혹한 비판에 필사적으로 대응하며 그들은 이러한 유산과 만났다. 이 만남을 통해 그리스도인들은 자신이 믿는 내용에 관해 더 명확하게 표현할 수 있게 되었다. 그들이 없었더라면 그리스도교는 지적으로 더 빈약했을 것이다. 그리스도교의 하느님 이해에는 창조에 관한 새로운 시각, 즉 무로부터의 창조라는 개념이 필요하다는 사실을 처음 간파한 인물은 의사이자 철학자였던 갈레노스였다.

그리스도교 사상가들이 비판자들과 얼마나 많은 것을 공유하였는지 돌아본다면 사실상 헬레니즘 문명이 그리스도교 사상의 방향을 설정했다고 대답하기 쉽다. 예를 들어 4세기 후반 밀라노의 주교 암브로시우스Ambrose는 키케로의 『의무론』De Officiis을 모방하여 도덕적 삶에 관한 책을 썼고, 심지어 제목도 '의무론'이라고 붙였다.* 이 책에서 그는 고전적인 덕, 현명함, 정의, 용기, 절제 등을 활용해 그리스도교 윤리를 제시했다. 아우구스티누스는 신플라톤주의자들의 글을 읽고 하느님에 관한 영적 이해에 도달한 인물이다.

그러나 고대의 자료들, 특히 그리스도교 자료들을 더 깊이 살

---

* 암브로시우스의 책은 다음 책으로 역간되었다. 『성직자의 의무』(아카넷, 2020)

펴본다면 그리스도교의 이질적인 모습이, 그리스도교가 태어난 세상과는 확연히 다른 모습이 눈길을 끌기 시작한다. 그리스도교는 역사적 인물을 중심으로 했다. 그리고 국가에서 독립된 새로운 공동체를 형성했다. 주교는 도시의 관리가 아니었다. 따라서 정치권력도 주교의 선출에 개입할 일이 없었다. 성서는 그리스도인들에게 하느님과 인간, 세상, 역사를 이야기할 새로운 어휘들을 선사했다.

애초에 나는 초기 그리스도교 호교론자들에서 순교자 유스티노스나 테르툴리아누스, 오리게네스, 에우세비오스, 아우구스티누스, 알렉산드리아의 퀴릴로스 등 그리스도교라는 새 종교를 변호하고 이를 외부에 설명하려던 인물들에 관한 연구를 준비하고 있었고, 이 준비 작업으로 그리스도교의 비판자들에 관해 살펴보았다. 그런데 여기서 흥미로운 점을 발견했다. 그리스도교는 언제나 그리스·로마 세계의 사고방식, 그 범주와 관습을 깨뜨렸다. 그리스도교의 상상력은 그리스도교 전통 안에서 형성되고 자라났다. 물론 고대 문명에 뿌리내린 사고의 지평 안에서 활동했지만, 그리스도교 사상가들은 이를 매우 깊은 수준에서 바꾸어 갔다. 그 결과 완전히 새로운 무언가가 등장했다.

호교론자들에 관한 책은 결국 쓰지 못했다. 그러나 덕분에 그리스도교의 내면에 관해 더 깊이 빠져들 수 있었다. 서문을 새로 쓰는 지금에서야 나는 그리스도교의 입장에서 이야기하는 책의 출간을 앞두고 있다. 이 책 역시 애초에 구상했던 것과는 다르게 진행되었다. 『초기 그리스도교 사상의 정신』The Spirit of Early Christian Thought이라는 제목을 붙였는데, 그리스와 로마의 비판자들보다는 성서와 예배, 그리스도의 인격이 제기한 문제에 더 주목하고 있다.*

어쨌거나 처음에 뇌리를 스친 직감은 유익했다고 본다. 초기 그리스도교 사상을 연구하는 첫걸음은 비판자들에게서 시작한다. 비판자들은 주의 깊고 지적으로 예리했다. 그들은 처음부터 그리스도교에 고대 세계의 종교와 철학이 지향하는 바와는 다른 특징이 있다는 사실을 간파하고 미심쩍게 바라보았다. 나아가 적극적으로 그리스도교 성서를 공부하고 그리스도교 사상가들의 글을 읽으며 그리스도교라는 새 종교를 이해하려고 했다. 그들의 글이 오늘날에도 매력적으로 다가오는 이유다. 그들이 지적한 측면들은 우리도 인정하지 않을 수 없는 것들이다. 그리스도인들과 비판자들의 논쟁은 심오하고 방대했으며 인간 영혼의 기저에 있는 문제들과 관련이 있었다. 거의 2,000년의 세월이 흘렀지만, 쟁점 대다수는 오늘날에도 유효하다.

---

* 다음 책을 가리킨다. Robert Louis Wilken, *The Spirit of Early Christian Thought: Seeking the Face of God* (New Haven: Yale University Press, 2003) 『초기 기독교 사상의 정신』(복 있는 사람)

들어가는 말

로마 제국에 살던 사람들에게 그리스도교란 무엇이었을까? 서유럽과 비잔티움 세계의 지배 종교로 자리 잡기 전, 그리스도교 바깥에 있던 사람들은 그리스도교를 어떻게 바라보았을까? 사람들은 그리스도교 초창기의 역사를 이야기하며 으레 그리스도인들이 남긴 자취를 사료로 삼곤 했다. 이를테면 신약성서의 복음서들, 바울의 편지들, 안티오키아의 이그나티오스Ignatius of Antioch나 로마의 클레멘스Clement of Rome, 순교자 유스티노스Justin, 이레나이오스(이레네우스)Irenaeus, 테르툴리아누스Tertulian, 오리게네스Origen와 같은 인물들이 남긴 글들을 들 수 있다. 사람들은 이러한 문헌들을 수백 년 동안 연구하며 우리가 알고 있는 초기 그리스도교에 관한 정보 상당수를 제공했다. 20세기에 들어서야 이집트의 나그 함마디Nag Hammadi에서 발견된 영지주의 문서와 같은 새로운 문헌들이 사료에 추가되었다. '주류' 바깥에 있던 그리스도인들이 남긴 자취는 초기 그리스도교 운동의 역사와 성격을 새롭게 바라보는 데 기여했다. 이른바 '위대한 교회'의 지도자들이 일탈이자 이단으로 단죄한 영지주의자들이 남긴 저작도 엄밀히 말하면 그리스도교의 또 다른 자화상이라고 할 수 있다.

그러나 완전히 다른 배경에서 나온 자료들도 적잖이 있다. 그리스도교에 관해 로마와 그리스의 이교 저술가들이 남긴 기록들인데, 다른 주제를 다루다 곁가지로 그리스도교를 언급하는 경우도 있고, 저작 전체에 걸쳐 그리스도교를 정면으로 논박하는 경우도 있다. 이러한 기록들은 당시 태동하던 교회의 모습을 완전히 새롭게 조망하게 하지만, 해당 분야의 전문 연구자들을 제외한 일반 독자들에게는 아직 낯선 편이다. 물론 그리스도교 초기 역사를 다루는 저서들이 간혹 언급하는 경우도 있지만, 그리스도교에 관한 새로운 관점을 제시하는 수준에 이르지는 않고 있다.[1]

그리스도교 역사의 초창기를 이해하는 데 외부 저술가들의 시각이 값진 이유는 바로 이들이 그리스도교에 관해 아는 것이 거의 없었기 때문이다. 그들은 이 새로운 운동에 관해 논평할 근

---

[1] Pierre de Labriolle, *La Réaction païenne. Etude sur la polémique antichrétienne du Iᵉʳ au VIᵉ siècle*(Paris, 1948)은 오늘날에 이르기까지 이 주제에 관한 표준적인 연구다. 더 최근의 연구는 참고문헌에 제시된 네슬Nestle, 벤코 Benko, 메레디스Meredith의 논문을 참고하라.

거로 삼을 만한 것이 없었다. 그리스도교 운동에 관해 최초로 언급한 사람은 2세기 초의 한 로마인, 플리니우스Pliny다. 비튀니아 속주(오늘날의 튀르키예 북부) 총독이었던 그는 그리스도교를 가리켜 '미신'superstition이라고 불렀다. 2세기 말, 그리스 철학자 켈소스Celsus는 예수를 가리켜 마술사, 주술사라고 썼다. 이러한 진술은 그저 단순히 편견이나 근거 없는 비방이었을까? 혹시 이 시대 그리스도 신앙에 관한 무언가 의미 있는 사실을 담고 있지는 않을까? 그리스도교가 첫걸음을 내딛던 세상에서 이러한 평가가 의미하는 것은 무엇일까?

그리스도교 외부자들이 남긴 기록 상당수는 단편의 형태로만 전승되었다. 그리스도교에 관한 이야기는 편지에서, 또는 무언가 다른 주제를 다룬 글이나 역사 서술에서 우연히, 혹은 형식적으로 스쳐 지나간다. 물론 그리스도교에 관해 정면으로 비판한 저작들의 일부가 남아 있기도 하다. 그러나 이런 저작들은 오늘날 모두 소실되어 원형 전체를 찾을 수는 없다. 로마 제국을 장악한 그리스도인들은 그리스도교를 향한 비판을 용납하지 않았고, 그리스도교를 비판한 문헌들 대다수는 불길 속으로 던져지는 운명을 맞았다. 이러한 상황 가운데서도 상당수 단편이 전승될 수 있었던 것은 아이러니하지만 그리스도인들이 이들을 반박하며 인용했기 때문이다. 이렇게 보존된 목소리들에서 발견되는 그리스도교의 모습은 생생하면서도 낯설다.

기원후 180년경 켈소스가 쓴 그리스도교 반박 「참말」Ἀληθής

λόγος은 이런 식으로 보존된 가장 오래된 문헌 중 하나다. 켈소스의 책에 관해 우리가 알고 있는 내용은 모두 알렉산드리아에서 활동한 그리스도교 신학자이자 호교론자 오리게네스가 남긴 기록에 의존하고 있다. 그는 켈소스의 책이 나온 지 70년 후에 이른바 「켈소스 반박」*Κατὰ Κέλσου*이라는 장문의 저작을 통해 이를 논박했는데, 70년이 지난 후에도 반박이 필요했다는 사실 자체가 켈소스의 주장이 얼마나 위협적이었는지를 보여 준다. 오리게네스는 켈소스의 글에서 많은 부분을 가져와 그대로 인용했다. 따라서 오리게네스가 인용하며 덧붙인 해석과 반론을 걷어 내고 켈소스의 주장을 당대의 철학적 사유의 틀 안에 놓으면 그가 그리스도교를 어떻게 이해하였는지 상당히 신뢰할 만한 그림을 재구성할 수 있다. 나아가 당대의 여러 종교 집단, 혹은 전통 종교에 비추어 그리스도교에 어떤 공통점과 차이점이 있었는지, 그리스도인들이 무엇을 믿고 어떻게 살았는지, 왜 배척받게 되었는지 추론할 수 있다.

그리스도교를 집중적으로 논박한 고대 세계의 핵심 인물은 켈소스 외에도 두 사람을 더 들 수 있다. 바로 3세기 신플라톤주의 철학자 포르퓌리오스*Porphyry*와 4세기의 로마 황제 율리아누스*Julian*다. 이들의 목소리 또한 마찬가지로 이를 논박한 그리스도교 호교론자들의 글을 통해 복원할 수 있다. 그 밖에도 플리니우스와 갈레노스*Galen*, 다른 여느 대상처럼 그리스도인들을 조롱한 풍자시인 루키아노스*Lucian*등 그리스도교에 관해 언급한 인물들은 많이 있다. 그들이 그리스도교를 이해한 방식에 관해서는 비교적 단편적인 사실만 추론할 수 있으나, 그럼에도 불구하고 이들의 기록은 당시 로마 세계의 사람들이 그리스도인들을 어떻게 바라보았는지 상당한 부분을 알려주고 있다.

이 책은 2세기 중반에서 시작해 4세기 후반 율리아누스의 시대에 이르는 약 300년의 시간 동안 고대 로마 세계의 사람들이 그리스도교를 향해 던진 비판들을 다룬다. 그들의 목소리에서 시작해, 그들의 시각을 당대의 종교적, 지적, 사회적 지평에 놓아보고자 한다. 이러한 과정에서 나는 어떤 식으로든 그리스도교의 시각을 개입하지 않도록 각별한 주의를 기울였다. 곧 당대 그리스도인들이 그들에 관해 쓰거나, 또는 생각했을 것으로 보이는 내용을 배제했고, 오늘날 우리의 그리스도교 이해를 바탕으로 그들의 주장을 판단하지 않고자 했다. 이는 고대 다신교 저술가들이 묘사하는 그리스도교의 '실상'이 오늘날 그리스도인들이 이해하는 그리스도교의 모습과 여러 측면에서 차이가 있기 때문이다. 나는 이러한 외부자의 시선이 그리스도교의 성격이 어떤 것이었는지에 관해 중요한 사실을 이야기해준다고 확신한다. 그리스도교가 성숙할 수 있었던 환경을 만들어 준 이들의 시선을 배제한다면 우리는 결코 그리스도교의 어제와 오늘을 이해할 수 없다. 어떤 것의 겉모습은 그 본질의 일부다. 타자의 시선이 한 사람이 살아가는 현실을 좌우하는 사회에서는 더욱 그렇다.

초기 그리스도교를 향한 우리의 시선은 왜곡되어 있다. 전문적인 로마사 연구자들은 더 폭넓고 균형감 있게 그리스도교를 이해할 수 있다. 그러나 그들은 고대 그리스도인들의 목소리에 귀를 기울이지 않는 경향이 있다. 한편 초기 그리스도교 연구자들은 그리스도교의 모습과 입장을 터무니없을 정도로 확대하는 경향이 있다. 초기 그리스도교의 문제들과 사료들에는 익숙하지만, 그리스도교 바깥의 사료는 대개 피상적으로만 알고 있기 때문이다. 결국 교회사 연구에서 교회 바깥의 역사는 형식적으로 덧붙이는 모호한 배경에 머무는 경우가 대부분이다.

역사가 램지 맥멀렌Ramsey MacMullen은 『로마 제국의 고대 종교』Paganism in the Roman Empire에서 초기 그리스도교에 관한 고전적 연구인 아돌프 폰 하르낙Adolf von Harnack의 『최초 300년간의 그리스도교 선교와 확장』The Mission and Expansion of Christianity in the First Three Centuries을 언급하며 이렇게 쓰고 있다.

헤아릴 수 없이 많이 인용된 사료들 가운데 … 고대 다신교의 목소리가 반영된 부분은 하나도 찾아볼 수 없다. 다른 종교를 가진 이들이 어떻게 생각했고 무엇을 믿었는지에 관해서 진지한 관심을 기울이는 부분은 단 한 줄도 보이지 않는다. 그리스도교로 개종한 사람들이 이전에 가졌던 시각에 관해 다루지 않는 것, 선교가 마치 백지에서 시작하는 것처럼 서술하는 것은

역사가의 눈에는 매우 의아하게 비칠 수밖에 없다.[2]

하르낙의 시대부터 오늘날에 이르기까지 초기 그리스도교 연구에는 많은 진전이 있었다. 또한, 로마사 연구자들은 로마 세계의 종교, 그리스·로마 철학, 로마 제정 초기 사회에 점점 더 많은 관심을 기울이고 있다. 하지만 이러한 경향이 초기 그리스도교 역사 서술에 미치는 영향은 미미하다.

사실 로마사와 그리스도교 역사의 괴리는 고대 문헌들에서부터 나타난다. 거의 한 세기 동안 로마 세계 사람들 대다수는 그리스도교라는 것이 있는지조차 알지 못했다. 그렇기에 그리스도교가 처음 확산되었을 때 그리스도인과 비그리스도인들은 서로 공유하는 이해가 없었다. 그리스도인 독자들을 염두에 둔, 고도로 신학적인 초기 그리스도교 문서들은 예수의 삶과 교회의 시작을 역사의 전환점으로 묘사했다. 한편 비그리스도인들은 그리스도교 공동체를 하층민들을 끌어들이는 작고 기이하며 불경한 반사회적 집단으로 바라보았다. 예수가 죽은 이후 약 한 세대가 지난 후 집필된 노老 플리니우스Pliny the Elder의 『자연사』Naturalis Historia는 예수나 그리스도교의 태동에 관해 언급조차 하지 않는다. 이미 신약성서의 책들 상당수가 집필된 시점인데도 불구하고 말이다. 그리스도교가 태동한 지 80년이 지나서야 그리스도

---

[2] Ramsey MacMullen, *Paganism in the Roman Empire* (New Haven, 1981), 206 n.16.

교는 로마 세계의 문헌에 나타나기 시작했다.

이 책의 목적 가운데 하나는 고대 로마 세계를 초기 그리스도
교 세계와 더 긴밀히 연결하는 것이다. 그리스도교에 관해 로마
인들과 그리스인들이 남긴 언급들에 주목함으로써, 당대인들이
종교와 철학, 사회를 어떻게 이해하였는지 보이는 동시에 초기
그리스도교를 새롭게 조명하고자 한다. 고대 다신교 저자들이
그리스도교에서 발견한 특수성은 당시 그리스도교 문헌에서 찾
을 수 없는 독특한 시각을 보여 준다. 그리스도교 역사에 관심이
있는 독자는 이를 통해 초기 그리스도교를 새롭게 조망하고 그
리스도교를 그 배경이 된 세계에 놓아볼 수 있을 것이다.

이 책에는 신학적 목적도 있다. 비그리스도인들이 그리스도
인들에 관해 어떻게 생각하였는지 연구하게 된 계기는 초기 그
리스도교 호교론자들에게 관심이 있었기 때문이다. 그들은 그리
스도교의 가르침을 그리스·로마 세계의 언어와 사고 체계 안에
서 이해되고 납득될 만한 것으로 가다듬어 제시하고자 분투했던
사상가들이었다. 그러나 호교론자들의 글을 읽으면 읽을수록 분
명해진 것은, 외부자들의 시각을 먼저 살펴보지 않는다면 결코
그들을 제대로 이해할 수 없다는 사실이었다. 호교론자들이 경
계하며 반박한 사상들이 무엇인지, 그리스도교의 가르침에 반하
지 않는다고 생각한 측면은 무엇인지 이해할 때 비로소 호교론
자들의 입장을 이해할 수 있게 된다. 호교론자들은 외부자들의
사고 구조 안에서 그리스도교의 가르침을 제시한 사람들이었다.

호교론자들 대다수는 고대 다신교 배경에서 성장해 여러 계기를 통해 그리스도교로 개종한 사람들이었다. 그리스도인이 된 후에도, 그들을 형성한 종교적, 지적 세계는 그들의 사고 일부로 남아 있었다.

고대 다신교인들이 남긴 글들을 연구한 후 다시금 호교론자들에게로 돌아가는 것이 나의 목표였으나, 그들의 저술이 워낙 흥미로웠기에 그들의 저술만을 집중적으로 다루어 이 책으로 엮었다. 그리스도교 바깥에서 던지는 비판은 그리스도교 신학에 던지는 의미도 적지 않다. 그리스도교와 고전 고대 지적 전통의 대화에서 출발한 물음 상당수가 그리스도교 사상사를 좌우했다. 어떤 주제들은 심지어 오늘날에 이르기까지 논의되고 있다. 신앙과 이성의 관계, 하느님과 세계의 관계, 무無로부터의 창조creatio ex nihilo, 그리스도교와 유대교의 관계, 예수의 위치, 하느님과 예수의 관계, 성서의 역사적 신뢰성, 그리스도교 신앙과 시민 종교, 역사를 통해 계시하는 하느님 등이 그러한 주제들에 속한다.

어떤 경우에는 그리스도인의 사고에 숨어 있던 근본적인 문제가 외부자의 비판 덕분에 드러난 경우도 있다. 무로부터의 창조가 대표적인 예인데, 그리스도교 신론에서 창조의 과정에 관한 진술을 전면적으로 수정해야 한다는 사실을 그리스도인 사상가들이 깨닫기 수십 년 전에 이미 갈레노스는 성서가 말하는 창조가 철학적으로 취약하다는 사실을 지적했다. 이에 그리스도교 사상가들은 좀 더 주의를 기울여 문제에 다가가야만 했다. 이러한 문제가 수면에 드러난 후 얼마 지나지 않아 그리스도교 사상사에서 처음으로, 신학자들은 무로부터의 창조가 그리스도교 가르침의 핵심 중 하나라고 단언하기 시작했다. 그리스도교 교리가 어떻게, 그리고 왜 그런 식으로 형성되었는지 이해하기 위해 외부자의 지적에 귀를 기울여야 하는 사례는 이것 외에도 많다.

　이 책은 그리스도교 역사와 신학을 연구하는 사람들을 위해 쓴 것이나 일반 독자 또한 염두에 두었다. 이 책은 고대 사료들에 관한 나름의 해석을 싣고 있지만, 어떤 새로운 내용을 제시하려는 것은 아니다. 이 책이 다루는 내용은 이 분야를 연구하는 이들이라면 친숙한 이야기들이다. 책의 구성은 다음과 같다. 다섯 명의 중요한 인물들을 선정했다. 이들 가운데 세 명은 2세기 인물들(소少 플리니우스, 갈레노스, 켈소스)이다. 나머지 두 명은 각각 3세기 인물 포르퓌리오스와 4세기 인물 율리아누스다. 그들의 관점을 중심으로 논의하며 다른 인물들의 목소리를 덧붙여 그림을 완성했다. 이 책에서 모든 것을 다루려고 하지는 않았다. 다만 그 시대를 대표하는 인물들의 시선을 통해 그리스도교에 관한 로마 세계 사람들의 시각을 엿보고자 했다. 사료들은 그 자체로도 매우 흥미롭지만, 글쓴이들에 관해 오늘날 알고 있는 광범위한 정보에 초점을 두고 그들의 이야기를 더 분명하고 생생하게 전달하고자 했다. 2장과 3장에서는 제시된 흐름에서 잠시 벗어나 이 이야기의 두 가지 중요한 측면을 짚으려 했다. 바로 로마 세계에서 종교 집단들이 하던 역할과 로마 세계 사람들이 초기 그리스도교 운동을 '미신'으로 본 이유다. 이 주제는 이미 플리니우스가 언급한 바 있는데, 여기에 관해서는 1장에서 다룬다. 이 책에서 이야기하는 '로마', '로마인'은 로마 제국과 그 거주민을 지칭하며 언어와는 관련이 없다. 여기서 다루는 대다수 인물은 그리스어로 글을 썼다.

제1장

플리니우스 - 통치자

　기원후 111년 8월 중순, 플리니우스와 일행이 탄 배는 펠로폰
네소스 반도 남쪽 끝자락 말레아 곶을 돌아 검푸른 에게해의 파
도를 가로질러 항해하고 있었다. 며칠 후 배는 에페소스에 닿았
다. 소아시아 서안의 항구도시 에페소스, 나그네들은 이곳에서
다시 동쪽으로 향하는 두 개의 길들 중 하나를 택하곤 했다. 몇
주 전 로마를 출발한 플리니우스 또한 에페소스에 내려 마차를
타고 목적지 비튀니아로 향하고자 계획했으나, 일행과 내륙으로
길을 떠난 지 얼마 되지도 않아 더위를 먹은 것인지 그만 고열
에 앓아눕고 말았다. 먼 거리를 여행한 경험도 없었을뿐더러 여
름에는 더위를 피해 교외 여러 군데에 마련해 놓은 별장으로 떠

나는 것이 일상이었던 로마의 엘리트에게 이런 여정은 아무래도 무리였을까. 더위와 열병에 진절머리가 난 그는 계획을 바꾸어 배를 빌려서는 해안선을 따라 목적지로 향했다.

플리니우스는 9월 17일 비튀니아에 도착해 곧바로 속주 총독의 직무를 시작했다. 그의 역할은 지역에서 황제를 대리하는 것이기도 했다. 플리니우스가 이듬해와 그다음 해 전반기에 트라야누스 황제에게 보낸 편지들 60편이 남아 있는데, 처음부터 중요한 과제였던 비튀니아 내 도시들의 회계 감사를 시작했다는 사실을 보고하고 있다.

> 도착이 늦어졌다는 사실에 불평할 수는 없습니다. 속주에서 폐하의 탄신일을 경축하는 상서로운 영예를 누렸기 때문입니다. 이제 프루사시市의 지출과 수입, 채무를 조사하고 있는데, 살펴보면 볼수록 더 엄중히 조사할 필요가 있다고 사료됩니다.
>
> (『서한』 10.17)

입신양명立身揚名

그해 여름 소아시아로 떠난 플리니우스는 공직 생활의 정점을 바라보고 있었다. 30년에 걸쳐 관료로 헌신한 플리니우스에게 황제의 대사라는 자리는 마땅히 누려야 할 합당한 영예로 보였다. 플리니우스는 오십 년 전인 기원후 62년, 오늘날 밀라노 북부, 알프스의 끝자락 코모Comum에서 태어나 79~80년경 공직에 첫발을 내디뎠다. 플리니우스의 친아버지에 관해서는 알려진 바가 없다. 어머니는 이탈리아 북부의 지주 가문 출신이었다. 플리니우스는 아버지를 일찍 여의고 외삼촌 가이우스 플리니우스 세쿤두스(老 플리니우스)의 양자로 들어갔는데, 덕분에 원만한 공직 생활을 뒷받침해줄 만한 집안 배경을 얻게 되었다.

37권에 달하는 기념비적인 백과사전 『자연사』의 저자로 유명한 플리니우스의 외삼촌은 원로원 계급의 명망 있는 시민이자 황제의 측근이었다. 전하는 바에 따르면 그는 동트기 전에 (로마인들은 이른 아침에 일어났다) 베스파시아누스 황제를 만나 나랏일을 의논했다고 한다. 그는 『자연사』를 티투스 황제에게 헌정했다. 플리니우스는 79년 베수비오산이 분화했을 때 목숨을 잃었다. 박물학자로서 타고난 호기심에 이끌려 화산에 너무 가까이 갔다 영영 돌아오지 못했던 것이다. 그가 세상을 떠나자 젊은 플리니우스는 연간 40만 세스테르티우스의 수익을 벌어들이던 토스카나의 땅을 유산으로 받았다. 어머니 덕택에 당시 공직 생활에서 성공할 수 있는 필수 조건, 곧 좋은 가문과 부를 얻게 된 것이다.

플리니우스는 어린 시절부터 개인 가정교사에게 교육받았다. 당시 로마 상류층에게는 흔한 일이었다. 부유한 로마인들은 아직 젖먹이인 자녀의 유모를 구할 때조차 그가 얼마나 정확한 언어를 사용하는지 따지곤 했다. 자녀가 처음부터 제대로 된 언어 구사 능력을 길러야 훗날 다시 배울 수고를 던다는 생각이었다.

플리니우스의 시대 로마 교육이 지향하던 핵심은 훌륭한 연설가를 키워내는 것이었다. 연설술은 야망을 품은 젊은이의 평생을 좌우할 능력이었다. 때로는 법정에서 변호사로서, 때로는 관료로서. 그 첫걸음은 문법을 정확하게 깨치고 고전 문학의 본문들을 암송하고 분석하며 탁월한 문장가들의 문장을 모방하는 일이었다. 플리니우스가 받은 교육의 핵심 또한 그랬다. 열네 살에 그는 로마로 가 퀸틸리아누스Quintilian 아래에서 수사학을 공부했다. 로마 역사에서 가장 위대한 수사학자로서 황제에게 재능을 인정받아 관직을 얻기도 했던 퀸틸리아누스와의 만남을 통해 플리니우스는 언어와 문학에 커다란 관심을 갖게 되었다. 나중에 그는 자신이나 동료들이 원로원에서 했던 연설의 문학성을 토론하던 시간, 아내에게 시를 낭송해 주던 저녁, 시나 산문을 들으며 별장을 거닐던 오후야말로 인생에서 가장 행복했던 시간이었다고 회고했다.

문학을 사랑하고 스스로 몇 편의 시를 쓰기도 한 플리니우스였지만, 시인으로서의 재능은 그렇게 뛰어나지 않았는지 얼마 지나지 않아 창작 활동을 그만두었다. 그럼에도 글 쓰는 일을 포기한 것은 아니어서, 평생에 걸쳐 수많은 편지를 남겼다. 그가 쓴 편지들은 20편에서 30편을 한 권으로 묶은 것이 총 아홉 권이 남아 있으며, 이외 비튀니아·폰토스 총독을 지내며 트라야누스 황제에게 보낸 60편의 편지가 별도로 열 번째 권으로 묶여 남아 있다. 이 편지들은 플리니우스 개인의 삶과 그가 살았던 세계,

그의 관심을 보여 주는 핵심 사료다.[1] 플리니우스의 가까운 벗이 었던 타키투스의 전기를 쓴 로널드 사임Ronald Syme은 플리니우스 의 편지를 두고 이렇게 썼다.

> 플리니우스는 여유와 세련됨으로 대변되는 안정적 사회에서
> 중상류 계층으로 살아가던 사람들이 보고 경험하던 인생사의
> 크고 작은 순간들을 보여 준다. 약혼, 결혼, 유언, 상속, 지인
> 의 병고, 가족의 죽음, 천재 시인이나 연설가가 처음으로 출사
> 표를 던지던 순간, 정계에 갓 입문한 젊은이의 야망 넘치는 모
> 습, 도시 생활의 다양한 면모들, 명사의 장례식, 이런 것들이
> 플리니우스의 편지에 배어나는 정경들이다.[2]

학업을 마친 플리니우스는 당대 사람들이 으레 그러했듯 재 산과 상속의 문제와 같은 사법 문제를 다루는 변호사로서 공직 생활에 출사표를 던졌다. 하지만 그는 변호사로 오래 활동하지 는 못했다. 병역 문제가 발목을 잡았기 때문이다. 정치가로 성공

---

[1] 편지 본문의 비평판은 R.A.B.Mynors(ed.), *Epistularum libri decem* (Oxford, 1963). 영역본으로는 Betty Radice(tr.), *The Letters of the Younger Pliny* (New York: Penguin Books, 1963) 가 있다.

[2] Ronald Syme, *Tacitus* (Oxford, 1958), I: 97. 플리니우스의 생애에 관해 서는 75~85쪽을 보라. 또한 M. Shuster, *Realencyclopädie der classichen Altertums-Wissenschaft* (Stuttgart, 1951), 21.1: 439쪽 이하를 참조하라. 플 리니우스에 관한 금석문들의 번역본은 다음에 수록되어 있다. Betty Radice, *The Letters of the Younger Pliny*, 303~4.

하기 위해서는 군 경력이 필수적이었다. 플리니우스는 시리아에 주둔한 부대에서 군사대장tribune으로 복무했다. 하지만 무관의 삶은 그의 적성과는 거리가 멀었다. 장교로서 부대를 지휘할 의지도, 공을 세워 영웅이 될 야망도 없던 플리니우스는 오히려 군단의 행정과 재정 업무에 재능을 발휘했고, 결국 주력 부대와 떨어진 곳에서 보조 군단의 회계 감사를 도맡으며 시간을 보내게 되었다.

그렇게 잠시 시리아에 머무른 것을 제외하면 플리니우스는 111년 소아시아 총독으로 부임하기 전까지 이탈리아를 떠나 본 적이 없었다. 평생을 수도 로마와 시골의 별장들을 오가며 지냈고, 가끔 고향 마을 코모를 찾곤 했지만 그뿐이었다. 결국 그는 지천명을 바라보는 나이가 되도록 로마 바깥에서 살아본 적이 없었다. 지중해로 휴양이나 모험을 떠난 적도, 당대 로마인들이 으레 그랬던 것처럼 아테네로 철학을 공부하러 가본 적도, 동방의 지혜를 찾아 이집트로 가본 적도 없었다. 그에게 로마는 몸의 고향을 넘어 영혼의 고향이었으며 로마의 상류 특권층의 세계가 그의 세계 전부였다. 옛 로마인들의 정치적, 도덕적 전통이 그의 가치 판단을 좌우했고, 라틴 수사학 전통이 그의 지적 지평을 형성했다. 한때 몇몇 철학자 집단과 가까이 지낸 적도 있으나 플리니우스가 정말로 중요하게 여겼던 것은 다른 로마인들과 마찬가지로 정치, 그리고 수도 로마의 행정과 재정 문제였다. 받은 교육으로 보나 기질로 보나 보수적인 인물이었던 플리니우스는 가족으로부터 물려받은 세계, 엘리트 세계, 조국 로마에서 편안함을 느꼈다. "플리니우스는 진지하게 자신의 책임을 의식하던 엘리트 집단에 속해 있다. 이들 다수는 황제에게 공로를 인정받아 원로원 의석을 하사받은 이들이었다. 어떤 것도 이들이 가진 재산을 위협할 수 없었다. 마찬가지로 그들은 엘리트로서의 책무를 매우 중히 여겼다."[3]

플리니우스가 시리아에 정확히 얼마나 머물렀는지는 모른다. 오래 지나지 않아 군영에서의 삶에 질려서는 하루빨리 고향으로 돌아와 정계에 입문하고자 염원했던 것 같다. 로마에 돌아온 그는 20대 중반의 나이로 재무관직quaestorship에 선출되었다. 재무관직은 관직 경력의 첫 번째 단계이자 원로원에 들어가는 전통적인 관문이었다. 하위 정무관직이긴 했지만 플리니우스의 선출은 특기할 만한데, 명문가 자제 가운데서 황제가 지명하는 재무관, '콰이스토르 아우구스티'quaestor augusti에 보임되었기 때문이다. 당시 황제는 흉포하고 무자비한 도미티아누스Domitian였다. 재무관 플리니우스의 임무는 그런 황제의 요구 사항을 불만 가득한 원로원에 요령 있게 전달하는 것이었다. 첨예하게 대립하는 황제와 원로원 사이에서 플리니우스가 무사히 살아남을 수 있었던 것은 젊은 나이 덕분이기도 했지만 타협하고 상대방의 비위를 맞춰주는 정치적 수완을 일찍 터득한 까닭이기도 했다.

---

[3] Betty Radice, *The Letters of the Younger Pliny*, 26.

출세 가도를 달리기 시작한 플리니우스는 호민관에 선출되었다. 실질적인 영향력보다는 이름에 담긴 상징적인 의미가 큰 자리로 변한 지 오래였지만, 호민관직은 플리니우스의 시대에도 여전히 더 높은 관직에 선출되기 위한 교두보였다. 만사에 진정성 있던 플리니우스답게 그는 이 자리를 매우 진지하게 받아들였다. 나중에 그는 자신이 호민관이 되었던 만큼 "소수의 의뢰인만 돌보는" 변호사의 일을 모두 포기하고 인민 전체를 섬겼다고 말했다.

호민관 임기를 마친 플리니우스는 집정관 다음가는 고위 직책인 법무관praetor에 선출되었고, 정부 요직들을 도맡기 시작했다. 그가 처음으로 맡은 것은 군사 재정 문제를 담당하는 관직이었는데, 플리니우스는 이 자리에 있으면서 불구가 된 군인들을 위한 연금을 마련했다. 그는 96년 도미티아누스 황제가 암살되기까지 그 자리에 있었다. 도미티아누스 황제 치하에서 출세하기는 했지만, 로마의 다른 고위층들과 마찬가지로 그는 황제의 죽음을 다행으로 여겼다. 도미티아누스는 수사학자와 철학자 여럿을 로마에서 영구 추방했을 뿐 아니라 명망 있는 시민들을 닥치는 대로 추방했고 속주 총독들을 반역자로 몰며 선량하고 능력 있는 이들을 공직에서 쫓아냈기 때문이다. 시인 유베날리스Juvenal는 이렇게 썼다.

그는 고귀하고 빛나는 영혼들을 도시로부터

아무렇지도 않게 앗아갔으니, 앙갚음할 이 없도다. (『풍자시 4』)

공포와 의심이 판치는 세상에서 자칫 반역자로 몰려 추방당하거나 처형될 것을 두려워한 선량한 사람들은 벗에게조차 자신의 마음을 숨겼다.

기원후 100년 플리니우스는 오랜 동지였던 코르누투스 테르툴루스와 함께 보궐 집정관에 선출되었다. 당시 집정관직은 사실상 의전상의 직책으로 전락하여 국가를 실제로 통치하는 일과는 거의 관련이 없었다. 그는 주어진 두 달의 임기 동안 원로원 회의를 주재하고 재판을 수행하며 황제의 이름으로 경기와 축제들을 주선했다. 이 모든 것은 그가 수행했던 다른 직책들과 마찬가지로 출세를 위한 또 다른 발판이 되었다. 관직 경력 최상위 직책인 집정관직을 마쳤을 때 플리니우스는 불혹의 나이에조차 이르지 않은 젊은이였다. 그는 다시 변호사 일을 하며 황제의 명을 기다렸다. 98년 트라야누스 황제가 즉위한 후, 플리니우스는 대제관직에 임명되기를 바라고 있었다. 대제관직은 출세 가도의 정점에 도달한 이가 탐낼 만한 상징적인 자리였다.

네 개의 모임으로 나뉘는 대제관직은 높은 신분으로 태어나 도시 로마에 큰 공을 세운 이가 받는 공직이었다. 200명에서 최대 400명에 달하는 해당자 중 오직 60명만이 이 직책을 얻을 수 있다는 점에서 특히 가치가 있었다. 공석이 생길 때까지 몇 년을 기다려야 하는 경우도 종종 있었다. 국가의 공적 종교가 공적 생활의 핵심적 부분이라고 여긴 로마인들은 사회, 정치적으로 가장 명망 있는 인물을 대제관으로 임명해야 한다고 생각했다. 키케로는 이러한 관례를 옹호하며 "가장 영향력 있고 탁월한 시민이 국정을 수행하고, 동시에 지혜롭게 종교를 해석함으로써 국가를 보전하는 것"이 조상들이 가르친 미덕이라고 썼다. 요컨대 로마에서 종교 행위는 공적인 것이었다.

대제관이 되기 위해 플리니우스는 몇 년을 기다려야 했다. 그러나 마침내 찾아온 기회는 그가 바라던 것 이상이었다. 103년 그는 고귀하고 명망 있던 인물 율리우스 프론티누스의 사망으로 공석이 된 조점관직augurate에 임명되었다. 조점관직은 150년 전 로마의 가장 위대한 정치인이자 연설가인 키케로가 맡았던 바로 그 직책이었다. 게다가 훨씬 젊은 나이에 조점관이 된 플리니우스는 은근히 이 사실을 드러내며 기쁨을 감추려 하지 않았다. 그는 한 친구에게 편지를 쓰며 말했다.

조점관이 된 것을 축하해 주다니! 하긴 맞네. … 그분(키케로)보다 훨씬 더 젊은 나이에 집정관직과 대제관직에 올랐으니, 늙어서는 그분의 재능 일부분이나마 따를 수 있기를 바란다네!
(『서한』 4.8)

대놓고 자화자찬한다고 보일 수 있겠지만, 로마인들의 감수성은 오늘날 우리와는 달랐다. 자신의 업적을 널리 드러내 자랑하고 이를 통해 명성을 얻는 일을 그들은 당연하게 여겼다. 다음은 플리니우스가 타키투스에게 보낸 편지의 일부다.

> 조점을 해보았는데 자네의 역사책들은 영원할 걸세. 이건 틀리지 않아. 솔직히 말하지. 그래서 더 자네 책에 들어가고 싶네.
> (『서한』 4.8)

조점관을 지낸 후 얼마 지나지 않아 플리니우스는 테베레강의 관리 책임을 맡게 되었다. 강둑을 정비하고 수도 로마의 하수도를 관리하는 자리였다. 오늘날에 빗대면 위생환경국의 장이 되었다고 할 수 있다. 플리니우스는 재무와 관리, 법률에 재능을 발휘했고, 이러한 능력은 어느 관리직에서나 도움이 되었다. 현실적이고 업무에 충실한 그는 어느 자리에든 잘 맞는 인재였고, 그 자리가 주는 도전을 즐겼다.

하지만 야망에 불탄 그는 잠을 이루지 못했다. 어느 정도 나이에 이르자 플리니우스는 다시금 자신이 새롭고 중요한 정치적 요직에 올라야 한다고 생각했다. 그 정도의 경력에 이른 인물이 기대할 수 있는 궁극적 단계는 속주 총독이 되는 것이었다. 플리니우스도 이를 염두에 두었는지, 어느 순간부터인가 편지에서 속주 문제, 또 총독의 자질에 유별난 관심을 보이기 시작한다. 바라던 대로 그는 109년(혹은 110년), 소아시아의 황제 속주 비튀니아 · 폰토스의 총독으로 임명되었다. 멀리 떨어진 곳에서 로마의 권력과 권위를 대변하며 판결권을 행사하는 얼마 안 되는 인물 중 하나가 된 것이다. 플리니우스는 이것이 경력의 마지막임을 알고 있었다. 그만큼 그는 누구보다 탁월하게 총독의 임기를 마무리하고 모두의 박수갈채를 받으며 정계를 떠나겠다고 결심했다. 추한 지배자로 기억되는 일은 없어야 했다. 현명하고 정의롭게, 속주민의 입장을 이해하고 그들의 문화를 배려하는 진정성 있는 총독으로 남을 것이라고 플리니우스는 다짐했다. 아카이아 총독으로 있던 친구 막시무스에게 보낸 편지에서 그는 자신이 생각하는 통치 원칙에 관해 밝혔다. 요컨대 총독은 현지의 신들을 존중해야 하고, 속주민들이 간직해 온 역사에 경의를 표해야 하며, 속주민들의 자존심과 자부심에 손상을 입히는 일을 하거나 그들 위에 군림하려고 해서는 안 된다는 것이었다.

저열하고 지저분하여 제 얼굴에 침을 뱉고 다니지 않고서야 통치권과 권표fasces를 가진 이를 사람들이 경멸하겠는가? 권력자가 사람들의 경멸을 통해 자신의 힘을 경험하는 것은 악한 일이네. 공포로 존경을 사는 건 추한 일이지. 바라는 것을 얻는데는 두려움보다 사랑이 훨씬 더 유용하다네. 자네가 떠나면 자네에 대한 두려움도 사라지지만, 자네에 대한 사랑은 남기 때문이네. 두려움은 증오로 이어지지만, 사랑은 존경으로 이어지는 것처럼 말일세. 거듭 당부하건대 자네의 직책이 가진 이름을 기억하게. 그리고 자유시들의 지위를 관리하는 것이 어떤

것인지, 얼마나 막중한 일인지 자네가 생각해 보게. 질서보다
시민적인 것이 어디에 있겠으며? 자유보다 소중한 것이 어디
에 있겠는가? (『서한』 8.24)

이러한 생각을 마음에 품고, 플리니우스는 소아시아로 떠났다.

총독의 순방

비튀니아 · 폰토스는 소아시아 북부 흑해 연안에 있는 지역이
다. 원래 각자 고유한 역사를 간직해 온 두 지역은 로마의 점령
이후 한 개의 행정 구역으로 묶여, 해안선을 낀 길쭉한 형태의
속주가 되었다. 서편 비튀니아는 인구가 많고 헬레니즘 문화의
영향을 많이 받은 곳이었다. 반면 동편 폰토스는 도시가 적었고,
토착 문화의 흔적이 많이 남아 있는 곳이었다. 산이 많은 지역이
었지만, 골짜기와 넓은 평야가 있어 농사를 짓고 가축을 기를 수
있었으며 이곳에서 나오는 양모는 인기가 많았다. 특히 양모가
귀했던 이웃 속주들에서 그랬다. 산지의 넓은 숲에서 나오는 목
재는 선박을 건조하거나 가구를 만드는 데 좋았다. 지리학자 스
트라본Strabo에 따르면, 이곳에서 나오는 단풍나무와 견과류 나무
들은 특히 탁자를 만드는 데 유용했다고 한다(『지리학』 12.3.2). 이
렇듯 자원이 풍부한 땅과 흑해 연안의 어업 덕분에, 비튀니아 ·
폰토스는 로마 세계에서 중요한 상업 중심지가 될 수 있었다.

기원전 75년 비튀니아의 왕 니코메데스 4세는 이 지역을 지

중해 동부로 진출하는 로마에 할양割讓했고, 얼마 지나지 않아 로마는 폰토스를 점령했다. 기원전 27년 아우구스투스 황제가 로마를 재정비하는 과정에서 이 지역은 원로원 속주가 되었다. 원로원은 총독을 임명했고, 총독은 황제에 앞서 원로원에 일차적인 책임을 졌다. 그러므로 기원후 2세기 초 이 지역에 플리니우스를 황제의 대리자로 보낸 트라야누스의 결정은 이 지역에 황제가 더 많은 관심을 기울이게 되었다는 점을 시사한다.

플리니우스가 비튀니아에 도착한 시대를 가리켜 에드워드 기번Edward Gibbon은 인류 역사상 가장 행복했던 시대였다고 썼다. 그에 따르면 기원후 2세기 로마 제국은 지구상에서 가장 아름다운 영토와 가장 문명화된 인류를 차지하고 있었다.

이 광대한 군주국의 변경은 예로부터 전해 오는 명성과 엄격하게 훈련된 용맹으로 지켜졌다. 법과 관습의 온건하지만 강력한 영향력은 점진적으로 모든 속주를 하나로 결속시켜 나갔다. 그곳의 평화로운 주민들은 부와 사치를 마음껏 향유하고 또 남용하기도 했다. 자유 체제라는 이념은 적당하게 존중되면서 유지되었다. 로마 원로원이 여전히 주권을 소유하면서, 단지 정부의 행정적인 권력들을 황제에게 위임하고 있는 것으로 보였다. 80년이 넘게 지속된 행복한 시기 동안에는 미덕과 능력을 두루 갖춘 네르바, 트라야누스, 하드리아누스, 그리고 두 명의 안토

니누스 황제에 의한 선정이 베풀어졌다."[4]

2세기에 대한 기번의 찬사는 과장된 감이 없지 않지만, 플리니
우스의 관점에서 보자면 그렇게 틀린 것도 아니었다. 지난 반세
기의 혼란상, 곧 국내의 갈등과 분열, 국경 지대의 소요, 내전,
그리고 무엇보다 도미티아누스의 변덕스러운 무단 통치가 안겨
준 쓰라린 원한과 분노의 시대는 지나가고 평화와 번영, 안정의
시대가 도래했다. 트라야누스는 히스파니아의 군인 출신으로 황
제가 되었음에도 자비로운 통치자의 대명사로 남았다. 괴팍한
풍자시인 유베날리스는 세상이 미쳐 돌아간다고 생각했을지도
모른다. 그리스와 시리아에서 로마로 몰려든 사람들이 기이하고
신비로운 풍습을 전파하고 다녔으니까 말이다. 하지만 플리니우
스는 이러한 세대 풍조를 긍정적으로 바라보았다. 그는 과거 세
대가 현재 세대에 비해 우월하다고 생각하지 않았다. 오히려 그
가 바라본 세상은 지난 몇 세대가 경험한 것보다 나았다.

　　플리니우스가 총독으로 파견된 지역의 도시들은 번영을 구가
하고 있었으나 낭비로 내실이 없는 경우도 종종 있었다. 도시들
이 경쟁적으로 새로운 극장과 웅장한 체육 시설을 건축한 결과
어떤 도시들은 기본적인 토목 공사를 위한 자금을 완전히 소진

---

[4]　Edward Gibbon, *The History of the Decline and Fall of the Roman Empire*, 6
　　vols. (London, 1910(1978)), vol 1, chap. 1, 'Introduction'. 『로마 제국 쇠망사』
　　(민음사, 2008)

해버리기도 했기 때문이다. 순전히 '다른 도시와 경쟁하기 위한' 건축은 지양할 필요가 있었다. 결국 일반적인 건축은 계속 허가되었으나, 경쟁을 위한 건축은 제한되었다. "그리스인들은 하나같이 체육관에 집착한단 말이지." 트라야누스의 말이다. 앞다투어 번쩍이는 유리 사옥을 짓고 공간을 화려한 테라초 타일과 대리석 분수, 청동 조각들로 장식하며 집단 자아를 표출하는 오늘날 기업들의 모습과 유사하다고 하겠다.

황제가 플리니우스를 비튀니아 · 폰토스로 보낸 가장 중요한 이유는 이러한 도시들의 실태를 점검하고 재정적 손실 극복을 지도하기 위해서였다. 하지만 다른 이유도 있었다. 황제에게 지역의 정치적 불안과 당파 갈등에 관한 소식이 들려왔기 때문이다. 플리니우스와 동시대 사람인 디온 크뤼소스토모스Dio Chrysostom는 점차 격화되는 당파 갈등과 그 여파로 도시 안팎에서 불필요한 분열이 일어나고 있는 현상에 관해 우려했다. 반역이라고 할 수는 없겠지만, 그는 정치 파당들political clubs에 의해 도시가 좌우되는 현상을 비판한다. "시민들이 서로를 해치지 않고 조화롭게 산다면 얼마나 좋을까." 사회 불안도 좌시할 수 없었다. 비튀니아의 대도시 니코메디아에서 물가가 폭등하자 대중을 장악할 수 없었던 민회는 질서를 회복하기 위해 총독의 개입을 요청했다. 그러므로 트라야누스는 플리니우스에게 정치적이든 그렇지 않든 모든 '집단' 내지는 '파당'들을 해산하고 속주의 질서를 바로 세우라고 지시했다. 플리니우스가 당면한 과제는 다음과 같았다.

(1) 도시 재정 처리 과정에서의 문제점 파악(몇몇 도시들은 파산
    일보 직전에 있었다)
(2) 각 도시의 자치 행정 감찰
(3) 정치적 움직임, 혹은 잠정적으로 정치적으로 변할 수 있는
    움직임 봉쇄
(4) 지연된 형사업무 처리
(5) 속주의 군사적 상황 시찰

플리니우스는 먼저 비튀니아 서편의 한 도시 프루사로 향했
다. 여기서 그가 보여준 활동은 그가 총독으로서 처리해야 했던
문제들의 성격과 그의 업무 방식을 잘 보여 준다. 프루사의 회계
내역을 살펴본 플리니우스는 몇몇 사람이 공공 건축 자금을 횡
령한 사실을 발견했다. 이 소식을 보고받은 트라야누스는 도시
재정과 관련된 기강을 다시 세울 것을 지시했다. 또한, 플리니
우스는 지역 감옥의 간수 선발에 관해 황제의 지침을 구했다. 한
번은 해안 지역의 한 사령관이 플리니우스를 찾아 더 많은 병력
을 지원해달라고 요청했다. 이에 황제는 자신 또한 이를 사령관
에게 들어 알고 있으며, 그의 요청이 정말 병력이 더 필요해서인
지, 자신의 세력을 확대하려는 야심에서 비롯된 것인지 살펴보
고 판단하라고 지시했다. 공공의 이익을 증진하는 방향으로, 또

한 가능한 한 병력을 놀리지 않는 방향으로 판단하라는 것이었다. 마지막으로 플리니우스는 공공 욕장을 점검하고, 새 욕장 건축을 허가해 달라는 도시의 요청사항과 관련해 황제의 검토를 요청했다. 이에 트라야누스는 도시 재정을 해치지 않는 선에서 이를 시행하라고 회답했다. 이처럼 많은 시간과 수고를 들여야 했던 일들을 끝마친 플리니우스는 다음 목적지인 니코메디아로 향했다.

비튀니아 속주의 중심 도시 니코메디아는 황제들의 특별한 관심을 받던 곳이다. 이미 아우구스투스 시대에 니코메디아의 시민들은 수도 로마와 아우구스투스를 기리는 신전을 세웠다. 여러 해 동안 니코메디아의 공공 건축물들은 규모에서 주변 도시들을 압도했다. 그러나 니코메디아에는 문제가 있었으니 방만한 재정 운영과 앞서 언급한 것처럼 식량을 두고 일어났던, 거의 폭동으로 번질 뻔한 소란이었다. 니코메디아에 도착한 플리니우스는 먼저 밀린 사무적인 문제들을 처리하기 시작했다. 그런데 근처 도시 클라우디오폴리스를 방문했을 때 심각한 문제가 일어났다. 큰 화재가 일어나 도심을 잿더미로 만든 것이다. 이에 헤아릴 수 없이 많은 가옥은 물론 노인들이 사교장으로 쓰던 공간, 심지어 커다란 이시스 신전까지 전소되는 막대한 피해가 발생했다. 화재 상황을 분석한 플리니우스는, 사람들이 더 조직적으로 화재에 대응했더라면 이 정도까지 커다란 피해가 발생하는 것을 방지할 수 있었을 것이라는 결론을 내렸다. 화재에 대응하기 위한 기구가 없었기에 다들 수수방관하며 문자 그대로 불구경을 하고 있었다는 것이었다.

> 그토록 엄청난 재앙 앞에 아무것도 하지 않은 채 한가하게 구경이나 하며 서 있었다는 것은 모두가 아는 사실입니다. 소방관도, 화재를 진압하는 데 필요한 물통이나 기타 장비도 없습니다. 이러한 것들을 마련하도록 조치했습니다. (『서한』 10.33)

화재에 대응하기 위한 공공 조직이 있어야 하지 않을까? 앞으로 있을 재난을 막으려면 가장 합리적인 방법은 소방 조직, 곧 이러한 상황에 특화된 기능공 집단collegium fabrorum을 두는 것이라고 플리니우스는 생각했다. 서방 속주나 도시 로마에는 이러한 소방 조직이 있는 것이 일반적이었다. 그는 황제에게 건의했다.

> 적어도 150명 규모의 소방 조직을 두는 것을 검토해 주시기 바랍니다. 제대로 된 기능공만 선발할 것이며, 그들에게 주어지는 권리가 다른 방향으로 사용되지 않게 조치하겠습니다. 인원이 적어 통제하기 어렵지 않을 것입니다. (『서한』 10.33)

불순한 의도가 없는 요청으로 보이지만, 대단히 조심스럽게 이야기를 꺼내는 모습에서 바로 황제가 이런 식의 조직 결성에 반대할 것임을 이미 플리니우스가 예상하고 있었다는 사실을 알 수 있다. 겉모습은 믿을 수 없었다. 바로 이런 조직들, 즉 처음에는 전혀 정치적인 의도가 없던 단체들이 바로 지금 속주에서 일어나는 소란의 주범이었기 때문이다. 이미 공화정 후기부터 각종 당파와 집단들의 활동은 여러 제약을 받았다. 집단의 성격이 정치적인 목적으로 변질될 수 있었기 때문이다. 트라야누스는 더 강도 높은 규제를 원했다.

> 실로 경은 다수 지역의 사례에 비추어 니코메디아에 기능공 집단을 조직할 수 있다고 생각했을 것이오. 그러나 바로 경의 속주, 특히 그곳의 도시들이 그런 부류의 집단들 때문에 혼란에 빠졌다는 사실을 기억합시다. 같은 성격의 집단을 이룬 이들에게 어떤 이름, 어떤 명분을 부여하더라도, 그들은 얼마 가지 않아 파당hetaeria으로 변질되오. 그러므로 불길을 잡기 위해 도움이 되는 물건들을 준비하고, 이를 사용하되 상황에 따라 사람들을 동원하도록 부동산을 가진 이들에게 권고하는 것이 차라리 낫겠소. (「서한」 10.34)

이 편지에서 사용된 '파당' 곧 헤타이리아라는 용어를 나중에 플리니우스는 그리스도인들을 가리키는 데 사용했다. 소방 조직과 그리스도교 집단을 같은 용어로 부른다는 것이 이상해 보일 수 있으나, 당시 상황을 염두에 둘 때, 또한 플리니우스의 관점에서는 적절한 용어를 사용한 것이라고 할 수 있다. 이러한 측면에 관해서는 다음 장에서 더 자세히 살펴보겠다. 트라야누스가 소방 조직의 결성을 막은 데는 충분한 이유가 있었다. 같은 업종이나 직종으로 뭉친 집단들은 결코 '직업적인' 문제들에만 머무르지 않았다. 이러한 단체들은 사교 조직이기도 했다. 성원들은 정기적으로 만나 먹고 마시며 오락과 휴식을 즐기곤 했다. 어려운 일이 있을 땐 서로 돕기도 했다. 당연히 이런 집단들은 사회적인 불만을 표출하는 장이 되었을 뿐 아니라 종종 지역 후보자들의 선거 운동을 후원하고, 건물 벽에 선거 벽보를 붙이는 식으로 정치에 개입하기도 했다. 고대 현수막들의 글귀가 바로 그러한 집단들의 정치적 활동을 보여 주는 증거다.

> 마르쿠스 홀코니우스 프리스쿠스의 지역 정무관 선출을 만장일치로 지지. 과수원 주인 일동.
> 가이우스 쿠스피우스 판사의 안찰관 선출을 만장일치로 지지. 금세공인 일동.
> 그나이우스 헬비우스 사비누스의 안찰관 선출을 만장일치로 지지. 이시스 교인 일동.[5]

트라야누스는 비튀니아의 당파들이 통제 불능 상태에 빠졌다고 판단했고, 이들의 영향력이 더 불어나는 것을 막으려 한 것이다.

---

[5]   H.Dessau, *Inscriptiones latinae selectae* Vol 2 pars 1 (Berlin, 1902), nos. 6411a, 6419c, 6420b.

플리니우스는 속주 서쪽에서 일 년 넘게 머무른 뒤에야 비로소 동쪽 폰토스 지역의 멀리 떨어진 도시들을 방문할 수 있었다. 여기서 그는 새로운 문제와 직면했다. 흑해로 뻗은 반도에 위치한 아름다운 도시 시노페, 이곳은 지역의 주요 무역 거점 중 하나로 초기 그리스도교 이단자 마르키온의 고향이기도 했다. 여기서 플리니우스를 기다리던 문제는 다름 아닌 물 공급에 관한 것이었다. 그는 곧바로 시노페 인근의 지반을 점검했다. 몇몇 구간은 그렇게 단단하지 못했다. 플리니우스는 황제에게 여건이 되는 대로 수도교를 설치해 물을 공급할 수 있게 하겠다고 보고했다. 평생 이런 문제에 두각을 나타낸 플리니우스였던 만큼, 황제는 적임자를 보낸 것이다.

플리니우스는 해안을 따라 더 동쪽으로 나아갔다. 여기서 그는 아미소스라는 도시를 방문했다. 아미소스는 기원전 1세기에 로마의 지배 아래 놓인 옛 그리스인들의 도시였다. 여기서 그를 기다리던 상황은 니코메디아에서 마주한 상황과 비슷했다. 아미소스 시민들은 '구제 단체'를 허가해달라고 요청했다. 트라야누스는 이미 어떤 새로운 단체도 허가하지 않겠다는 방침을 밝혔지만, 플리니우스는 황제에게 다시 지침을 구했다. 아미소스가 자치시라는 특별한 지위와 특권을 갖고 있었기 때문이다. 자치시는 로마에 편입되기 전부터 간직해 왔던 법률에 따라 운영되었고, 총독은 자치시의 내정에 개입할 수 없었다. 로마는 외교권만을 갖고 있었다. 그러므로 여기서 단체 결성과 관련해 황제의 칙답을 그대로 밀어붙이는 것은 상당한 반발을 낳을 수 있었다. 나아가 플리니우스는 상황이 니코메디아와는 조금 다르다고 판단했던 것 같다. 그는 이것이 '구제 단체'라는 점을 강조했다. 여기서 그가 사용한 단어는 더 정치적인 의미가 강한 '헤타이리아'와는 다른 '에라누스'*eranus*였다. 이러한 단체들은 지역사회의 특정 계층, 특히 대부분 가난한 사람들로 구성된 상부상조 목적의 단체였는데, 장례비용을 댄다거나 어려운 상황에 놓인 이웃에게 도움을 제공하곤 했다. 물론 이들 역시 식사나 오락을 위해 함께 모이곤 했기에, 잠재적으로는 니코메디아의 정치 조직화된 집단들과 마찬가지로 사회를 분열시킬 위험성이 없다고 할 수는 없었다.

늘 하던 방식대로 플리니우스는 트라야누스에게 시민들의 요구 사항을 그대로 전달했다. 그리고 트라야누스는 이렇게 대답했다.

경이 편지에 첨부한 아미소스인들의 청원 문서와 관련해, 협약이 부여하는 특권에 따라, 그들의 법률이 구제 단체 만드는 것을 허용한다면 우리는 이를 방해할 수 없소. 더군다나 모은 돈을 소요나 불법 집회가 아닌, 곤경에 처한 자들을 위해 사용한다면 말이오. 하지만 우리의 법률이 관할하는 다른 도시들에서는 이런 것을 허용하지 말아야 할 것이오.

도시에서 사적 단체의 활동을 원칙적으로 제한하고 있었지만, 아미소스의 경우 이를 허용했다는 점은 트라야누스가 이러한 조직들이 야기할 문제점을 인지하면서도 자치시의 특권을 존중했다는 사실을 보여 준다.

그리스도당

플리니우스의 다음 여정이 어떻게 진행되었는지는 분명하지 않다. 그다음에 특정 지역을 언급하는 편지(『서한』10.98)에서는 아미소스에서 서쪽 비튀니아 방향으로 거의 160㎞가량 떨어진 도시 아마스트리스가 등장한다. 그리스도인들에 관해 플리니우스가 쓴 유명한 편지(『서한』10.96)는 바로 이 두 편지 사이에 들어있다. 플리니우스가 편지에서 지역을 언급하지 않기 때문에, 황제는 플리니우스의 위치를 알고 있었을 것이라고 가정해볼 수 있지만, 이 일이 아미소스에서 일어난 것인지, 아마스트리스에서 일어난 것인지, 두 도시 사이의 어느 지역에서 일어난 것이었는지는 알 방도가 없다. 112년 가을, 폰토스 북부 어느 해안 도시 중 하나를 배경으로 하고 있다는 사실만 짐작할 수 있을 뿐이다.[6]

---

[6] 플리니우스의 편지와 트라야누스의 답변은 폭넓게 논의되어 왔다. 특히 다음을 보라. A.N.Sherwin-White, *The Letters of Pliny: A Historical and Social Commentary* (Oxford, 1966), Rudolf Freudenberger, *Das Verhalten der römischen Behörden gegen die Christen im 2. Jahrhundert* (Munich, 1967) 더 오래된 연구로는 다음의 책이 특별히 가치 있는 정보를 제공한다. E.G.Hardy, *Christianity and the Roman Government* (London, 1934)

플리니우스가 도시를 방문하자, 몇몇 지역 주민들이 그를 찾아 도시 인근에 사는 그리스도인들에 관해 불평했다. 그들의 불평이 어떤 것이었는지는 알 수 없다. 다만 편지의 행간을 통해 이것이 어쩌면 지역 상인들, 특히 제물로 바치기 위한 고기를 잡아 판매하는 도축업자들과 관련이 있을 수 있다고 생각해 볼 수 있다. 사람들이 희생 제물을 바치지 않았기 때문에 장사에 타격을 입은 것이다. 플리니우스가 쓴 편지의 뒷부분에 따르면, 최근까지 거의 아무도 사지 않았던 제물용 고기가 다시 널리 판매되기 시작했다고 쓰고 있다. 어쨌든 도시의 그리스도인들과 나머지 거주민들 사이에 무언가 문제가 있었던 것은 확실하다. 사실 이는 특수한 경우였다. 로마 세계 대부분 지역에서 그리스도인들은 이웃들과의 갈등 없이 조용하고 평화롭게 살았기 때문이다. 다만 1세기 후반 비튀니아·폰토스 지역을 포함한 소아시아의 그리스도인들을 대상으로 집필된 베드로의 첫째 편지는 그리스도인들을 가리켜 "악을 행하는 자"(1베드 2:12)라고 비난하던 사람들을 언급하고 있다.[7] 이처럼 특정 지역에서 갈등이 있었던 것은 분명하다. 지역 정무관들이 그리스도인들을 고발하거나 법적 조치를 취한 것은 모두 갈등이 발생한 지역들에서였다. 폰토스 지역에서 그리스도인에 대한 적대 행위가 왜 일어나기 시작했는

---

[7] 베드로의 첫째 편지에 관한 흥미로운 사회적 분석으로는 다음을 들 수 있다. John Elliott, *A Home for the Homeless: A Sociological Exgesis of 1 Peter, Its Situation and Strategy* (Philadelphia, 1981)

지 플리니우스는 언급하지 않는다.

플리니우스는 그리스도교를 모르지 않았다. 그러나 막 태동하던 이 운동에 관한 그의 지식은 단편적이었고, 대부분 건너 들어 알게 된 것들이었다. 그의 나머지 편지에는 그리스도교에 관한 언급이 없다.

> 저는 그리스도인들을 심리해 본 적이 없습니다. 따라서 무엇을 어디까지 심문하고 처벌하는 것이 관례인지 모르겠습니다. 적잖이 망설였습니다. 나이에 무언가 차별을 두어야 할지, 연약한 자들도 더 건장한 자들과 마찬가지로 처벌해야 할지, 마음을 바꾸는 경우 사면해야 할지, 이전에 그리스도인이었던 자가 이를 그만두더라도 이득을 주지 말아야 할지, 그리스도인이라는 이름 자체가 죄목이 되지 않는다면 그 이름과 관련된 추문들로 그들을 처벌해야 할지 고민했습니다. (『서한』10.96)

로마의 관리들은 드루이드교나 바쿠스 숭배, 유대교 등 문제를 일으키는 외부 종교 집단들에 대처해야 했고, 플리니우스도 이를 알고 있었다. 로마 역사가 리비우스Livy는 기원전 2세기 로마 원로원이 이탈리아에 퍼지고 있던 바쿠스 숭배를 탄압한 유명한 사건을 다룬 적이 있다. 플리니우스도 이 이야기를 모르지 않았을 것이다. 그리스에서 이탈리아 에트루리아로 전파된 바쿠스 숭배자들의 야간 집회는 절제를 미덕으로 하는 로마인들에게 충격으로 다가왔다. 리비우스에 따르면 이 비밀 집회는 포도주의 향연이 주는 쾌락과 도시 바깥 숲에서 일어나는 광란의 춤으로 이루어져 있었다. 리비우스가 활동한 아우구스투스 시대(기원전 27~기원후 14) 이후 바쿠스의 향연은 외부 종교 단체들에 대한 로마인들의 태도에 영향을 미쳤다. 리비우스가 말하는 몇몇 측면들, 곧 남녀가 함께 어울린다거나, 절제하지 못한다거나, 여성의 정조를 더럽히는 행위 등은 그리스도인에 대한 기록에서도 등장한다. 바쿠스 숭배의 경우 로마의 관리들은 이를 수도 로마와 이탈리아에서 금지하는 것으로 분명한 제한을 두었다. 다만 어떤 예식이 오랫동안 이어져 전통이 된 경우 참가자가 시민 담당 법무관에게 신고하면 시민 담당 법무관이 이를 다시 원로원에 보고하는 것을 조건으로 허용했다. 다만 참가 인원의 규모는 엄격히 제한되었고, 돈을 모은다거나 제사 담당자, 다시 말해 사제를 두는 것은 금지되었다.

비튀니아에 그리스도교 집단이 존재한다는 사실을 플리니우스가 알게 되었을 때, 그는 그리스도인들이 바쿠스 숭배자들과 유사한 측면이 있다고 생각했을 수 있다. 그는 그리스도인들이 비밀 집회를 연다는 사실을 알고 있었고, 그곳에서 어떤 일이 벌어지고 있었는지 궁금했을 것이다. 이 신흥 종교에 대한 이런저런 소문 또한 들었을 것이다. 그는 그리스도인들이 유죄라는 증거를 찾을 수 있기를 기대한다고 언급했다. 그러나 그는 죄목을 구체적으로 거론하지는 않는다. 강도나 절도, 간음, 사기와

같은 일반적인 범법 행위였을 수도 있고, 그리스도교 집회에서
방탕한 행위나 영아 살해가 일어난다는 이야기들을 접했을 수
도 있다.

얼마 지나지 않아 그리스도인들은 비밀스러운 종교 집회를
열고 서로의 육체를 탐하며 어머니를 범하고 이른바 '튀에스테
스의 향연'Thyestean Banquets*을 벌인다는 명목으로 고발당했다(아테
나고라스, 「그리스도인들을 위한 청원」3). 2세기 후반 이런 식의 혐의
는 꽤 널리 퍼져 있었다. 플리니우스의 시대에도 이러한 소문이
돌았는지는 알 수 없다. 플리니우스가 트라야누스에게 보낸 편
지에 따르면 그리스도인들은 그저 평범하고 무해한 음식을 먹는
다고 하는데, 이를 통해 그가 그리스도교 모임에 대한 악의적 소
문을 들어 알고 있었다고 짚어볼 수 있다. 일반적 풍습을 따르지
않는 개인이나 집단을 공격하는 데 부도덕함이나 음란함을 드는
것은 흔히 있는 일이었다.

그리스도인들의 음란함에 관한 후대의 기록은 훨씬 더 구체
적이며, 거의 비슷한 형식의 고발이 이루어진다. 쾰른에서 발견
된 2세기의 파피루스가 있다. 그리스어로 된 이 파피루스는 롤
리아노스라는 사람의 소설을 담고 있는데, 어쩌면 그리스도인들
이 당한 고발, 곧 난교나 의례적 살인의 배경에 관한 단서를 주

---

* 동생 튀에스테스의 배신에 분노한 아트레우스(아가멤논의 아버지)는 계략
을 꾸며 튀에스테스를 연회에 초대해 고기를 대접하는데, 그 고기는 다
름 아닌 튀에스테스의 두 아들을 잡아 만든 것으로, 식인, 특히 아기를
잡아먹는 행위를 가리키는 일화로 사용된다.

고 있는지도 모른다. 대단히 구체적으로 입교 절차를 다루고 있는데, 어린 소년을 살해하고, 심장을 꺼낸 후 맹세가 이루어진다. 그리고 심장을 먹고 피를 마신 뒤 성교를 한다.

> 나체의 한 남자가 허리에 자색 띠만 맨 채 다가섰다. 그는 소년의 몸뚱이를 등에 업어 매치고는 배를 갈라 심장을 꺼내 불 위에 놓았다. 심장이 구워지자 남자는 이를 가져다 반으로 잘랐다. 그리고는 그 위에 보리를 뿌리고는 기름으로 흠뻑 적셨다. 이윽고 준비를 마친 남자는 심장 조각들을 입교자들에게 나누어주고, 손에 든 채로 피의 맹세를 하도록 했다. 두려움에 도망가거나 배신하지 않겠다고, … 사로잡혀 고문을 당하거나, 눈이 뽑히는 한이 있어도 말이다.[8]

플리니우스가 그런 끔찍한 의례를 떠올렸을 것이라고 말할 수는 없다. 물론 그렇다고 했을 때 그가 이 문제를 지체하지 않고 대응한 이유를 설명할 수 있지만, 이러한 고발은 후기의 것이므로 가능성은 낮아 보인다. 3세기 라틴 호교론자 미누키우스 펠릭스 Minucius Felix는 그리스도인들의 방탕함에 관한 소문이 마르쿠스 아우렐리우스의 스승이었던 코르넬리우스 프론토(100~166)에게

---

8 이 파피루스의 본문과 번역, 관련된 논의는 다음을 참조하라. Albert Heinrichs, 'Pagan Ritual and the Alleged Crime of the Early Christians: A Reconsideration', *Festschrift Johannes Quasten* (Münster, 1970), 18~35. 이 인용문은 30쪽에 수록되어 있다.

서 나온 것이라고 썼다.

아기를 밀가루로 뒤덮어 예식에 들어가는 이에게 내놓는다. 이
렇게 하는 까닭은 사정을 모르는 사람들을 속이려는 것이다.
입문자는 부추김에 이끌려 아기를 때린다. 때린다고 해도 아기
는 밀가루로 덮여 있어 별일이 없는 것처럼 보이지만 결국 보
이지 않는 눈먼 상처로 죽게 된다. 사람들은 헐떡이며 (끔찍한
일!) 죽은 아기의 피를 핥는다. 그리고는 안달하며 아기의 몸무
게를 토막 낸다. 이를 제물로 하여 맹세하는 것이다. … 축제일
의 연회에서 그들은 자녀들과 자매들, 어머니들, 남녀노소 모
두와 함께 먹는다. 그렇게 배부르게 먹고 난 후, 잔치 분위기가
무르익고 음란한 욕망의 취기가 불타오르면, 촛대에 묶어 놓은
개에게 다가가 묶은 줄이 닿지 않는 곳에 고기 한 점을 던진다.
이에 개가 안달하며 뛰쳐나가 촛대가 넘어지면, 지금까지 그들
을 붙잡고 있던 마지막 이성의 불꽃도 함께 꺼지고 수치스러운
어둠이 그들을 뒤덮는다. 이제 형언할 수 없는 욕망이 그들을
사로잡아 불확실한 운명으로 내몬다. 그렇게 그들 전부는, 비
록 모두가 추잡한 행동을 한 것은 아니라고 하더라도 서로 한
일을 알고 있으므로 공모자가 된다. … (『옥타비우스』 9.5~6)[9]

---

[9] 영문 번역본 및 논의는 다음을 보라. G. W. Clarke, 'The Octavius of
Marcus Minucius Felix', *Ancient Christian Writers*, no. 39 (New York, 1974).
이 단락에 관한 내용은 221쪽 이하를 참조할 것.

62 | 그리고 로마는 그들을 보았다

그리스도인들이 비밀 집회를 연다는 혐의가 제기된 이상 이런 소문이 퍼지는 것은 예상할 수 있는 일이었다. 아니 땐 굴뚝에 연기가 날 수 없다는 점을 생각하면 이러한 고발에 전혀 근거가 없었다고 단정하기도 어렵다. 여러 그리스도교 문헌은 몇몇 방탕한 집단들이 벌이던 이상한 예식들에 관해 언급하고 있다. 이를테면 카르포크라테스파Carpocratian들을 들 수 있는데, 3세기 초 알렉산드리아의 클레멘스는 이들이 마음 내키는 대로 아무하고나 성관계를 하는 '아가페' 시간을 가진다고 썼다(「양탄자」3.2.10). 2세기 중반 순교자 유스티노스는 난잡한 성행위를 위해 등불을 뒤집고 인육을 먹는 그리스도인 집단에 관해 들었다고 쓰기도 했다(「첫째 호교론」 26.7).* 이 글에서 그는 사람들이 그리스도인 모두가 이렇다고 생각할까 걱정한다. 이러한 기록들 가운데 가장 극적인 것은 더 나중 시기의 인물 퀴프로스의 에피파니오스가 남긴 것으로, 그는 피비온파Phibionite에 관해 알고 있다고 주장하며 그들이 성교 의식을 벌이며 태아를 잡아먹는다고 썼다.

---

* 유스티노스의 첫째 호교론에 관한 한국어 번역과 해설은 가톨릭사상연구회, '유스티노의 「제1호교론」 입문', 「가톨릭사상」 47 (2013), 247~274, '유스티노의 「제1호교론」(1)', 「가톨릭사상」 48 (2014), 217~238, '유스티노의 「제1호교론」(2)', 「가톨릭사상」 49 (2014), 333~362, '유스티노의 「제1호교론」(3)', 「가톨릭사상」 50 (2015), 203~209, '유스티노의 「제1호교론」(4)', 「가톨릭사상」 52 (2016), 223~246을 참조할 것. 본문에 언급된 내용은 '유스티노의 「제1호교론」(2)', 「가톨릭사상」 49 (2014), 344를 보라.

함께 배불리 먹고 혈기 왕성해진 이들은 서로에게 성적으로 흥분하기 시작한다. 남편은 아내에게 "당신도 일어나 형제와 아가페agape를 하시오"라고 말하며 떠난다. 이제 저 저주받은 이들은 짝지어 서로를 탐하기 시작한다. 그다음에 그들이 저지르게 될 불결한 짓거리는 사도가 말한 것처럼 "말하기조차 부끄러운 일들"(에페 5:12)인바 실로 언급하기 꺼려진다. 그럼에도 불구하고 나는 그들이 부끄러운 줄 모르고 행하는 일들에 대해 부끄러워하지 않을 것이다. 이는 독자가 그들이 저지르고자 하는 음란한 일들이 얼마나 소름 끼치는 것인지 알게 하려는 이유에서다. 간음의 욕정에 불타 성교를 한 그들은 이어서 그들의 신성 모독을 드높이 하늘에 올려보낸다. 여자와 남자는 손에 남자의 몸에서 뿜어져 나온 액체를 담고는 일어난다. 눈은 하늘로 향하고, 손은 더러움으로 적셔진 채, 그들은 기도한다. 이들이 스트라티오티코이, 곧 영지주의자다. 그리고 손에 담은 것을 만물의 참된 아버지에게 바치며 말한다. "아버지께 이 제물, 그리스도의 몸을 바치나이다." 그러고는 이를 먹는다. 그렇게 그들은 자신의 오물을 먹으며 말한다. "이것은 그리스도의 몸이며 파스카이니, 이로 인해 우리의 몸은 고통을 받으며 그리스도의 수난을 깨닫게 되나이다." 마찬가지로 여자가 월경을 하는 경우 그들은 불결한 생리혈을 받아 함께 먹고 말한다. "이것은 그리스도의 피입니다."

에피파니오스가 전하는 내용에 얼마나 신빙성이 있는지는 논쟁거리다. 신뢰할 만한 정보라고 주장하지만, 그는 4세기 인물이다. 따라서 플리니우스의 시대와는 거리가 있다. 2세기 후반에 그리스도를 공격한 켈소스와 같은 인물은 카르포크라테스파와 같은 몇몇 영지주의자 집단들이 부도덕하고 사악한 행위를 한다고 언급한 바 있으나, 그의 언급은 구체적이지 않다 (「켈소스 반박」 5.62~26). 더군다나 일탈적인 그리스도교 집단에 관해 언급하는 그리스도교 문헌들(순교자 유스티노스, 알렉산드리아의 클레멘스 등이 남긴 기록)은 그들을 공격하는 데 주안점을 두고 쓰였고, 이교도들의 고발과 마찬가지로 정형화되어 있다. 그러나 전형적인 방식의 비판들이라고 할지라도, 이를 완전히 무시할 수는 없다. 일부 일탈적 그리스도교 집단이 그런 의식적 성교를 했다면, 결국 그들은 모든 그리스도인이 그렇다는 소문에 일정 부분 기여한 것이다. 극단적인 비주류 집단들의 행동은 어떻게든 소문을 부추겼을 수 있다.[10] 어떤 도시의 그리스도인 집단이 나체로 성찬례를 했다거나, 정액을 신에게 바치고 이를 나누어 먹는 등의 예식을 했다면, 그리스도인들은 하나같이 타락했고 이런저런 범죄에 혐의가 있다는 식의 이야기가 어떻게 퍼져나갔는지는 예상

---

[10] 이런 형태의 그리스도교 집단에 관한 논의 및 주요 문헌에 관한 영문 번역본은 다음을 참조하라. Stephen Benko, 'Pagan Criticism of Christianity during the First Two Centuries A.D.', *Aufstieg und Niedergang der römischen Welt* (Berlin, 1980), 23.2: 1081~89. Stephen Benko, 'The Libertine Gnostic Sect of the Phibionites according to Epiphanus', *Vigiliae Christianae* 21 (1967): 103~19.

하기 어렵지 않다. 그리스도교 집단 바깥에 있는 사람이 그리스도교 집단 각각을 구분하기를 기대할 수는 없다.

위에서 언급한 이야기들을 2세기 초 폰토스의 그리스도인들에 대해 플리니우스가 한 조치를 설명하는 데 기계적으로 적용할 수는 없다. 앞서 살펴본 것처럼 그리스도인의 '범죄'에 관한 정보 대부분을 전해주는 사료들은 더 후기의 것들이기 때문이다. 그러나 플리니우스가 트라야누스에게 그리스도인들이 정상적인 음식을 먹는다고 썼던 것은 이런 식의 소문이 이미 퍼지고 있었다는 점을 시사한다. 소문들이 만연해지는 데에는 오랜 시간이 걸리지 않았다. 이러한 소문들은 사실 여부와 상관없이 그리스도교가 나아가는 환경을 조성하는 데 기여했다. 그렇기에 그리스도교 호교론자들은 이를 언급하지 않을 수 없었을 것이다. 한편 한 가지 짚고 넘어갈, 어쩌면 주목할 만한 사실이 있다. 난교나 살인과 같은 이야기는 오직 그리스도교 문헌에서만 나타난다는 점이다. 정작 그리스도교를 공격하는 이교 문헌에서는 그런 이야기가 나타나지 않는다.[11]

플리니우스의 이야기로 돌아가자. 그는 그리스도인들의 악행

---

[11] 켈소스의 그리스도교 반박에는 난교에 관한 내용이 없다. 오리게네스는 켈소스를 반박하며, "불을 켠 후 각 남자는 처음 만나는 여자와 성교를 한다"는 "소문"을 언급하지만, 이것이 켈소스가 말했다고 쓰지는 않았다(『켈소스 반박』, 6.27). 난교에 관한 내용이 단순히 파편적으로 전승되는 과정에서 제외된, 대수롭지 않은 생략으로 볼 수도 있겠으나, 한편으로는 그리스도교에 관한 더 중요한 비판은 사실 다른 내용이었다고 이해할 수도 있다.

에 대한 증거를 찾고자 하였으나, 어떤 것도 발견할 수 없었다. 그리스도인들이 행하던 의식은 건전했다.

> 그들은 잘못이나 과오가 있다면 정해진 날 해 뜨기 전에 모여, 신에게 하듯 서로 번갈아 그리스도를 기리는 노래를 하고, 악행을 하지 않겠다고, 곧 절도, 강도, 간음을 하지 않겠다고, 그리고 맡긴 물건을 돌려달라고 요구하는 사람에게 모른 척하지 않겠다고 서약한 것이 전부라고 이야기했습니다. 이러한 의식을 하고 난 후 해산했다 다시 모여 음식을 먹는 것이 그들의 관행이었습니다. 이러한 음식은 특별하지도 해롭지도 않았습니다.

플리니우스가 발견한 것은 미신, 그저 하나의 낯선 신앙이었다.

그렇기에 플리니우스는 문제를 어떻게 해결해야 할지 몰라 곤혹스러워하며 트라야누스 황제에게 보고한 것이다. 흥미로운 것은 답변을 기다리지 않고 곧바로 이 문제를 처리한 플리니우스의 태도다. 편지를 보내기도 전에 그는 이미 대략적인 조치를 해 두었고, 사후에 황제의 조언과 지침을 구했다. 지금까지 그가 모든 문제를 숙고하곤 했다는 사실을 생각하면 이렇듯 충동적이기까지 해 보이는 태도는 그답지 않다. 어쩌면 지역 관리들의 압박을 받아 상황을 신속하게 처리해야 한다고 판단했을 수 있다. 아니면 그리스도인들에 관한 판례들을 이미 들어 알고 있었고,

따라서 법률적 근거는 충분하다고 생각했을 수 있다.[12]

플리니우스가 고발을 듣고 내린 첫 번째 조치는 그리스도인들을 집합하는 것이었다. 그렇게 모인 그리스도인들 가운데는 어린아이도 있었고, 노인도 있었다. 다시 말해 가족 전체가 그리스도인인 경우가 있었다. 그 밖에 공개적으로 그리스도인들과 어울리던 사람들, 한때 그리스도인이었던 사람들도 있었다. 계층도 다양했다. 유대교와의 관련성은 찾아볼 수 없었다. 구성원이 유대교 출신인 것도 아니었다. 어떤 사람들은 유대교에서 개종했을 수 있으나, 플리니우스는 그리스도교를 독립된 종파로 생각했다. 집단의 다수를 이루던 사람들은 물론 하층민이었다. 해방 노예나 노예, 천시받는 직종에 종사하던 육체노동자들, 장인들이 그리스도교 집단의 핵심을 차지하고 있었다. 한편으로는 당황하고, 한편으로는 겁에 질린 채, 이들은 막강한 권력을 가진 로마 총독 앞에 끌려 나왔다.

고대 로마에는 비상심리절차cognitio extra ordinem라는 것이 존재했다. 이는 여러 명의 심판인과 변호사를 동원하는 일반 심리 절차를 더 효율적으로 간소화한 것으로, 총독이 소송 당사자들을 불러 자초지종을 듣고 직권으로 사안을 처리하는 것이었다. 플

---

[12] 그리스도교 박해에 관한 법률적 근거에 관해서는 다음을 보라. Timothy Barnes, 'Legislation against the Christians', *Journal of Roman Studies* 58 (1968): 32~50 및 P. Keresztes, 'The Imperial Roman Government and the Christian Church. I. From Nero to the Severi. II From Gallienus to the Great Persecution', *Aufstieg und Nidergang der römischen Welt* (Berlin, 1980), 23.2: 247~315, 375~86.

리니우스는 먼저 사람들에게 그가 그리스도인인지 물었다. 그리고 이를 시인하면 사형에 처할 것이라고 경고했다. 그렇게 묻고 난 뒤에 다시 물어보았고, 다시 세 번째로 같은 질문을 던졌다.

끌려온 이들 가운데 자신이 그리스도인이라고 확실히 밝힌 몇몇은 사형에 처했다. 트라야누스 황제에게 보낸 편지에서 플리니우스는 그리스도인이라는 이름 자체로 처벌할 수 있을지, 죄목이 되지 않는다면 그 이름과 연결된 추문들로 그들을 처벌해야 할지 물어보았다. 그러나 실제로 플리니우스는 전자, 곧 그리스도인이라는 이름 자체가 죄목이 된다는 입장에서 사안을 처리한다. 분명 그는 이미 답변을 알고 있었고, 그러한 답변에 부합하게끔 행동했다(황제 또한 플리니우스의 행동을 지지한다). 한편 다소 망설이는 모습을 보이기도 했다.

> 저들이 무엇을 고백하든지 간에, 저들의 고집과 굽힐 줄 모르는 완고함은 처벌되어야 한다는 것에는 의문의 여지가 없습니다.

정무관을 업신여기며 복종하지 않는 태도는 그 자체로 충분한 처벌의 근거가 되었다. 이런 혐의는 여러 순교록에도 등장한다. 그리스도인들이 뜻을 굽히지 않고 고집을 부리므로 유죄 판결을 했다는 이야기다. 어느 사르데냐 총독은 도시 경계에 관한 지침을 따르지 않는 집단들을 '완고함'contumacia이라는 죄목으로 단죄

한다. 마술사들이 이러한 죄목으로 고발당하는 일도 있었다.

플리니우스 앞에 끌려 나온 사람 중에는 적게나마 로마 시민권자들도 있었다. 속주 총독은 이들을 직권으로 유죄 평결해 처형할 권한이 없었으므로, 플리니우스는 이들을 우선 투옥한 후 그들의 이름을 명부에 기록한 뒤, 로마로 보내 재판을 받도록 했다. 그들의 운명에 관해서는 전해지지 않는다.

이 지점에서 플리니우스는 앞서 해안선을 따라 도시들을 방문하면서 그랬듯, 도시의 다른 문제로 눈길을 돌리고 있는 것처럼 보인다. 그러나 잠시 후 플리니우스는 곧바로 그리스도인 문제로 돌아간다. 상황은 점차 공공연할 정도로 확대된다. 다른 시민들이 계속하여 고발을 이어갔기 때문이다. 플리니우스는 이를 그렇게 놀랍게 여기지 않았다. 구체적으로 기록하고 있지는 않지만, 플리니우스의 편지에는 도시의 그리스도인들이 그렇게 호의를 얻는 집단은 아니었다는 암시가 드러나 있다. 이유는 예상할 수 있다. 그리스도인들이 자신들끼리만 어울린다거나, 전통적인 신들과 그들에 대한 종교의식을 거부한다거나, 그들의 신앙을 학식 있는 사람들 앞에서 논변하려고 하지 않는다거나 등이다. 그리스도인들은 물음 없는 무조건적 신앙을 강요하는 사람들이었고, 동시에 불특정한 '범죄'를 저지른다는 혐의를 받던 사람들이었다. 그러나 이 시대 그리스도인들에 대한 집단적 박해 행위에 대한 증거는 거의 없다. 우리가 알고 있는 사료들은 모두 특정 지역에 국한된 간헐적 상황을 다룬 것들이다. 폰토스의 그리스도인들의 경우 그들이 평소 지역민들의 심기를 불편하게 한 것이 쌓여, 때마침 플리니우스가 방문한 참에 이를 해결하고자 했던 것이 만들어낸 상황으로 보인다.

이제 고발은 그리스도인으로 생각되는 사람들의 이름을 적어놓은 익명의 전단이 도는 양상으로 진행되었다. 여기서 지명된 사람들은 앞서 고발당한 사람들과는 차이가 있었다. 어떤 사람들은 자신이 그리스도인이 아니라며 혐의를 부인했다. 어떤 사람들은 과거에 그리스도교 집단에 있다 떠난 사람들로, 자신들이 한때 그리스도인이었던 것은 사실이지만, 이십 년도 전에 이를 그만두었다고 항변했다. 그리스도인들은 이들을 두고 믿음을 저버렸다며 '배교자'라고 불렀겠지만, 그리스도교의 입장이 아닌 역사적, 사회적 입장에서 살펴보면 다른 설명이 더 적절할 수 있다. 그리스도교 역사 초창기에조차 그리스도인이 되었다고 해서 평생 그리스도인으로 남는 것은 아니었다. 어떤 사람들은 예수라는 인물에게 매력을 느끼고 그리스도교에 입문했고, 어떤 사람들은 지인이 보여 주는 행동에 감명을 받고 입문하기도 했다. 그리스도인 배우자 때문에 그리스도교에 들어오는 사람들도 있었다. 그러나 종교의 구분이 분명하지 않던 시대에 종교를 바꾸는 일은 흔했고, 평생 여러 종교에 발을 들이는 경우도 있었다. 종교 간의 이동이 잦은 사회에서 그리스도교 또한 기대에 부합하지 않는다고 생각한 경우 사람들은 곧바로 떠나버리곤 했다.

유향과 포도주

어디까지 그리스도인이라고 할 수 있는지, 기준을 세우기 애매하다는 사실은 플리니우스에게 새로운 문제로 다가왔다. 사람들이 하는 말이 진실인지 어떻게 알 수 있을까? 그리스도인이 아니라고 주장했던 사람들이 도시를 떠나자마자 다시 그리스도교를 믿으며 그리스도교 집단을 새로 조직한다면? 목숨을 보전하기 위해 발뺌하다 나중에 다시 자신이 부인했던 신앙을 전파하는 일을 어떻게 막을 수 있을까? 플리니우스는 이 딜레마를 해결하기 위해 그리스도인을 구분하는 하나의 '시험'을 마련했다. 그는 트라야누스 황제의 조각과 로마의 전통 신들, 곧 유피테르, 유노, 미네르바의 신상을 가져오도록 명했다. 앞에서 언급한 것과 마찬가지로 자신이 그리스도인이라고 고백한 사람들은 즉각 사형에 처했지만, 혐의를 부인한 사람들에게는 새로운 조건을 부과했다. 그들은 플리니우스를 따라 신들을 부르며 트라야누스의 조각상 앞에 "유향과 포도주"를 바쳐야 했다. 또한, 플리니우스는 그들에게 그리스도의 이름을 저주하라고 요구했다.

플리니우스가 이러한 시험을 사용한 것은 당혹스럽다. 그리스도교 전통은 로마 신들의 제단에 타오르는 불길에 분향하기를 거부한 순교자들의 이야기들을 낭만적으로 전하고 있으나, 이는 플리니우스의 시대가 아닌 후대를 배경으로 한 것들이다. 이런 식으로 이상화된 순교자의 모습은 그러한 '시험'이 로마 제국에서 일반적이고 널리 통용되던 것이라는 인상을 준다. 그러나 로마 역사에서 플리니우스의 '시험'을 따라 한 사례는 극소수에 지나지 않는다. 오히려 플리니우스가 폰토스에서 행한 일과 이를 전하는 편지가 이러한 측면을 부각한 것에 가깝다. 그러나 애초에 이러한 '시험'이 어떻게 사용될 수 있었는지는 살펴볼 필요가 있다.

"유향과 포도주를 바치는" 행위는 로마 종교의 오래된 관습이다. 수백 년도 전에, 자연재해나 전쟁에서의 패배와 같은 국가적 재난이나 전쟁에서의 승리와 같은 국가적 축전에서, 로마 인민은 신전에 모여 신들에게 도움을 구하거나 행운에 감사하곤 했다. 이러한 일이 있을 때, 사람들은 희생 제물 대신 평소 가정에서 집안의 수호신(라레스Lares)에게 하듯 유향과 포도주를 가져와 바치곤 했다. 그런데 이런 특수한 관행이 점차 공적 숭배의 핵심으로 자리 잡았다. 이러한 공적 기도supplications는 황제의 탄생이나 즉위, 전승일과 같은 주요 행사를 기념하는 일반적인 종교 행위가 되었다. 제단에 포도주를 붓고 곡식을 뿌리는 일은 돼지나 황소를 잡아 굽는 일보다 훨씬 비용이 덜 들었기에, 많은 사람이 이러한 방식으로 신들에게 기도하곤 했다. 이러한 공적 기도는 다른 공공 행사나 의식에 덧붙여질 수 있었다. 역사가 수에토니우스Suetonius에 따르면 아우구스투스 황제는 원로원 의원들이 자리에 앉기 전 회의장으로 사용하는 신전의 제단에 유향과 포도주를 바치게 했다고 썼다(수에토니우스, 「신황 아우구스투스전」 35.3). 아우구스투스 다음으로 황제가 된 티베리우스는 즉위식에 이 공적 기도를 활용했는데, 아우구스투스 사후 처음으로 개최된 원로원 회의에 입장하며 유향과 포도주를 바침으로써 충효와 경건의 뜻을 밝히고자 했다.

이러한 예식이 점차 널리 사용되며 로마의 관리들은 기간을 정해 유향과 포도주를 바칠 수 있도록 했다. 예를 들어 기원전 63년 폼페이우스가 미트리다테스 전쟁에서 승리했을 때는 10일간의 공적 기도가 선포되었다. 이런 식으로 공적 기도가 즐겨 활용되자 신들에 대한 공적 기도와 개인의 공적을 치하하는 행사 사이의 구분도 모호해졌다. 키케로는 카틸리나의 음모를 파헤친 공로에 감사하는 뜻에서 원로원이 공적 기도를 했다는 사실을 큰 자부심으로 여겼다. 이런 선례를 따라 공적 기도는 황제의 정복 활동을 기리는 금석문에도 나타나기 시작한다. 튀르키예 앙카라(당시 지명은 앙퀴라)에서 발견되어 고대사에 한 획을 그은, 아우구스투스 황제가 자신의 업적을 기록한 금석문(신황 아우구스투스 업적록Res gestae divi Augusti)은 이렇게 쓰고 있다.

> 짐의 대리인들이 짐의 명을 받들어 육지와 바다에서 이룩한 순조로운 과업들에 대해 원로원은 불멸의 신들에게 쉰다섯 번 공적 기도를 바치기로 결의하였다. 원로원의 결의를 따라 공적 기도를 행한 일수는 890일이다."[13]

---

[13] 업적록의 본문은 다음에서 인용했다. V. Ehrenburg and A. H. M. Jones, *Documents Illustrating the Reigns of Augusts and Tiberius* (Oxford, 1949), 4.

같은 금석문에서 아우구스투스는 자신의 건강을 염려하며 시민들이 개인적으로, 또 도시 단위로 신전과 여러 제단에서 기도했다고 썼다. 황제의 생애 가운데 일어난 사건들, 곧 생일, 전쟁에서의 승리, 즉위 기념일 등은 모두 공적 기도를 위한 기회가 되었다. 플리니우스의 편지도 그러한 행사들을 언급한다.

이러한 관행과 개인은 시민 종교를 거부해서는 안 된다는 보편적인 인식이 결합된 것이 유향과 포도주를 바치게 하는 '시험'의 근거가 되었을 수 있다. 플리니우스의 행동에서 참신한 부분이 있다면 그것은 유향과 포도주를 바치는 행위를 종교적 충성과 연결한 것이다. 수십 년 전 도미티아누스 황제 치하에서 일어났던 그리스도인 재판의 사례를 통해 얻은 발상일 수도 있다. 플라비아 도미틸라와 플라비우스 클레멘스 부부는 '무신론자'라는 혐의로 유죄 판결을 받았다. 이는 로마인이 미신으로 여긴 유대교의 관행과 연결된 혐의로도 해석된다(수에토니우스, 「도미티아누스전」 15, 디온 카시오스 67.14.2). 로마법사학자로 플리니우스의 서한집을 주석하기도 했던 셔윈 화이트Sherwin-White는 플리니우스가 이 사건을 모를 리 없었을 것이라고 언급한다.[14] "예수께서 계시하신 진리와 하느님의 말씀을 전파"한, "짐승이나 그의 우상에게 절을 하지 않고 이마와 손에 낙인을 받지 않은 사람들"(묵시 20:4)에 관해 쓴 요한의 묵시록 저자는 이를 염두에 두고 있었

---

[14] A. N. Sherwin-White, *The Letters of Pliny: A Historical and Social Commentary*, 695.

을 수도 있다. 선례가 무엇이었든, 플리니우스는 간단하면서도 효과적으로 그리스도인을 판별하는 시험을 발견했다. 그러나 생각하는 것만큼 이러한 방식이 널리 통용되거나 중요하게 여겨진 것은 아니다.[15]

트라야누스는 늘 그랬던 것처럼 플리니우스에게 답장을 썼고, 그것은 다른 편지들과 마찬가지로 플리니우스의 서한집에 포함되어 있다.

> 친애하는 (플리니우스) 세쿤두스여, 그리스도인이라는 이름으로 넘겨진 이들과 관련된 사안을 조사하며 경은 해야 할 조치를 따랐소. 사실 어떤 것이라도 마치 분명한 형태가 있는 것처럼 일반적으로 결정할 수는 없는 법이기 때문이오. 색출해서는 아니 될 것이오. 다만 고발된 경우에 한해, 그리고 입증된 경우에 한해 처벌해야 할 것이오. 하지만 이렇게 합시다. 자신이 그리스도인이 아니라고 주장하고, 이를 행동에 옮긴다면, 곧 우리의 신들에게 공적 기도를 올린다면 과거의 혐의와 상관없이 이를 뉘우침의 근거로 하여 사면하는 것이오. 그리고 익명으로 제기된 전단은 결코 고발의 이유로 삼아서는 아니 될 것이오. 그런 행태는 나쁜 선례가 될 뿐 아니라 우리 시대의 정신에도 부합하지 않기 때문이오. (『서한』 10.97)

---

15 Robert M. Grant, 'Sacrifices and Oaths as Required of Early Christians', *Kyriakon Festschrift Johannes Quasten* (Münster, 1970), 12~17.

이처럼 트라야누스 황제는 플리니우스의 조치를 지지했다. 그러면서도 플리니우스가 염려한 부분을 잊지 않았다. 무고나 비방으로 자칫 부당한 일이 일어나지 않게 하라고 그는 강조했다.

문제를 만족스럽게 해결한 플리니우스는 다시 이전부터 해오던 순방 여정을 계속했다. 그리스도인에 관련된 이야기는 더는 등장하지 않는다. 플리니우스의 나머지 편지들에는 앞서 나왔던 문제들과 유사한 문제들이 언급된다. 더러운 시궁창으로 변해버린 개천을 복개할 수 있는 예산 확보를 위해 도움을 요청하는 도시, 속주민 세 명에게 로마 시민권을 요구하는 도시, 개인에게 20년 전 지급한 막대한 공금의 환수 문제를 두고 다투는 아미소스 시의 이야기들이 등장한다. 어떤 편지에서는 새로 임명된 지역 평의회원이 일정 금액을 입회비 명목으로 도시에 기부해야 하는지를 두고 황제의 의견을 묻기도 한다.

그리스도인 문제를 다룬 편지는 플리니우스가 비튀니아·폰토스 총독으로 있으며 트라야누스 황제와 주고받은 마지막 서신 중 하나다. 편지를 쓰고 난 이듬해 플리니우스는 로마로 돌아오지 못한 채 객사했다. 그가 마지막으로 쓴 편지들은 트라야누스의 황제 즉위 기념일(1월 28일)과 국가의 안녕을 위해 매년 개최하던 '기도회'(1월 3일)를 언급하고 있다. 플리니우스는 트라야누스에게 속주민들이 함께 모여 황제와 국가의 번영과 안녕을 위해 기도하였으며, 무엇보다 청렴한 삶을 살고 신들에게 복종하고 영예를 돌릴 줄 아는 덕을 지닌 황제에게 신들이 합당한 상을 허락하기를 빈다고 쓰고 있다(「서한」 100, 102). 플리니우스의 편지는 트라야누스의 생일이 있던 113년 9월 전에 끝났다. 그러므로 그는 그해 1월부터 9월 사이 어느 시점에 사망한 것으로 보인다.

임기 중 객사한 플리니우스의 뒤를 이어 비튀니아·폰토스 총독으로 부임한 인물은 이전에 그와 함께 집정관을 역임했던, 20년 연상의 동료 코르누투스 테르툴루스였다. 플리니우스는 남다른 관운을 누린 인물이었다. 서른아홉에 집정관의 자리에 오른 인물, 국고를 다루는 직책을 연달아 맡은 인물은 거의 없었다. 플리니우스는 동시대인 중 누구보다도 관료로 성공한 인물이었다. 그의 삶은 고대 로마가 지향하던 덕목을 그대로 구현한 삶이기도 했다. 단조롭게 보일 수 있지만, 플리니우스는 실로 그 시대의 위인이었다. 그는 정직하며 정의롭고, 관대하며 충직하고, 공공의 선을 위해 애쓰며 선조들의 전통을 존중하고 신들에게 경건했던, 옛 로마를 위대하게 만든 가치들을 살아냈던 인물이었다. 그를 추모하는 비문은 시민들이 그를 어떻게 기억했는지 잘 드러낸다.

가이우스 플리니우스 카이킬리우스 세쿤두스, 오우펜티나 분구分區 출신으로 루키우스의 아들이다. 집정관, 조점관을 역임하다. 게르마니아와 다키아의 정복자이자 최고사령관이자 국부인 네르바 트라야누스 황제의 명에 따라 원로원 결의에 의거 총독의 권한을 부여받아 폰토스 · 비튀니아 속주로 파견되다. 로마 테베레강 제방 및 하수도 관리관, 사투르누스 국고 관리관, 군사 재무 관리관, 법무관, 호민관, 황제 지명 재무관, 예비기사대장, 제3군단(갈리아) 군사대장, 십인관을 역임하다. 욕장 및 비품 비치를 위한 추가 300,000세스테르티우스, 유지비 200,000세스테르티우스, 해방 노예 후원 및 시민들을 위한 연간 만찬비 명목으로 1,866,666세스테르티우스를 로마시에 유증하다. 생전에 평민계급 출신 남녀 청소년들을 위해 500,000세스테르티우스, 도서관을 위해 100,000세스테르티우스를 후원하다.[16]

---

[16] *Corpus inscriptionum latinarum* 5.2 (Berlin, 1877), no. 5262.

제2장

장례 상조 단체

2세기 초, 플리니우스가 소아시아에 머물고 있던 시기에 그리스도교 집단들은 로마 제국의 약 40~50개 도시에 존재하고 있었던 것으로 추정된다. 이들 집단 대부분의 구성원 수는 수십에서 많아야 수백 명에 지나지 않았다. 로마 제국 전체를 놓고 보면 그리스도인들의 수는 아마도 5만 명조차 되지 않았을 것이다. 6천만 명에 달하는 사람들이 살아가던 세계에서 이는 극소수에 불과했다. 이미 4백만에서 5백만 명에 달해 로마 세계에서 상당히 중요한 소수 집단을 이루던 유대인 공동체와는 대조적이었다. 로마 제국에 살던 사람들 대부분은 그리스도교에 관하여 들어본 적조차 없었고, 들어보았다고 하더라도 막연히 건너 들었을 뿐, 그리스도인을 직접 만나본 사람을 찾기란 거의 불가능했다. 지식인들이라고 상황은 다르지 않았다. 극소수만 그리스도교에 관해 들어 알고 있었다고 해도 무방하다.

그러나 이 새로운 운동, 그리스도교는 2세기 초에 이르러 그리스와 로마 저술가들이 남긴 문헌을 통해 조금씩 수면 위로 드러나기 시작했다. 물론 대부분은 다른 주제를 다루는 과정에서 곁가지로 언급될 뿐이지만 말이다. 본격적으로 그리스도교를 다루며 관행과 신앙에 관해 이야기하는 저술은 2세기 말에나 나오게 된다(켈소스). 형식적이고 피상적이며 상당 부분 풍문에 의존하고 있음에도 불구하고 초창기의 저술들은 그 자체로 가치가 있는데, 그리스도교를 처음 접한 사람들이 어떻게 이를 바라보았는지에 관한 실마리를 담고 있기 때문이다. 그리스도인의 입장에서는 외부자들의 이야기가 상당수가 오해나 왜곡에서 비롯되었다고 생각할지도 모른다. 그리스도교에 관해 자신이 알고 있는 내용에 비추어 본다면 말이다. 하지만 그리스도인들이 살았던 사회의 눈으로 볼 때 그들의 언급은 당대의 전통적인 시각을 반영할 뿐, 부정확하거나 부당했다고 치부할 수는 없다.

겉모습에 속기 쉽다고 한다. 어떤 대상에 관해 보고 들은 것은 그 대상의 전체를 설명할 수 없기에 그렇게 얻은 지식은 피상적이라고 한다. 그러나 이는 바꾸어 말하면 어떤 대상이 사람들에게 비치는 모습에 그 대상의 일부가 어느 정도 드러나 있다는 뜻이기도 하다. 자신에 대한 타자의 시선, 나아가 사회가 개인이나 집단에 부여하는 역할이 그 개인이나 집단의 정체성을 정의하고 형성하는 사회적 영역에서는 더욱 그렇다. 다수의 시선을 좌우하기에는 너무나 수가 적은 이들의 경우는 두말할 필요도 없다. 실상이야 어떻든 타자의 시선은 사람들이 살아가는 세계를 구성한다. 초기 그리스도인들이 외부자의 태도와 시선과 완전히 무관하게 자신을 이해했다고 말할 수는 없을 것이다.

트라야누스 황제에게 편지를 쓰며 플리니우스는 두 가지 용어, '미신'superstitio과 '파당'hetaeria을 사용해 그리스도인들을 정의했다. 전자인 '미신'은 동시대 저술가 타키투스와 수에토니우스가 그리스도교를 가리키며 사용한 표현이기도 하다. 마찬가지로 후자인 '파당'이나 그 동의어들이 당대 다른 저술들에서 그리스도교를 가리킬 때 쓰인다. 그러므로 플리니우스의 기록은 그리스도인들에 관한 그의 시선뿐 아니라 당대 사회의 시선에 관한 단서 또한 제공한다고 할 수 있다. 이 용어들의 사회적, 종교적 배경을 살펴보며 2세기 초, 그리스도교가 처음 수면 위로 드러나기 시작했던 시기, 그리스인들과 로마인들이 그리스도교를 어떻게 바라보았는지 다가가고자 한다. 이 장에서는 '파당', 곧 단체라는 개념에 비추어, 이어지는 3장에서는 '미신'이라는 것에 비추어 살펴본다.

민회와 파당 사이에서

플리니우스가 그리스도교를 접했을 무렵, 그리스도인들 대다수는 자신들을 가리키는 용어로 '에클레시아'ecclesia를 채택했다. 우리가 교회라고 번역하는 단어다. 어떤 도시나 마을의 모임을 가리키는 경우든, 지중해 세계에 흩어진 그리스도인들을 가리키는 경우든, 그리스도교 공동체는 자신을 가리킬 때 언제나 이 용어를 썼다. 로마 교회의 주교가 코린토스 교회에 편지하며 쓴 표현을 보자.

> 로마에서 나그네로 살아가는 하느님의 에클레시아가 코린토스에서 나그네로 살아가는 하느님의 에클레시아에게. (『코린토스 신자들에게 보낸 편지』 1.1)

비슷한 시기, 1세기 후반에 집필된 사도행전은 "유다와 갈릴래아와 사마리아 온 지방에 들어선 에클레시아(교회)"(사도 9:31)라고 쓰고 있다.

하지만 로마인들은 그리스도교를 가리켜 에클레시아라고 표현하지 않았다. 그들은 이 새로운 집단을 그저 "그리스도인"이라고 불렀다. 이처럼 예수의 추종자들을 가리키는 고유한 용어가 된 "크리스티아누스"Christianus는 외부자들이 처음 붙인 것이다(사도 11:26). 플리니우스 또한 그리스도인들을 가리켜 "크리스티아니"Christiani라고 불렀다. 창설자의 이름을 통해 어떤 집단을 지칭하는 경우는 흔했다. 퓌타고라스(피타고라스)의 추종자를 퓌타고라스주의자라고, 에피쿠로스의 추종자를 에피쿠로스주의자라고 부른 것과 같다. 플리니우스가 '에클레시아'라는 용어를 들었다면 당혹스러워했을 것이다. 일반적으로 그리스어와 이를 음차한 라틴어에서 에클레시아라는 용어는 도시 정무관들의 모임인 평의회, 곧 불레boule와 대비되는 개념으로서 '민회'를 지칭했기 때문이다. 그리스도교 사건이 있고 난 뒤 몇 주 후 트라야누스에게 보낸 편지에서 플리니우스는 지역의 "불레와 에클레시아"라는 표현을 사용한다(『서한』10.11). 그러니 "나는 그리스도의 몸인 에클레시아를 위하여 그리스도의 남은 고난을 내 몸으로 채우고 있습니다"(골로 1:24)라는 표현을 플리니우스가 보았다면 전혀 이해하지 못했을 것이다.

'크리스티아니'라는 용어 말고도 플리니우스가 그리스도교 집단을 가리켜 사용한 일반적인 용어가 있다. '헤타이리아', 곧 파당, 단체라는 뜻이다.

> 그들은 잘못이나 과오가 있다면 정해진 날 해 뜨기 전에 모여, 신에게 하듯 서로 번갈아 그리스도를 기리는 노래를 하고, 악행을 하지 않겠다고, 곧 절도, 강도, 간음을 하지 않겠다고, 그리고 맡긴 물건을 돌려달라고 요구하는 사람에게 모른 척하지 않겠다고 서약한 것이 전부라고 이야기했습니다. 이러한 의식을 하고 난 후 해산했다 다시 모여 음식을 먹는 것이 그들의 관행이었습니다. 이러한 음식은 특별하지도 해롭지도 않았습니다. 그리고 폐하의 영에 따라 모든 당파가 금지된 후에는 이러

한 관행을 그만두었다고도 했습니다.

'헤타이리아'는 그리스어에서 음차한 라틴어 단어로, 본래 정치 당파나 단체 등을 가리키는 말이다. 앞 장에서 살펴보았듯 플리니우스는 트라야누스 황제에게 니코메디아의 소방 조직에 관해 쓰며 이 단어를 사용한 적이 있다. 헤타이리아들은 언제든 정치적으로 변질되어 도시 공동체의 안정을 위협할 가능성이 있었다. 이런 단체들이 도시를 분열시키고 사회, 정치적 소요를 조장할 수 있다고 간파한 로마의 관리들은 파당의 형성을 저지하고자 전전긍긍했다.

'헤타이리아'가 언제든 정치적으로 돌변할 가능성이 있었던 것은 사실이나, 대부분은 그 자체로는 정치적 목적이 없었고, 트라야누스도 이를 모르지 않았다. 이러한 파당들은 적어도 기원전 3세기부터 로마 세계에 존재했다. 전승에 따르면 어떤 단체들은 로마의 건국과 더불어 시작되었다. 로마의 전설적인 왕 누마는 시민들을 직종에 따라 다양한 '콜레기아'collegia, 곧 단체들로 나누었다고 전해지는데, 그 단체들에는 피리 연주자, 금 세공인, 대장장이, 염색공, 가죽 세공인, 구리 세공인, 옹기장이 등이 있었다. 전승에 따르면 각 단체는 직종에 따라 기능을 수행하며 신을 모시고 종교의식을 거행했다. 그러나 이러한 단체들이 본격적으로 등장한 시기는 로마 세계가 더 확장되고, 함께 일하고 같은 이익을 공유하는 사람들과 함께 오락과 친교를 도모하려는 이들이 늘어난 훨씬 후대의 일이다. 단체들은 구성원이 사망했을 시 적절한 장례를 치르는 일을 도맡기도 했다. 또한, 특정 신을 수호신으로 모시며, 식사하러 모일 때는 단체의 수호신에 대한 제사를 같이하곤 했다. 이처럼 각 단체는 같은 업종에 종사하는 사람들로 구성되긴 했으나, 동업 조합과는 거리가 멀었다. 오히려 사회적, 오락적, 종교적인 의미가 컸다.

그리스 세계도 상황은 비슷했다. 특히 도시 공동체(폴리스)가 시민들을 모으는 구심점의 기능을 상실하기 시작한 3세기부터 파당들은 본격적으로 퍼져나갔다. 그리스인들의 파당은 로마인들의 파당에 비해 훨씬 다양했다. 동업자들로 구성된 파당뿐 아니라, 디오뉘소스 숭배자들(디오뉘시아스타이), 헤라클레스 숭배자들(헤라클레이스타이)와 같은 명백한 종교 집단도 있었고, 창설자의 이름으로 모인 집단도 있었다. 그저 재미와 친목을 목적으로 모인 단체도 있었다. 면 직조공회, 재봉사회, 델로스 대금업자회, 제빵사회, 어부회, 양봉업자회, 청과물상회, 이집트인회(아이귑티오이), 살라미스인회(살라미니오이) 등 헤아릴 수 없을 만큼 다양했다. 이들 모두는 어느 정도 종교적인 성격이 있었고, 사회적 교류의 장으로 기능했다. 어떤 경우에는 상업적인 혜택과 교육의 기회를 제공하기도 했다. 이런 단체들 대다수는 지역을 기반으로 했고, 회원의 유입도 공동체가 속한 도시의 거주민 중심으로 이루어졌다. '국제' 단체, 요컨대 지중해 세계를 아우르는 조직체는 없었다. 기껏해야 어떤 섬이나 지역을 중심으로 하는 것에 그쳤다. 규모도 크지 않았다. 보통은 오십 명이 넘지 않았고, 많더라도 수백 명 정도에 그쳤다. 종교는 공동체의 생활에 매우 중요한 요소였다. 특히 그리스 세계의 집단들에서 종교가 차지하는 중요성은 로마의 콜레기아에서 종교가 차지하는 중요성보다 훨씬 컸다. 이와 관련해 고대 사회의 단체들을 연구한 역사가 폴란트Franz Poland는 말했다. "여러 집단과 관련해 알려진 사실상 유일한 정보는 종교적 연관 관계뿐이다."[1]

소속감

기원후 첫 백 년에 걸쳐 단체들은 로마 제국의 도시 생활을 대표하는 중요한 요소로 부상했다. 수공업자와 장인들, 상인들이 이러한 단체들의 근간을 이루었다. 해방 노예와 노예, 비천한 출신으로 이렇다 할 교육을 받은 적도 없어 상류 사회로 진출할 방법이 없었던 사람들이 이러한 단체의 핵심 세력을 이룬 것은 어쩌면 당연했다. 상류층은 다른 사교의 장이 있었고, 다양한 오락의 기회들을 누릴 수 있었기 때문이다. 반면 교육을 거의, 혹은 전혀 받지 못한 이들의 처지는 달랐다. 플리니우스와 같은 사람들이 누릴 수 있었던 문화, 사회생활은 그들과는 전혀 관련이 없었다. 부유층은 장인을 고용해 집을 꾸미고, 무역상에게서 구입한 고급 옷감과 기름, 향수, 보석으로 사치를 누리면서도 이

---

[1]   Franz Poland, *Geschichte des griechischen Vereinswesens* (Leipzig, 1909), 173.

런 일에 종사하는 사람들을 천대하곤 했다. 물건을 사고파는 행위는 플리니우스와 같은 배경을 지닌 인물에게는 어울리지 않았다. 고귀한 신분에는 정치인이나 농장주, 군인의 삶이 제격이라고 그들은 생각했다. 키케로는 징세청부업과 고리대금업, 육체노동, 장사하는 일을 천하게 여겼다. 어부나 도축업자, 요리사, 가금류 판매상과 같은 이들에 대한 시선은 더 나빴다.

　단체들을 구성한 것은 바로 이런 사람들, 부유하고 권력 있는 사람들의 존중 같은 것을 기대할 수 없는 사람들이었다. 그들은 단체를 통해 정기적으로 친구와 이웃들을 만나고 음식을 나누며 함께 저녁을 보내고, 친구의 아내가 죽었다면 함께 슬퍼했다. 단체는 남녀 구성원 모두에게 소속감을 주었다.

> 약하고 천시받던 개인이 조직을 이룬다는 것이 어떤 의미인지 그들은 깨달았다. 조직은 그들이 혼자가 아니라는 사실을 일깨워 주었고, 자부심을 세워 주었다. 그리고 그들이 가진 것들을 지켜주는 담벼락이 되어주었다.[2]

이러한 단체의 성격은 세 가지로 나누어볼 수 있다.

　(1) 직능 조합: 이를테면 선주, 과일상, 털실 세공업자, 미장이

---

[2]　Samuel Dill, *Roman Society from Nero to Marcus Aurelius* (London, 1911), 256.

조합 등.

(2) 장례 상조 단체: 이런 단체들의 주된 목적은 사망한 회원의 장례 비용을 대는 것이었다. 단체는 회원의 사망 시 합당하게 장례를 치를 수 있도록 도왔다.

(3) 특정 신을 숭배하는 이들로 이루어진 종교 단체: 디오뉘소스나 이시스 숭배 단체 등을 들 수 있다.

그러나 어떤 단체도 이 세 가지 성격 가운데 하나만을 지향하지는 않았다. 대다수 단체는 이러한 특성 가운데 두 개 이상을, 어쩌면 모든 특성을 지니고 있었다. 가령 모든 단체는 어떤 식으로든 종교 행사를 진행했다. 최고신 유피테르는 철 세공업자와 도축업자, 향수 제조업자들의 수호신이었고, 미네르바는 직물공들을 돌보는 신이었으며, 헤라클레스는 대장장이들과 재단사, 제빵사들이 섬기던 신이었다. 직물공 단체는 미네르바 신을 섬기면서 동시에 회원들의 장례를 치러주곤 했다.

이탈리아 로마 남동쪽에 있는 마을 라누비움에서 발견된 흥미로운 금석문이 있다. 기원후 136년 만들어진 이래 상당히 온전한 상태로 보존된 이 금석문은 이러한 단체가 어떻게 조직되고, 어떤 활동을 하였는지 보여 주는 좋은 사례다.[3] 금석문에 나

---

[3] 금석문의 본문은 다음을 보라. H. Dessau, *Inscriptiones latinae selectae* (Berlin, 1906), no. 7212. 이 금석문의 영문 번역은 다음을 보라. Napthali Lewis and Meyer Reinhold, *Roman Civilization* (New York, 1955), 2:272~75.

타난 단체는 디아나 여신 숭배자들의 모임인데, 원로원의 "허가"를 받은 곳이었다. 원로원 결의문의 내용은 이렇다.

이들에게는 결사 및 집회가 허용된다. 장례를 위해 월회비를 납부하기 원하는 자는 단체를 결성할 수 있으나, 이는 망자의 장례를 위한 부의금을 전달하기 위한 목적에서 월 1회에 한해 허용된다.

금석문은 이어 단체의 부속 정관을 기록하고 있다.

카이사르 트라야누스 하드리아누스 아우구스투스와 황실에, 또한 우리와 우리 단체에 상서로움과 행운과 안녕이 깃들기를 기원하며, 우리가 고인의 마지막 길을 합당하게 배웅할 수 있도록 정성을 다하기 원합니다. 그러므로 우리는 오랜 시간 이 일을 지속할 수 있도록 함께 기여하며 뜻을 모아야 할 것입니다. 입회를 희망하는 이여, 먼저 이 회칙을 주의 깊게 읽어본 후 입회하시오. 그리하여 나중에 불평하거나 자손에게 분쟁거리를 남기지 마시오.

본회 회원 전원은 아래와 같이 결의한다. 본회에 입회를 희망하는 자는 입회비 100세스테르티우스*와 상급의 포도주 한 암포라**를 기부한다. 또한, 월회비 5아스***를 납부한다. 또한, 결의한바, 6개월 연속 회비를 체불한 자의 사망 시 본회는 유언과 무관히 장례를 고려하지 아니한다. 또한, 결의한바, 회비를 납부한 회원의 사망 시 기금에서 300세스테르티우스를 지급하되, 이중 장례식을 위해 50세스티르티우스를 공제하여 화장 비용으로 한다. 아울러 본회는 운상에 직접 동행하기로 한다. 또한, 결의한바, 지역으로부터 20로마마일**** 이상 이격된 장소에서 사망한 이의 부고를 통고받을 시, 본회 회원 중 3인을 선출하여 장례를 치르고 이를 성실히 보고하게 한다. 이 과정에서 거짓이 적발된 경우에는 4배의 벌금을 내야 한다. 그들에게는 고인의 장례식 비용과 인당 20세스테르티우스를 경비 명목으로 지급한다. 회원이 지역으로부터 20로마마일 이상 이격된 장소에서 사망하였고 본회에 통고할 수 없었던 경우에는 고인의 장례를 치른 자가 로마 시민 7인의 날인을 통한 사건의 증인으로 합당한 사유를 입증하고 추가 청구인의 부재를 확인

---

* '세스테르티우스'sestertius는 로마 시대의 화폐 단위다. ¼ 데나리우스. 1세기 기준 1세스테르티우스로는 빵 두 덩어리를 살 수 있었다. 포도주 한 암포라는 12~54세스테르티우스였다. 군단병에게는 연간 900~1200세스테르티우스가 지급되었다. 플리니우스의 연간 수입은 약 1,100,000세스테르티우스였다.

** 약 34리터다.

*** 로마 시대의 화폐 단위. ¼ 세스테르티우스. 로마 세계의 그리스어권에서는 앗사리온ἀσσάριον으로 음차되었다(마태 10:29; 루가 12:9).

**** 로마의 거리 단위로, 1로마마일은 약 1.48km다.

한 후 회칙에 따라 인건비와 장례비용을 제한 나머지 비용을 청구한다.

(중략)

또한, 결의한바, 노예 신분으로 본 회의 회원인 자가 사망 시, 소유주가 시신을 매장하도록 내어주지 않고 고인이 별도의 지침을 서면으로 남기지 않은 경우 가상 장례funus imaginarium*를 거행한다. 또한, 결의한바, 자살자의 경우 본 회는 그 사유와 무관히 장례를 고려하지 아니한다. 또한, 결의한바, 노예 신분으로 본 회의 회원인 자가 자유민의 신분을 취득한 경우 상급의 포도주 한 암포라를 기부하여야 한다. 또한, 결의한바, 순서에 따라 당해 만찬을 주관할 의무가 있는 자가 이를 불이행할 시 30세스테르티우스를 본 회에 납부하여야 한다. 만찬 주관의 의무는 뒤따르는 자에게 돌아가며, 당해 만찬을 주관하지 않은 자는 대신하여 주관한 자가 본래 해당한 시기에 만찬을 주관하여야 한다.

만찬 순서: 3월 8일 (카이센니우스 부친 생일), 11월 27일 (안티노우스 생일), 8월 13일 (디아나 여신 탄생일 겸 창립 기념일), 8월 20일 (카이센니우스의 형제 실바누스 생일) … (모친 프로쿨라 코르넬리아 생일), 12월 14일 (지역 두호인 루푸스 카이센니우스 생일).

---

* 객사나 전사 등의 사유로 시신이 없는 경우에 밀랍 인형imago으로 시신을 대체하여 치르는 장례.

명부에 따라 만찬을 주관하는 자로 지정된 4인은 각각 상급 포도주 한 암포라와 회원 수에 해당하는 2아스의 빵, 정어리 네 마리, 식탁보, 온수를 보조 인원 1명과 함께 제공하여야 한다. 또한, 결의한바, 5년 임기의 직책인 본회의 장으로 선출되는 자는 임기 중 상기 의무를 면제하며, 분배되는 몫 전체의 갑절을 준다.

(중략)

또한, 결의한바, 불만이나 건의 사항이 있는 자는 (연회가 아닌 정기) 회합 시 이를 제출하고, 축제일은 평안과 흥겨움으로 지킬 것이다. 또한, 결의한바, 자리를 옮겨 시비를 조장하는 자에게는 4세스테르티우스의 벌금을 부과한다. 타인에게 욕설을 하거나 소란을 일으키는 자에게는 12세스테르티우스의 벌금을 부과한다. 연회 중 본회의 장에게 욕설을 하거나 불손하게 대하는 자에게는 20세스테르티우스의 벌금을 부과한다. 또한, 결의한바, 본회의 장은 임기 중 축제일에 백색 의복을 입고 포도주와 유향을 바치는 행위를 포함한 종교 행사를 주관해야 한다. 디아나와 안티노우스 축일에는 연회를 시작하기 전 공공 욕장에서 본회를 위해 기름을 제공한다.

금석문에서 살펴볼 수 있듯 라누비움의 장례 단체는 일종의 상조 단체에 머무르지 않았다. 사람들은 단체라는 명목 아래 정기적으로 만나 먹고 마시며 대화를 나누고 오락을 즐기곤 했다. 이런 모임들은 반복되는 일상 가운데 휴식과 재충전의 기회 이상의 것을 제공했다. 모임을 통해 사람들은 의지할 만한 친구와 조력자들을 만났고, 사람들의 인정과 명예를 얻을 수 있었다. 평범한 나의 인생도 충분히 가치 있다는 사실을 사람들은 단체 안에서 느낄 수 있었다. 나아가 단체는 종교적인 영역에서도 우호적이고 친밀하며 익숙한 환경을 제공했다.

> 비천한 출신이 대부분이었던 이들이 수호신의 신전에 한데 모여 감사를 드리고 식사를 나누는 것을 상상해 보자. 바깥으로 나오자 거리와 광장에 그들을 상징하는 구호와 깃발들이 나부끼고 있는 모습을 보았을 때 그들의 심정이 어땠을지 생각해 보자. 가장 보잘것없는 사람조차 어둡고 불투명하며 절망 가득했던 일상 너머로 날아오르는 꿈 같은 기분에 잠시나마 젖지 않았을까?[4]

이러한 단체들은 가족보다는 크고, 도시 공동체보다는 작은 하나의 사회적 단위를 구성원에게 제공함으로써 삶의 빈구석을 채워주었다. 단체들은 소속감을 주었고, 반복되는 일상과 가정생활의 책임으로부터 잠시나마 탈출할 기회를 주었을 뿐 아니라, 서로 의지할 친구들을 만날 수 있게 해주었다. 이런 측면은 오늘

---

[4]   Samuel Dill, *Roman Society from Nero to Marcus Aurelius* (London, 1911), 256.

날 재향 군인회에서 스포츠 동아리에 이르는 여러 자발적 단체, 풀뿌리 단체들이 제공하는 것과 다르지 않다. 단체들은 가족이라는 좁은 울타리보다는 넓으면서도 충분히 편안함을 느낄 만한 친밀감 있는 규모를 유지했다. 이곳에서 사람들은 생일을 비롯한 여러 가지 기념일을 지킬 수 있었고, 동시에 디아나 여신이나 황제, 지역 유지의 생일 등 자신이 속한 사회의 정체성에 연결된 축제들을 기릴 수 있었다. 모임은 정기적으로 이루어졌고, 활동은 정해진 규칙과 지침에 따라 진행되었다. 업무는 질서 있게 처리되었고, 특별한 날에는 연회와 좋은 포도주가 기다리고 있었다. 공동체에는 직책이 있었고, 직책은 명예를 부여했다. 그리고 모든 구성원은 자신이 세상을 떠나면 다른 이들이 자신의 장례를 훌륭히 치러줄 것이라고 확신했다. 단체는 일상적인 삶의 순간들은 물론 특별한 순간까지 함께 할 수 있는 응집력이 있었다. 단체 안에서, 수공업자와 상인, 노동자는 비로소 '무엇이라도 되는' 사람이었다. 이런 출신의 사람들은 평생 정치적, 사회적 사다리의 바닥을 벗어나지 못하던 이들이었다. 그들은 오직 단체 안에서 고립을 벗어날 수 있었고, 힘을 얻었으며, 작게나마 배려라는 것을 받아볼 수 있었고, 잘하면 약간의 영향력도 행사해볼 수 있었다. 궁극적으로 하층민들에게 단체란 사회에서, 도시 공동체에서 명예라는 것을 누려볼 수 있는 유일한 수단이었던 것이다. 종교의식, 장례에서의 상조, 힘을 얻고 이익을 지키며 평범한 무리에서 조금이나마 뛰어오르려는 갈망, 사람들과 연대하고 가혹한 현실을 조금이나마 즐겁게 바꾸려는 갈망, 이런 다양한 것들이 하층 계급이 그토록 단체를 열망했던 원인이었다.[5] 로마 시대 단체들을 연구했던 역사가 장피에르 왈칭Jean-Pierre Waltzing의 말이다.

바쿠스 숭배 단체

라누비움의 단체는 구성원에게 적절한 장례를 치러주는 것을 목적으로 했지만, 정기 모임에서는 종교 행사도 거행했다. 아예 주된 목적이 종교 행사인 단체들도 있었다. 이들 단체의 모습은 초기 그리스도교 모임의 모습과 상당히 유사하다. 자료가 남아 있는 단체들 가운데 가장 유명한 것은 '이오박코이'라고 부르는 디오뉘소스 숭배자들의 모임이다. 이 단체는 수년간 아테네를 기반으로 이어져 왔는데, 단체장의 이, 취임을 기해 새겨둔 금석문이 남아 있다. 그리고 여기에는 새 단체장을 선출했던 회의 기록도 짧게나마 있다. 자료는 2세기 후반 언젠가, 아마도 178년을 앞둔 어느 시점에 기록된 것으로 보인다.[6]

---

[5] J.P.Waltzing, *Étude historique sur les corporations professionelles chez les romains* (Brussels, 1895~96), 1:332.

[6] *Inscriptiones graecae* II/III², 1, 2 (Berlin, 1916), no. 1368. 영문 번역과 관련 논의는 M.N.Tod, *Sidelights on Greek History* (Oxford, 1932), 71쪽 이하를 참조. S.C.Barton and H.H.R.Horsley, 'A Hellenistic Cult Group and the New Testament Churches', *Jahrbuch für Antike und Christentum* 24 (1981): 7~41은 이 시기 또 다른 종교 단체의 금석문을 소개하고 있다.

아르콘 아리오스 에파프로디토스의 임기 해, 엘라페볼리온월 팔일. 차기 제관 주관으로 첫 집회를 개최하다. 아우렐리오스 니코마코스는 17년의 부제관 생활과 23년의 제관 생활을 마치고, 박코스(바쿠스) 회의 명예와 영광을 위해 생전에 퇴임하며, 클라우디오스 헤로데스를 차기 제관으로 지명하다.

신임 회장 헤로데스는 퇴임하는 회장을 부회장으로 지명했다. 그리고 단체의 회칙을 읽어 내려가자 사람들은 한목소리로 외쳐 찬성의 뜻을 표했다. "이를 따르겠습니다." "제관 만세, 회칙을 재인하시오. 박코스 회가 영원하길! 회칙을 새기시오. 표결에 부치시오." 이어지는 내용은 이렇다. "낭독한 회칙에 동의하고 이를 비문으로 새겨 남기길 바라는 자는 손을 드시오. 전원 찬성으로 거수하였습니다." 그러고는 누군가가 외친다. "위대한 제관 헤로데스 만세! 이제 행운은 당신의 편입니다. 우리는 가장 위대한 박코스 회로 남을 것입니다. 부제관 만세! 비문을 새깁시다." 비문을 새기기로 결정하자 부제관은 결정을 이행하도록 명령한다. "비문은 돌기둥 위에 놓일 것이며, 회칙을 새길 것이다. 책임자들은 회칙이 이행되도록 만전을 기할 것이다."

다음으로는 회칙의 내용이 이어진다. 이를 통해 우리는 이 단체가 어떻게 운영되었는지, 어떻게 단체의 구성원이 되는지, 모임에서는 무엇을 다루는지, 분쟁은 어떻게 해결하는지 등을 알 수 있다. 회칙은 입회 규정과 함께 시작한다.

이오박코스가 되기 위해서는 먼저 제관에게 가입 의사를 밝혀야 하며, 이오박코이(이오박코스의 복수)는 입회 희망자가 본회에 적절하고 합당한 인물인지 투표하여 승인 여부를 결정한다. 입회비는 50데나리우스이며, 입회자가 본회 회원의 비속이 아닌 경우 포도주를 바치도록 한다. 입회자가 본회 회원의 비속인 경우 동일하게 가입 의사를 밝혀야 하며, 성년이 되기 전까지 기존 회비의 절반인 25데나리우스를 지불한다.

다음으로 회의 규정이 이어진다.

이오박코이는 매월 9일, 창립 기념일, 바카날리아 연휴 및 기타 박코스 관련 축일에 모이며, 전 회원은 말과 행동과 선행으로 참여하고 매월 할당된 포도주를 바치도록 한다.

이어서 이를 이행하지 못한 자에 대한 처분과 예비 회원에 관한 지침이 이어진다.

투표를 통해 입회 신청이 승인되고 입회비를 제관에게 납부한 자의 경우 제관은 그에게 서면으로 이오박코스의 자격을 통지하여야 하며, 이때 납부된 금액과 내역을 명시하여야 한다.

종교 모임이라고 해서 평화롭기만 했던 것은 아니다. 바울이 코린토스의 그리스도인들을 지적하며 이야기한 상황과 크게 다르지 않았던 것 같다.

> 무엇보다도 여러분이 모이는 교회 안에 당파가 생겼다는 말을 들었는데 … 여러분이 한자리에 모여서 나누는 식사는 주님의 성찬을 나누는 것이라 할 수가 없습니다. 여러분은 모여서 음식을 먹을 때에 각각 자기가 가져온 것을 먼저 먹어 치우고 따라서 굶주리는 사람이 생기는가 하면 술에 만취하는 사람도 생기니 말입니다. (1고린 11:18~21)

이오박코이의 회칙은 이렇게 명시한다.

> 모임에서 노래하거나 난동을 피우거나 환호하지 말 것이며, 제관이나 지도자(아르키박코스)의 지시에 따라 질서를 지키는 가운데 차분하게 할당된 역할을 말과 행동으로 실천해야 한다. … 폭행, 난동, 타인 좌석에 대한 무단 점거, 모욕, 욕설을 하는 자가 있다면, 피해자는 이오박코스 두 명을 비행에 대한 증인으로 삼을 것이다.

그리고는 제재 지침이 뒤따른다. 몇 줄 아래는 집단 내에서 일어난 분란을 내부적으로 해결하지 않고 일반 법정에 가져가는 이에 대한 제재 조치가 기록되어 있다. 이런 일은 그리스도교 공동체에도 낯설지 않았다(1고린 6장). 모임에서의 활동에 대하여 회칙은 이렇게 쓰고 있다.

> 누구도 제관이나 부제관의 허가 없이 연설해서는 안 되며, 위반 시 30드라크마*의 벌금을 본회에 내야 한다. 제관은 모임과 축일의 공적 의례**를 합당히 거행해야 하며, 모임 전 박코스의 귀환을 기념하여 헌주하고, 전 제관 니코마코스가 성심을 다해 했던 것처럼 신을 부를*** 것이다. 아르키박코스는 희생제를 드리고, 엘라페볼리온월 10일에 헌주할 것이다. 제물은 아래 직책을 가진 자에게 분할한다. 제관, 부제관, 아르키박코스, 회계, 부콜리코스, 디오뉘소스, 코레, 팔라이몬, 아프로디테, 프로테우뤼트모스…

단체가 바쿠스 축일만을 기린 것은 아니다. 단체는 구성원의 삶 전반에 두루 관여했다.

> 이오박코이 구성원 가운데 유산을 상속하거나 관직에 오르거나 직책에 임명된 자는 이에 합당하게 이오박코이를 위해 헌주

---

* 그리스의 화폐 단위. 은화로 1데나리우스와 등가로 취급되었다.

** 원어는 그리스도교 전통에서 '전례'로 옮기게 될 레이투르기아λειτουργία다.

*** 원어는 테올로기아θεολογία로, 신을 부르는 행위와 신에 관해 설교하는 행위 모두를 표현하는 말이다.

하여야 한다. 결혼, 출생, 코에스*, 성년, 시민권 취득, 랍두코스직 선출, 평의회원 선출, 경기 심판 선출, 판헬레노스, 원로회의 입문, 테스모테테스직 선출, 그 외 모든 관직 선출시에 동일하게 적용된다. 나아가 신퓌테스직, 치안관직, 제전 우승자 등 이오박코스가 취득한 모든 영예에 해당한다.

단체에는 질서를 유지하는 역할을 담당하는 인물도 있었다. '말'horse이라고 부르는 두 명의 수행원이 그를 도와 말썽을 일으키는 이들을 내쫓았다. 회계도 있었다. 정기 모임이나 관직, 각종 직책에 임명된 회원을 축하하는 자리 등을 밝히는 등불에 사용할 기름을 사비로 조달하는 것이 그의 책임이었다. 끝으로 회칙은 회원의 부고 시에 관한 지침을 덧붙인다.

> 이오박코스의 사망 시, 고인을 기리기 위해 5데나리우스 한도 내에서 화환을 제공하며, 장례식에 참석한 이들을 위해 포도주 한 병을 제공한다. 참석하지 않은 이는 포도주를 받을 수 없다.

로마 제국 여러 도시에 흩어져 있던 그리스도교 공동체의 모습을 얼핏 살펴보면 이러한 종교 단체나 라누비움의 장례 단체와

---

* Χόες. 직역하면 '술항아리'라는 뜻이다. 3일간 진행된 아테네의 디오뉘소스 축제 풍습 가운데 둘째 날에 진행되는 행사로, 이날이 되면 사람들은 신분과 나이에 상관없이 포도주를 마시며 겨루었다.

놀라울 정도로 유사하다. 그리스도교 공동체는 정기적으로 모여 식사했다. 나름의 입회 절차와 규칙, 회원에 대한 기준도 있었다. 연설, 포도주와 기도, 찬미가 등으로 구성된 종교의식을 거행하기도 했다. 구성원 가운데 몇몇은 직책을 부여받아 단체의 일을 담당했다. 나아가 회원 각각의 기부로 공금을 조성하여 어려운 처지에 있는 회원을 구제하는 한편, 사망 시에는 합당한 장례를 치를 수 있도록 배려했다. 몇몇 도시의 그리스도교 공동체는 전용 묘지를 두기도 했다. 헤라클레스의 추종자들을 헤라클레스교도라고, 아스클레피오스를 모시는 이들을 아스클레피오스교도라고, 이시스 추종자들을 이시스교도라고 부른 것처럼, 사람들은 그리스도인들을 그리스도를 따랐기에 그리스도교도, '크리스티아니'라고 불렀다. 로마 사회사를 연구한 장 가제Jean Gagé는 말한다.

> 그리스도교 공동체는 일견 장례, 매장 등을 목적으로 한 상조 단체와 놀라운 유사성을 보인다.[7]

모호함과 은밀함

당대 그리스도교 안에서 이러한 단체들의 모습을 떠올린 인

---

[7] Jean Gagé, *Les classes sociales dans l'Empire romain* (Paris, 1964), 308.

물은 플리니우스만이 아니다. 로마 세계의 생활상에 관해 남긴 익살스러운 글과 대화편으로 유명한 2세기 작가 루키아노스에게 그리스도인들 또한 먹잇감이 되지 않을 수 없었는데, 그의 눈에 들어온 것은 그리스도인들의 어리석음이었다. 루키아노스는 "팔레스티나에서 십자가에 못 박힌 자"를 예배하는 그리스도인 단체의 장을 가리켜 '티아스아르케스*'라고 부른다. 나중에 자세히 살펴보겠지만, 2세기 후반 켈소스도 이러한 단체와 관련된 언어로 그리스도교를 이해했다. 켈소스는 예수의 제자들만 부활한 예수를 목격했다는 점을 들어 예수가 부활했다는 그리스도인들의 주장은 설득력이 없다고 주장했다. 예수가 육체를 가지고 있어 모든 사람을 가르치고 다닐 때도 사람들이 그를 믿지 않았는데, 그가 죽은 자들 가운데서 부활하여 사람들에게 굳건한 믿음을 심어주고자 한 여인과 자신의 '단체' 구성원에게만 비밀스럽게 나타났다는 주장이 말이 되냐는 것이었다. 나아가 켈소스는 그리스도인들이 "법률에 반하는 단체"를 만들었다고 비판했다(『켈소스 반박』 1.1). 다른 단체들은 모두 참여하는 도시 공동체의 공적 종교 행사는 배척하고 다른 사람들과 더불어 살아가려고도 하지 않은 채 "모호하고 은밀한 단체"를 만들어 살아간다는 것이었다(『켈소스 반박』 8.17).

---

* 디오뉘소스 숭배자들이 만취 가운데 벌이던 광기의 행렬(티아소스)을 이끄는 이를 가리킨다.

물론 당시에 사람들이 그리스도교를 그리스도를 예배하는 단체, 아니면 적어도 장례 상조 단체로 여겼다고 해서 꼭 잘못이라고 할 수는 없다. 켈소스는 그리스도교 공동체가 불법 단체로 도시 공동체의 안녕을 방해한다고 주장했지만 이것은 켈소스의 논지일 뿐, 플리니우스의 편지를 보면 그리스도교 단체의 합법성 여부는 쟁점이 아니라는 사실을 알 수 있다. 그리스도교를 장례 상조 단체로 부른다고 해서 부정적인 시각을 투영한 것도 아니었다. 오히려 사람들은 그런 특징을 부각해 그리스도교 단체를 자신들에게 익숙한 방식으로 이해했다. 그리스도교를 모르는 외부인조차 그리스도교 모임에서 어떤 활동이 이루어질지, 그리스도교에 입회하면 무엇을 기대할 수 있을지 대략적인 인상을 얻을 수 있었던 것이다.

실제로 테르툴리아누스는 저서 「호교론」Apologeticum에서 의도적으로 그리스도교를 하나의 '콜레기움', 곧 단체로 표현했다. 「호교론」은 비그리스도인에게 그리스도교를 변론하고 설명하며, 궁극적으로 그리스도교에 입문하도록 설득하려는 의도로 쓴 책이었다. 테르툴리아누스의 요점은 그리스도교가 불법 단체가 아니라는 것이었다. 여기서 그는 다른 단체들과 마찬가지로 그리스도교 단체도 정치적 분열을 조장할 수 있다는 비판을 염두에 두고 있다. 그러나 그는 바로 이러한 집단의 특성을 이용하여 그리스도교가 어떤 집단인지 변론한다. 그리스도교는 정치적 영향력을 행사하거나 비밀 행동을 위해 모인 결사가 아니며, 오히려 구성원에게 도덕률을 고취하며 선량한 삶을 살도록 훈련하는 단체라는 것이다.

테르툴리아누스에 따르면 '그리스도교 파당'이 하는 일은 다음과 같다.

우리는 경건한 양심과 일치된 규율, 희망의 약속으로 이루어진 단체corpus입니다 … 우리는 모임coetus이자 회합congragatio입니다. 우리는 황제를 위해 기도합니다. 우리는 모여 성서의 말씀을 기억합니다. 거룩한 음성으로 신앙을 살찌웁니다. (식사가 끝나면) 사람들은 식사를 했다기보다는 가르침을 받고 나가듯 돌아갑니다.

이어 테르툴리아누스는 이곳은 누구도 해하지 않고, 이토록 덕망 있는 사람들이 모이니 '파당'factio이 아니라 오히려 참된 의미에서 '원로원 회의'curia라고 불러야 할 것이라고 말한다(「호교론」39).

「호교론」의 이 대목은 고대 로마 시대의 단체와 관련된 어휘들로 가득하다. 그리스도교 공동체는 '그리스도교 파당'factio Christiana이며, '조직체'corpus며, '하느님의 종파'secta Dei이자 '그리스도인들의 연합'coitio Christianorum이며, '원로원 회의'curia다. 마찬가지로 테르툴리아누스는 헌금에 관련된 용어 또한 사람들에게 익숙한 방식('금고'arca, '선물'honorarium, '각출금'stips등)으로 표현한다.

또 '에클레시아' 대신 단체나 모임이라는 일반적인 용어로 교회를 지칭하기도 한다. 이런 용어들은 당시 그리스·로마 세계에 살던 사람이라면 종교와 무관히 누구나 쉽게 이해할 수 있는 것들이었다. 다른 단체들과 마찬가지로, 테르툴리아누스가 그리는 그리스도교 공동체의 모습은 공동 출자금을 보관하는 금고가 있고, 정기 모임을 통해 예배를 진행하며, 축제 음식을 제공하고, 선출된 지도자들이 관리하는 곳이었다. 테르툴리아누스가 직접 명시하지는 않으나, 어쩌면 공동묘지도 운영하고 있었을지 모른다.

신약성서, 그리고 테르툴리아누스 자신의 저작들을 비롯해 초창기 그리스도교 문헌들이 표현하는 교회의 모습과 대조적으로 「호교론」의 이 부분이 묘사하는 교회의 그림에는 신학적인 요소가 없다.* 교회는 또 하나의 사회적 기회를 제공하는 단체다. 그렇게 테르툴리아누스는 그리스도교가 경건하고 도덕적인 삶을 살 수 있도록 도움을 준다는 점을 부각하며 사람들을 설득한다. 그는 말한다. 다른 사람들처럼 그리스도인들도 신앙생활을 한다고, 그리스도교 전통에 따른 삶을 산다고, 경건하게 신을 섬기고 이웃을 사랑하는 삶을 살고자 애쓴다고, 함께 모여 모두가 이러한 삶을 이어 나갈 수 있도록 서로를 격려한다고, 그리고

---

* 「변론」을 제외한 테르툴리아누스의 저작들에서는 에클레시아라는 단어를 빈번히 사용한다.

그리스도교에는 경전과 모임을 주관하는 지도자들이 있다고. 나아가 테르툴리아누스는 그리스도교가 결코 갑자기 생겨난 신흥 집단이 아니라고 강조한다.

> 우리의 가르침은 티베리우스 시대로부터 이어져 오고 있습니다. (『호교론』7.3)

200여 년 전부터 시작된 유서 깊은 운동이라는 것이다.

살펴본 대목에서 호교론자 테르툴리아누스는 로마 세계의 종교 집단들이 공유한 사회적 용어들에 착안해 그리스도교 외부자들에게 그리스도교를 변론하고 신앙을 전하려고 한다. 이는 그리스도교가 알려지던 기원후 2세기 외부자들은 이를 예수라는 인물이 창립한 종교 단체, 혹은 장례 상조 단체로 이해하였고, 로마 세계 도시들에 있던 여러 단체 중 하나로 보았다는 단서를 제공해 준다. 물론 테르툴리아누스가 그리스도교를 그저 평범한 또 하나의 단체로 제시하는 것에 만족했던 것은 아니다. 변론을 마무리하며 그는 그리스도교 단체의 우월함에 관해 역설한다.

그리스도교에 관한 외부자들의 태도와 시각에 관해 그리스도인들이 어떻게 반응했는지 논하는 것은 이 책의 의도를 벗어난다. 다만 여기서는 한 호교론자의 사례에 비추어, 그가 그리스도교를 변론하는 과정에서 외부자들의 사회적 어휘들을 어떻게 차용하고 이를 출발점으로 삼았는지를 살펴보려 했다. 테르툴리아누스는 그리스도교의 진리가 믿을 만한 것이라는 사실을 보이기 위해, 먼저 그리스도교가 제국 내에서 받아들인 여느 종교, 사회 단체와 다르지 않다는 점을 보여야 했다. 그리스도교에 관해 다른 사람들이 생각하던 모습은 그리스도인들이 자신을 이해하고 더 넓은 세상에 자신을 드러내는 방식을 결정짓는 요인이 되었다. 유사한 과정이 그리스도교를 '미신'으로 규정하는 것에 대해서도 일어난다.

제3장

경건한 박해자들

두 번째로 불려 나온 그리스도인들을 어떻게 처분할지 결정한 플리니우스는 이제 노예 신분의 그리스도인 여성 두 명을 심문하기로 한다. 그리스도교 예식에 관한 소문을 듣고는 그리스도인들이 실제로 모여서 무얼 하는지 진상을 파악하기 위함이었다. 두 명은 그리스도인들이 모여 함께 음식을 먹고, 성가를 부르며, 기도하고, 하느님을 기쁘게 하는 삶을 살도록 서로를 격려한다고 대답했다. 심문을 마친 플리니우스는 이렇다 할 새로운 내용을 찾을 수 없었다고 트라야누스 황제에게 고한다. 그저 "도를 넘어 비뚤어진 미신", 이것이 플리니우스의 결론이었다. 2세기 로마 제국에서 미신이란 무엇이었을까, 왜 그리스도교를 가리켜 미신이라고 했을까.

미신이라는 용어를 눈여겨 볼만한 이유는 플리니우스만 이 표현을 쓴 게 아니기 때문이다. 그리스도교를 미신이라고 쓴 동시대의 저술은 두 개 더 있다. 플리니우스의 가까운 벗이었던 타키투스는 1세기 로마 제국의 역사를 다룬 저서 「연대기」Annales에서 네로 시대에 일어난 로마시 화재 사건을 기록하며 그리스도인들을 언급한다. 타키투스는 플리니우스보다 다섯 살 연상으로, 같은 배경에서 태어나 유사한 교육을 받고 유사한 경력을 밟았으며, 플리니우스와 비슷한 나이에 속주 총독을 역임한 인물이었다. 더 회의적이고 지적으로 더 집요한 성격을 타고나긴 했지만, 그 역시 플리니우스를 형성한 도덕적, 지적 가치관 아래 있었다.

「연대기」에서 타키투스는 한 사람의 지배, 곧 황제에 의한 지배가 로마 세계에 어떤 변화를 가져왔는지 쓰려 했다. 그는 제정이 국가 지도자들을 얼마나 도덕적으로 무책임하게 만들었는지 한탄하며, 아우구스투스의 즉위로 무너진 공화정을 안타까운 눈길로 돌아보았다. 그리스도교에 관심이 있었던 것은 아니다. 유일하게 이 새 운동을 언급하는 부분은 「연대기」의 한 부분인데, 이조차도 네로의 허영, 로마 인민에 대한 폭정을 고발하며 나온 것이지 유대인들에 관해 상세히 언급한 「역사」Historiae(5,1~13)에서 그랬듯 독자에게 그리스도교를 소개하려는 의도는 보이지 않는다. 네로가 그리스도인들을 산 채로 불태워 죽였다는 타키투스의 기록을 근거로 훗날 로마의 화재와 이어진 그리스도교 박해에 대한 무시무시한 전승들이 등장하게 되지만, 그의 기록조차 60여 년 후의 것이라는 점, 그리고 서술 또한 상세하지 않다는 점을 고려한다면 이 사건을 지나치게 확대하여 해석하는 것은 적절하지 않다. 타키투스의 서술이 우리에게 알려주는 것은 네로의 그리스도교 박해보다 2세기, 즉 타키투스 시대의 그리스도인들에 대한 로마인들의 시선이다. 박해는 타키투스의 주된 관심사가 아니었다.

하지만 바로 그 무관심 때문에 타키투스의 언급은 눈길을 끈다. 플리니우스와 동시대에 살았던 다른 인물이 어떻게 그리스도교를 바라보았는지 알려주기 때문이다.[1] 비튀니아에서 플리니우스가 그리스도인들과 마주친 시점에서 5년, 늦어도 10년 안에 기록된 「연대기」에서 타키투스는 이렇게 말한다.

> (그리스도인이라는) 이름의 원조 크리스투스는 티베리우스 황제 치세에 행정장관 폰티우스 필라투스에 의해 처형되었다. 그런데 그렇게 제압했던 이 해로운 미신은 이제 그 악의 근원인 유대는 물론, 소름 끼치고 수치스러운 모든 것이 흘러드는 수도 로마를 아우르며 솟아나고 있다.

---

[1] 타키투스는 플리니우스가 남긴 서한들의 내용을 알고 있으며, 「연대기」를 쓰기 전에 그리스도인들에 관해 남긴 플리니우스의 서한을 접했을 수 있다. H. Fuchs, 'Tacitus über die Christen', *Vigiliae Christianae* 4 (1950), 72 참조.

이어 타키누스는 그리스도인들을 처형한 사건을 기록하지만, 그들의 죄목은 방화라기보다 반사회적 태도, 곧 "인류에 대한 증오"였다고 명시한다. 그러나 네로의 잔인함으로 인해 그리스도인들을 동정하는 여론이 일어났다. 그들이 공공의 이익보다 한 사람의 잔인함 때문에 희생되고 있다는 것이었다(「연대기」 15.44).

플리니우스보다 열다섯 살 연하의 벗으로 그와 편지를 주고받았던 역사가 수에토니우스 또한 로마 황제들의 전기를 쓰며 그리스도인들에 관해 언급했다. 그의 저작 「황제 열전」De vita Caesarum은 역사적 정확성을 염두에 둔 책은 아니지만, 플리니우스와 타키투스 세대 로마인들의 시각을 보여 주는 데는 부족함이 없다. 네로 치하에서 일어난 그리스도교 처형 사건을 다루는 대목에서 수에토니우스는 "새로운 악성 '미신'을 따르는 그리스도인 집단"에게 형벌을 내렸다고 쓴다(네로전, 16). 이처럼 2세기 초 로마인 세 명은 모두 그리스도교라는 새 운동을 가리켜 '수페르스티티오'라고 썼다.

편견

'미신'은 로마인들이 보기에 낯설고 이상한 신앙과 관행을 뜻했다. 물론 낯섦과 이상함의 기준은 정의하는 사람에 달려있다. 로마 원로원 의원에게, 로마의 지배 계층에게 '미신'이란 로마 세계 바깥에서 로마 세계 안으로 들어온 관행과 신앙을 통칭했다. 브리타니아 켈트인들의 종교, 북유럽 게르만인들의 관행들,

이집트인들의 풍습과 같은 모든 것들은 미신이었다. 타키투스는 로마인이 이집트를 지배해야 하는 이유가 바로 미신적이고 무책임한 낭비가 너무나 심해 지역의 갈등과 불화를 조장했기 때문이라고 쓰며, 이 "미신에 심취한 종족이 숭배하는" 신으로 세라피스를 지목했다.

유대인들에 대한 시각도 크게 다르지 않았다. 기원후 19년 원로원은 "이집트인들과 유대인들의 미신에 물든" 4,000명의 해방노예를 사르데냐섬으로 강제 이주시켜 그곳에 만연한 강도와 절도 행각을 진압하려 했다. 유대인들이 미신에 빠져 있다는 이야기는 풍문에서 나온 판단이 아니었다. 로마 제국에서 어느 정도 규모가 있는 도시에는 어김없이 유대인이 있었고, 수도 로마에도 거대한 유대인 공동체가 있었다. 로마인들은 여러 세대에 걸쳐 유대인들의 관행을 직접 목격할 수 있었다. 예를 들어 그들은 유대인들이 돼지고기를 먹지 않고, 할례를 하며, 안식일과 휴일, 축제일의 엄수에 민감하다는 사실을 알고 있었다. 유베날리스는 이처럼 "안식일이라면 벌벌 떠는 조상을 만나는 불운을 타고난 이들"에 대해 혀를 차며 말했다.

> 그들은 오직 구름과 하늘의 징조를 숭배하며, 조상이 먹지 않은 돼지고기를 인육 보듯 하고, 거침없이 할례를 하네. 로마의 법률 따위는 무시하는 게 그들의 전통. 그들이 배우고 따르고 두려워하는 것은 오직 유대의 율법이니, 이는 바로 모세가 전

한 태고의 책. 자신들과 같이 거룩한 것을 경배하지 않는 이에
게 그들은 길을 보여 주지 않는다네. 우물을 찾으면 할례받은
이들만 데려가곤 하지. 매 일곱째 날은 그저 인생과 아무 관련
이 없는 양 빈둥거리던 조상 탓이지. (『풍자시』 14)

2세기 초 그리스어로 작품을 남긴 플루타르코스Plutarch 또한 안
식일에 공격을 받자 맞서 싸울 생각조차 하지 않던 유대인들의
광신을 조롱했다(『미신에 관하여』 169).

    69년에 일어난 내전부터 도미티아누스 황제 시대를 다루는
타키투스의 『역사』는 유대인들에 관해 꽤 종합적이고 주관이 뚜
렷한 판단을 내리고 있다. 그에 따르면 유대인들은 로마인이 성
스럽게 여기는 모든 것을 불경하게 생각하는 반면 로마인들이
부도덕하다고 생각하며 피하던 모든 것을 가하다고 여긴다. 타
키투스는 유대인들의 관행이 공격적이고 무례하다고 생각했다.
종교적으로 별다른 근거도 없어 보이면서 순전히 다른 사람들을
배척하기 위해 도입한 것으로 보이는 요소가 많다는 이유였다.
그러나 타키투스는 유대인의 종교에 다른 종교와는 다른 독특한
점이 있다는 사실을 지적했다.

    이집트인들은 수많은 동물을 숭배하고 우상들을 조각하여 섬
    긴다. 유대인들은 오직 정신으로 유일한 신성을 깨닫는다. 유
    한한 물질로 인간의 모습을 따라 만든 신상들은 그들에게 불경

한 것이다. 최고신은 영원하며 모방할 수도, 사라질 수도 없기 때문이다. 그렇기에 그들의 도시나 신전에는 어떤 상도 없다.

물론 타키투스는 유대교를 예찬하는 데 이르지는 않았다. 당시 많은 지식인이 하나의 최고신이라는 철학적 개념에 매력을 느끼고 있었으나 타키투스는 유대인의 종교 관행이 기본적으로 "그릇되고 비뚤어"(『역사』, 5.5)졌으며, 유대인들은 "미신에 쉽게 빠지는, 경건의 적"(『역사』, 5.13)이라고 생각했다.

유대인들의 종교는 낯설었고 로마인의 정서에도 맞지 않았다. 게다가 다른 민족들의 전통과도 상충되는 "신흥적"(『역사』, 5.4)인 요소로 가득했다. 타키투스의 행간을 살펴보면 유대교를 문화적, 사회적인 이유로 비판한 것이 아니라는 사실을 알 수 있다. 유대인의 종교는 달랐다. 로마 세계 대부분이 공유하던 규범에도 어긋났다. 유대인들은 그리스·로마 세계에 동화되지 않았고, 다른 사람들과 동떨어져 살았다. 그들의 종교적 관행 또한 모든 점에서 로마 세계의 엘리트 문화와는 거리가 멀었다. 타키투스는 유대교의 종교적 측면 자체에 관해서도 지적한다. 정확히 말하면 그가 지적하는 사회적 측면이 결국 종교적 측면에 맞닿아 있다. 타키투스의 '신학'에 관해 이야기하려는 것은 아니지만, 로마인들이 미신을 어떻게 여겼는지 살펴보기 위해서는 적어도 로마 종교의 긍정적인 측면이 무엇이었는지, 또 이것이 오늘날의 일반적 인식과 어떤 차이가 있는지 살펴볼 필요가 있다.

서구 세계에서 로마 문명은 언제나 주목과 감탄의 대상이었다. 이것은 학계뿐 아니라 대중문화의 영역에서도 마찬가지다. 그러나 로마 종교는 언제나 관심 밖에 있었고, 가끔 다룰 때도 부차적인 수준에 머물기 일쑤였다. 사람들은 로마의 법률, 정치적 수완, 토목 기술과 안목, 행정, 이질적인 민족들을 아우르는 관용에는 찬사를 보냈지만, 로마 종교에는 사뭇 다른 입장을 보였다. 로마 종교에 대해서는 대체로 차갑고, 건조하며, 감정적 호소력을 결여한 형식적인 것이라고 평가했다. 오길비R. M. Ogilvie 는 말했다.

> 라틴 문학은 신들의 이름과 … 종교적 장면을 묘사하는 경이로운 조각들로 장식된 평화의 제단과 같은 공공 기념물을 비롯한 여러 예술 작품에 관한 이야기들로 가득하다. 그러나 이러한 신들의 세계는 사실상 장식에 불과하다고 할 수 있다. 그리스도교 교육과 전통의 영향이 너무나 강력한 나머지 이러한 신들에게 의미가 있는지, 당대인들이 그들의 힘을 실제로 믿기는 했는지 상상하기조차 어려울 정도다.

그럼에도 불구하고 로마인들은 "신들에 관한 옛날 이야기들을 들으며 감동했다. 꼭 사실이라고 믿지는 않았다 하더라도 말이다. 그러므로 기원전 1세기와 기원후 1세기의 역사를 연구하기 위해서는 로마인들의 입장으로 돌아가 그들의 종교가 어떻게 기

능했고, 사람들은 이를 어떻게 받아들였는지 이해해야 한다".[2]

로마 세계의 종교를 이해하기 어렵게 된 이유는 그리스도교 호교론 전통 때문이기도 하다. 수많은 초기 그리스도교 문헌들이 로마 종교를 비난하며 그리스도교라는 새 운동을 옹호했다. 특히 로마 종교에 관해 장황할 정도로 상세하게 논박한 아우구스티누스의 「신국론」De civitate Dei이 남긴 영향은 절대적이었다. 아우구스티누스는 로마 신들을 조롱하며 무지한 사람들이나 신들이 실제로 힘을 가지고 있거나 인간사에 관여한다고 "믿었다"고 주장했다. 로마인들의 신앙은 신들이 사회와 국가 생활에 "유용하다"는 점을 인정하는 수준에 머물렀다는 것이다. 실제로 로마의 전통 종교는 로마라는 국가 공동체의 안녕에 기여하는 신앙의 유용성utilitas을 강조했다. 로마 종교의 탁월한 이론가였던 테렌티우스 바로Terentius Varro는 바로 이 개념에 비추어 로마 종교의 신학을 전개했다.

종교적 믿음의 유용성이라는 개념은 종교와 사회 질서가 밀접히 연결되어 있다는 이해에 기반을 둔 것이었다. 그러나 아우구스티누스는 이것이 정치적 목적을 위해 종교를 이용하는 의도적인 조작일뿐 아니라 신들의 이야기가 허구라는 사실을 사실상 인정하는 것이라고 주장했다. 바로에 따르면 신들에 관한 거짓된 이야기가 시민들에게 유용하게 여겨지는 지점에서는 상당

---

[2] R. M. Ogilvie, *The Romans and Their Gods* (New York, 1969), 1.

수의 종교의식도 날조될 수 있다는 것이었다(「신국론」 3.4). 이러한 시각을 고려한다면 아우구스티누스와 이후 지적 전통이 로마 종교를 진지하게 다루지 않았다는 사실은 전혀 놀랍지 않다. 로마 종교를 기본적으로 정치적인 "충성의 종교"로 보는, 고유의 종교적 동인이나 감정은 없었다고 보는 입장은 근대에 이르기까지 계속되었다. 그러나 로마 종교는 그렇게 간단히 치부할 대상은 아니다. 로마 종교에는 독특한 종교적 감성이 존재했다.[3] 이를 파악하기 위해서는 조금 더 면밀하게 살펴볼 필요가 있다.

종교 행위

플리니우스와 타키투스는 당대인들의 종교적 태도를 지칭할 때 흔히 피에타스pietas(그리스어로는 '에우세베이아'εὐσέβεια)라는 말을 쓴다. 타키투스의 「역사」 한 대목을 보면 로마인의 피에타스가 어떤 것이었는지 알 수 있다. 68~69년 내전으로 파괴된 '카피톨리움' 곧 최고신 유피테르와 유노, 미네르바에게 바친 신전을 다시 짓는 장면으로, 여기서 타키투스는 신전을 건축할 터를 재봉헌하는 예식에 관해 쓰고 있다.

그에 따르면 카피톨리움 재건은 종교 행사인 동시에 시민 행사다. 신전 재건은 그 자체로 신들에 대한 경건에서 나온 행위이

---

[3] Joseph Vogt, *Zur Religiosität der Christenverfolger im römischen Reich* (Heidelberg, 1962), 28. 그리고 다음을 보라. L. F. Janssen, 'Superstitio and the Persecution of the Christians', *Vigiliae Christianae* 33 (1979), 131~59을 보라.

기에 종교적인 행사다. 또 시민 전체가 참여하고 시민의 대표자가 주관하며 궁극적으로는 제국의 정치 수반, 곧 황제를 중심으로 한다는 점에서 공적 행사라 할 수 있다. 대제관들, 원로원 의원들, 기사 계급, 군단병들을 비롯한 다수가 참여했고, 당시에는 명예직이 되었으나 여전히 로마의 고위 공직이었던 법무관이 제사를 주관하며 돼지와 양, 황소를 바쳤다. 그리고 세 카피톨리움 주신들인 유피테르, 유노, 미네르바에게 로마에 대한 보호와 도움을 구하는 탄원의 기도가 뒤따랐다. 타키투스가 묘사하는 종교 행사는 모든 시민을 아우른다. 특정 종교 공동체나 단체의 구성원에 한정되는 것이 아니다.

본래 피에타스는 가족에 대한 존경심, 구체적으로는 부모와 조상에 대한 효를 가리키는 용어였다. 그러나 점차 이는 로마의 관행과 전통, 물려받은 법률, 나아가 조상에 대한 충성과 복종이라는 의미로 확장되었다. 한 마디로 '조국'에 대한 충정을 가리키게 된 것이다. 이후에는 종교적인 의미가 더해졌다. 곧 신들에 대한 존경, 제사 등 신을 경배하는 종교 행사에 대한 존중의 의미가 덧붙여졌다. 그러나 옛 의미가 변한 것은 결코 아니었다. 결국 피에타스는 부모와 조상에 대한 효심, 도시 공동체와 전통에 대한 충정에 종교적 의미가 결합한 것이었다. 그러므로 "피에타스의 개념을 가족적인 것과 종교적인 것으로 구분하는 것은 명백히 근대적 감성의 산물이다. 고대 사회에서 피에타스는 그

자체로 완전히 결합된 것이었다".[4]

로마 제국 첫 300년간 제작된 주화들 대다수에는 피에타스, 혹은 피에타스 아우구스타pietas augusta와 같이 피에타스를 포함하여 조합된 단어가 새겨져 있다. 어떤 주화에는 이러한 단어와 함께 한쪽 면에 황제의 반신상이, 한쪽 면에 제구祭具들의 모습이 새겨져 있기도 하다. 제단 앞에 서 있거나 제사를 드리는 황제의 모습을 새긴 주화도 있다. 제물로 준비된 동물을 새긴 경우도 있다. 나아가 기도하는 자세로 양팔을 벌린 여성이 새겨져 있는 경우, 앞서 이야기한 피에타스나 피에타스 아우구스타와 같은 글귀가 함께 새겨져 있는 경우도 있고, '보타 푸블리카'vota publica, 곧 공동 축제일에 거행한 의식의 이름이 새겨져 있는 경우도 있다. 메소포타미아 동쪽 접경지 두라 에우로포스의 병영 터에서 발견된 달력에는 1월 3일을 휴일로 지정하며 "우리의 주군 마르쿠스 아우렐리우스 세베루스 알렉산데르 황제와 영원한 로마 인민의 제국을 위해 완수하고 서약한 맹세"를 기리고 있다. 이때 그들은 제물을 바쳤다. "최고신 유피테르께 황소를, 유노께 암소를, 미네르바께 또한 암소를 바치나이다."[5] 고향을 멀리 등지고 타지에서 복무하는 병사들에게 이러한 휴일과 제사는 공적

---

[4]   C. Koch, 'Pietas', *Realencyclopädie der classischen Altertumswissenschaft* (Stuttgart, 1951), 22:1230.

[5]   A. D. Nock, 'The Roman Army and the Religious Year', *Harvard Theological Review* 45 (1952), 187~252.

신앙을 표현하는 행사 이상의 것이었다. 물론 잘 먹고, 잘 마실 수 있는 기회이기도 했다.

로마 종교는 공적 영역에만 국한되지 않았다. 앞 장에서 살펴본 단체들이 그랬듯 한 가족과 가문, 그리고 개인의 삶에 종교가 부여하는 의미는 결코 작지 않았다. 오늘날에도 마찬가지지만 고대의 묘비명들은 한 사람이 지향했던 삶의 종교적 믿음과 가치관을 드러내는 경우가 많다.

마르쿠스의 아내 아뮈모네가 여기 잠들다. 물레를 자으며 경건하게, 정숙하게, 검소하게, 순결하게 살며 집안 살림을 돌보았던, 누구보다 훌륭하고 아름다웠던 사람.[6]

그러나 로마 종교의 자리는 분명 공적 기능에 있었다. 국가, 평화와 번영을 보장하는 섭리에 대한 믿음, 교육과 군사 훈련, 주화, 거리와 광장, 공공 건축물을 수놓은 기념물과 장식들은 모두 이러한 공적 기능과 연결되어 있었다. 앞서 살펴본 카피톨리움 터 축성과 같은 행사는 종교 행사였지만, 매우 중요한 정치적 기능도 담당했다. 그렇기에 타키투스는 카피톨리움의 파괴를 가리켜 "로마 건국 이래 가장 통탄하고 오욕적인 사건"(「역사」, 3.72)이라고 썼다.

---

[6]   H.Dessau, *Inscriptiones latinae selectae* (Berlin, 1906), no. 8402.

로마인들은 실제로 경건했을 뿐 아니라 의식적으로도 이를 드러냈다. 그들은 바로 이 종교적 경건함이 그들을 구분하는 특징이라고 믿었다. 키케로는 말했다.

우리의 것들을 이방의 것들과 비교하고자 한다면 여타의 것들에 있어서는 비슷하거나 오히려 열등한 모습을 보게 될 것이나, 경건, 다시 말해 신들을 숭배하는 일에 있어서는 훨씬 우월한 모습을 발견하게 될 것이다. (『신들의 본성에 관하여』 2.8)

로마의 옛 전설에 따르면 왕 누마는 신들에 대한 두려움deorum metus을 통치 이념 가운데 하나로 세웠다(리비우스, 『로마사』 1.19). 로마에 오랫동안 거주하며 로마에 매료되었던 그리스 수사학자 할리카르나소스의 디오뉘소스Dionysus of Halicarnassus는 이렇게 썼다.

그리스인들이 페르세포네의 납치나 디오뉘소스 사건, 이런 모든 것들을 기념해서 행하는 것처럼 신들의 실종을 두고 애도의 날을 정해 검은 옷을 입고 가슴을 치며 여인들이 일어나 곡을 하는 식의 관행은 로마에 없다. 비록 그 기풍은 타락하였으나, 로마인들 가운데서는 신들림도, 가무도, 헌금 요구도, 광란도, 비밀 예식도, 신전에서의 혼성 밤샘 기도도, 여타 어떤 과도함도 찾아볼 수 없다. 오히려 눈에 들어오는 것은 말과 행동으로 신들에게 경건히 임하는 그들의 모습이다. 이는 그리스인들 가운데서도, 이방인들 가운데서도 찾아볼 수 없는 것이다. (『로마고대사』 2.19.2)

키케로는 이러한 종교로 로마의 초석을 놓은 것이 바로 누마의 업적이라고 언급한다(『신들의 본성에 관하여』 3.5).

고대 세계에서 종교는 사회, 정치 생활과 불가분의 관계를 맺고 있었다. '신들을 믿는다'라는 표현은 존재하지 않았다. 도시에 나름의 '법률과 관습'이 있듯 신들도 '있다'. 고대인들은 신들을 경건히 모심으로써 도시의 안녕을 보증하고 상호유대와 책임의 정신을 고취했다. 이러한 맥락에서 신들에 대한 경건은 함께 연대하여 시민이 되는 것을 의미했다. 키케로는 신들에 대한 경건이 없다면 상호 신뢰와 인류의 유대, 나아가 가장 탁월한 덕인 정의도 사라질 것이라고 썼다(『신들의 본성에 관하여』 1.4). 로마인들의 종교적 감각에서 가장 중요한 것 한 가지를 꼽는다면, 그것은 바로 섭리였다. 다시 말해 신들이 인간사에 관여한다는 생각, 인간의 역사를 주관한다는 생각이었다. 바로 이 때문에 신들은 경배의 대상이었다.

피에타스와 나란히 동시대 로마 주화에 나타나는 단어는 프로비덴티아providentia(섭리)다. 신들은 로마시를 보우하며 제위의 안정적인 계승을 보증한다고 사람들은 믿었다. 신들은 섭리에 따라 봄에 활기를 불어넣고, 밀에서 곡식을 나오게 하며, 나무에서 열매를 맺게 하고, 하늘에서 비를 내렸다. 어떤 주화는 부리에 홀을 물고 황제에게 날아 내려오는 독수리를 표현하고 있는데, 이는 신들의 섭리에 의한 제위의 평화로운 이양을 상징한다. 또 황제를 '프로비덴티아 데오룸'providentia deorum, 곧 신들의 섭리에 따른 '세계의 재건자'restitutor orbis terrarum로 묘사한 도안도 있다.[7] 별일 아닌 듯 보이는 것조차, 이를테면 닭에게 모이를 준다거나 새의 울음소리에 귀를 기울이는 자질구레한 종교의식조차 모두 경건을 표현하는 방식이었다. 사람들은 이러한 것들이 국가 로마의 안녕과 번영에 기여한다고 믿었다(리비우스, 「로마사」, 6.41.8).[8] 이 '믿음'의 틀 안에서 사람들은 올바른 관행과 그릇된 관행을 구분했고 전통적인 믿음을 고취하는 종교와 조상들의 지혜를 흔드는 사교邪教를 구분했다. 그리고 이런 점에서 참된 신앙과 미신을 구분하는 것이 가능했다. 키케로는 철학자들뿐 아니라 로마의 옛 조상들도 참된 신앙과 미신을 분명히 구분했다고 썼다. 미신은 신들을 근거 없이 두려워하게 하지만, 참된 신앙은 신들을 경건하게 숭배하게 한다 (「신들의 본성에 관하여」, 1.117, 2.72). 미신에 빠진 사람은 신들을 경외하지도 않고, 인간에게 유익을 주지도 않는 종교 행위를 벌이는 사람이다.

---

[7]   M. P. Charlesworth, 'Providentia and Aeternitas', *Harvard Theological Review* 29 (1936), 187~252.

[8]   Karl Koch, *Religion, Studien zur Kult und Glauben der Römer* (Nürnberg, 1960), 178~79.

우리는 플리니우스가 남긴 글에서 출발해 고대 사회의 '경건'에 관해 논의하고 있다. 플리니우스가 라틴어로 글을 쓴 로마인이었던 만큼 우리는 지금까지 대체로 라틴 문헌을 위주로 살펴보았다. 그러나 그리스도교가 자라나던 세계, 고대 로마 세계에서 이러한 태도와 입장은 라틴 세계에 국한되지 않았다. 지중해 동부의 그리스 도시들에 거주하던 사람들은 '에우세베이아'를 '피에타스'와 거의 유사한 개념으로 받아들였다. 에우세베이아는 청소년이 체력단련 및 군사 훈련을 마치며 품어야 할 자세와 관련되어 사용된 말인데, 피에타스와 마찬가지로 공적 의미를 포괄했다. 기원전 1세기 아테네의 어느 금석문은 소년들이 도시에 정식으로 소개되는 날 행한 정교한 예식을 다룬다. 여기에는 완전 복장을 한 군사들의 행렬, 횃불의 봉송, 각종 경기, 황소와 염소를 바치는 의식, 헌주 등이 포함되어 있다. 시의회와 시민 앞에 나온 소년들은 황금 관을 쓰고 칭송을 받는다. 그들이 보인 신들에 대한 경건(에우세베이아), 그리고 시의회와 시민을 위한, 명예에 대한 사랑(필로티미아φιλοτιμία)에 따른 상인 것이다.[9]

1세기 후반, 곧 플리니우스와 타키투스의 시대 어느 그리스 철학자가 미신('데이시다이모니아'δεισιδαιμονία)에 관하여 남긴 짧은 논고가 있다. 이집트와 이탈리아 방방곡곡을 돌아다니며 도덕과 종교에 관한 글들을 남겼던 플루타르코스(50~120년)의 저작으

---

[9] *Inscriptiones graecae* (Berlin, 1916), II-III², 1, no. 1029. 또한 no.1009, no.1036 참조.

로 전해지곤 한다.[10] 그는 그리스 중부의 성소 델포이의 사제직을 맡았을 정도로 경건하며 독실하게 고대 그리스 종교를 신봉한 인물이었다. 그가 남긴 여러 책 가운데는 이집트의 이시스와 오시리스 신앙과 신탁에 관한 것들도 있다. 플루타르코스가 직접 「미신에 관하여」를 썼는지는 모른다. 그러나 미신과 경건에 관해 다루는 이 책이 섬세한 종교적 안목을 가진 철학자의 글임은 틀림없다. 아쉽게도 그리스도교에 관해 언급한 부분은 없다.

이 책에 따르면 미신에 빠진 사람은 사회 공동체를 등지게 되는데, 신들을 대할 때 지성을 사용하지 않기 때문이다. 미신에 빠진 사람은 공포스러운 형상과 끔찍한 환영들을 만들어 기이하고 극단적인 행동을 한다. 또한, 미신에 빠진 사람은 광신적이다. 신들에 대한 그의 감정은 과장되어 있다. 신들을 지나치게 두려워하며 숭배하고, 인생의 방향은 인간의 책임이 아닌, 개인이 통제할 수 없는 운명에 달려 있다고 믿는다. 그래서 미신에 빠진 사람은 나머지 인류와 같은 하늘 아래 살 수 없다(166c). 그가 이해하는 신들은 변덕을 부리며 인간을 제멋대로 다루는, 경솔하고, 신의 없고, 갈피를 잡을 수 없고, 복수심으로 가득하고, 잔인하고, 쉽게 노하는 존재들이다.

---

[10] 「미신에 관하여」의 본문 및 영문 번역은 Frank Cole Babbit(ed.), *Plutarch's Moralia* (Cambridge: Loeb Classical Library), 2:454~95에 수록되어 있다. 이 저작에 관한 논의 및 진위성 여부에 관해서는 관해서는 다음을 보라. Morton Smith, 'De superstitione (Moralia 164E-171F)', *Plutarch's Theological Writings and Early Christian Literature, Studia ad Corpus Hellenisticum Novi Testamenti* (Leiden, 1975), 1~35.

이처럼 미신은 신들에 대한 불합리한 생각을 조장하기에 결국 무신론으로 이어진다. 그 원리는 이렇다. 무신론자들은 신들을 어디에서도 보지 않는데, 미신에 빠지면 신이 없는 곳에서 신을 보고 거짓된 근거를 만들어 이를 설명한다. 신들이 변덕스럽고 제멋대로며, 인간을 가지고 논다고 하는 것이다. 이는 철학자들과 정치인들이 설명하는 신의 모습, 곧 선함과 관대함, 자비와 배려에서 신의 위엄이 나온다는 입장과 상충한다. 이 때문에 무신론과 미신은 본질적으로 동일한 불경이다. 무신론자들은 신들이 존재하지 않는다고 생각하며, 미신에 빠진 사람은 실제로 그런 신들이 존재한다고 보지 않으면서도 안 믿으면 후환이 있을까 두려운 나머지 그들이 존재한다고 믿는 것이기 때문이다. 미신을 몰아내야 하는 이유는 바로 거기서 무신론이 나오기 때문이다(167d-e). 실로 미신만큼 엄청난 오류와 감정 과잉, 자가당착, 적개심이 어우러진 나약함은 찾아보기 어렵다고 저자는 주장한다. 그래서 미신은 무신론보다 더 큰 악덕이다. 사람들을 참된 신심으로 이끌기는커녕 신들의 존재 자체에 회의를 품게 만들기 때문이다. 사람들은 미신에 빠지지 않으려고 더 마음이 굳어 참된 신앙을 뛰어넘고 무신론으로 기운다고 그는 생각했다.

우리 또한 경건한 사람들이다

「미신에 관하여」를 플리니우스나 타키투스가 읽어보았는지는 모르지만, 이것이 당시 식자층 사이에 널리 퍼진 입장과 생각을 반영한다는 점에는 변함이 없다. 로마 세계의 주류는 종교적 문제에 있어 극히 보수적이었다. 그들은 기존의 것과 다른 모든 것을 의심의 눈초리로 바라보았고 새로운 종교 사상과 관행을 불신했다. 플루타르코스는 혀를 꼬아 이국의 이름들과 낯선 문장들을 중얼거리며 조상에게서 물려받은 성스러운 경건함(에우세베이아)의 품격을 훼손해서는 안 된다고 강조했다(166b). 종교적 진리란 바로 선조들의 것, 선조들의 관행과 전통을 올바로 계승하는 것이었다. 램지 맥멀렌Ramsey MacMullen은 말했다.

> 한 세대의 종교적 관행은 변함없이 다음 세대로 계승되어야 한다는 생각에 의문을 품는 사람은 없었다. … 모든 경우에 있어 무엇이 경건한 것인지, 무엇이 존경할 만하고 품위가 있는 것인지 결정하는 열쇠는 영속성이었다.[11]

사람들은 철학적 물음에 대해서는 지식인과 철학자들에게 답변을 구했지만, 종교적 물음에 대해서는 과거를 돌아보았다. 전승되어 널리 받아들여진 관행들, 그것이 진리였다. 제관들은 이 전승을 담보하는 증인이었다. 정치 현장에서 갑자기 부와 신분을 얻은 신참novus homo을 경계한 것과 마찬가지로, 아니 그 이상으로 로마인들은 종교에 보수적인 태도를 보였다.

---

[11] Ramsey MacMullen, *Paganism in the Roman Empire* (New Haven, 1981), 2.

역사가 디오 카시우스Dio Cassius가 전하는 마이케나스의 말을 살펴보자. 여기서 마이케나스는 아그리파와 함께 아우구스투스 황제 앞에서 군주정과 민주정의 이점에 관해 논한다. 마이케나스는 아우구스투스에게 로마 황제로서 불멸의 명성을 누리는 방법에 관해 이야기한다. 황제는 자기 자신에게 관직을 수여해서는 안 된다. 지금 있는 것에 무언가를 덧붙일 수 없기 때문이다. 또한, 금이나 은으로 동상을 세우거나 자신을 위해 신전을 세워서도 안 된다.

> 불멸의 존재가 되길 원하신다면, 덕을 따르는 삶을 추구하며, 선조들의 전통을 따라 신들을 섬기십시오. … 기이한 의식으로 우리의 신앙을 더럽히려는 자가 있거든 멀리하고 처벌하십시오. 이는 신들을 위해서만이 아닙니다. 그런 자들은 옛 신들의 자리에 새로운 신들을 가져다 놓음으로써 많은 사람을 설득해 낯선 관행을 받아들이게 하는바, 거기서 음모와 파당, 정치 당파들이 나타납니다. 이런 것들은 국가에 백해무익하니, 누구도 무신론자나 마술사가 되게 하지 마십시오. (디오 카시우스, 「로마사」 52.36.2)

디오 카시우스는 플리니우스가 총독으로 있던 비튀니아 출신이다. 3세기 초에 쓰인 책이지만, 이는 그리스도교 공동체를 플리니우스가 다루었던 방식에 대한 해설로 보아도 거의 무리가 없다.

사람들이 종교를 국가 정체성에 숨결을 불어 넣는 과거의 살아 있는 유산으로 보았다면 그리스도교를 박해한 이유도 분명해진다. 그들이 경건을 이해했던 방식은 팔레스티나에서 막 일어난 새 종교와 충돌할 수밖에 없었다. 그리스도인들은 자신들만 옳다고 여기며 공동체를 배척했고, 새로운 사상과 관행을 만들어내는 것도 모자라 그것만이 옳다고 완고하게 주장하는 광신자들이었다. 그렇다고 신들의 섭리에 관한 믿음, 사회의 안녕을 위한 종교적 준수의 필요성에 대한 인식, 전통적인 종교 예식과 관행의 유익 등 로마인들이 종교를 이해하던 방식이 그리스도인들만큼 진지하지 않은 것도 아니었다. 어느 북아프리카 총독은 그리스도인을 심문하며 말했다.

우리가 신성하게 여기는 것을 욕하는 자에게는 귀를 기울이지 않겠네.

'자신들만이 경건하다니 이 얼마나 참람한 말인가?' 로마인들은 그렇게 생각했을 것이다. 스킬룸의 그리스도인들과 대화하던 중 총독이 던진 한마디는 이를 분명히 드러낸다.

우리 또한 경건한 사람들이다.

이러한 주장을 가볍게 여겨서는 안 된다. 종교가 개인의 내면을 다루는 것을 당연하게 여기는 문화 가운데서 살아온 우리지만, 아우구스티누스의 주장처럼 로마 종교를 간단히 정치나 국가 철학으로 축소할 수는 없다. 물론 로마인들의 종교가 국가 이념과 이상, 생명력과 불가분한 관계를 이루고 있던 것은 사실이다. 그러나 이는 고대 세계 종교의 일반적 특성이기도 했다. 이제 고전이 된 저서 『개종』Conversion에서 로마 종교사가 노크A. D. Nock는 고대에 종교와 사회는 언제나 상보 관계였음을 밝힌 바 있다. 로마 세계에서 어느 도시로 이사한다는 것은 바로 그 도시의 신들을 받아들인다는 것을 의미했다. '개종', 곧 개인이 의식적으로 어떤 신조나 생활 방식을 따르겠다고 결심하는 일은 흔하지 않았다. 진지한 개인적 경험이나 형이상학적, 신학적 고찰과 같이 그리스도교가 당연시하는 것들은 존재하지 않았다. 고전학자 미첼스A. K. Michels는 이렇게 쓰고 있다.

> 로마 문화의 다른 분야에서와 마찬가지로 로마 종교에서 독창적인 형이상학적 개념이나 초월적인 것에 관한 관심을 찾으려고 한다면 당연히 실망할 수밖에 없다. … 그러나 이는 로마인들이 그런 것에 의미를 두지 않았거나 마음에 들어 하지 않았기 때문이라기보단 질문이 잘못되어 긍정적인 가치들을 발견

하지 못하는 것이다.[12]

오늘날의 서구 문화가 종교를 이해하는 방식 때문에, 또 우리 자신이 종교를 개인적인 체험으로 이해하기 때문에 로마인들의 종교적 태도는 감정적인 면이 부족한 것처럼 보인다. 그러나 발상을 바꾸어 종교가 공적 경건이라고 생각한다면 고대 로마 종교를 이해하기란 어렵지 않다. 백 년도 전에 퓌스텔 드 쿨랑주Fustel de Coulanges는 『고대 도시』La Cité antique에서 말했다.

이 고대 종교가 기만이라고, 혹은 한 편의 희극에 지나지 않는다고 생각하는 것은 인간 본성을 잘못 이해하는 것이다. 몽테스키외는 로마인들이 대중을 통제하기 위해 숭배를 활용했다고 주장했다. 그러나 그런 종교는 없다. 공공의 유익이라는 동기로만 작동하던 종교는 오래 존속한 적이 없다.[13]

제도와 역할, 가족 및 사회 행사들을 삶의 구체적인 현실에 연결하는 것 또한 종교의 기능이다. 아기가 출생하는 순간이든, 젊은이들이 성인식을 하는 순간이든, 식사하는 순간이든, 술을 마시

---

[12] Agnes Kirsopp Michels, review of Kurt Latte, *Römische Religionsgeschichte* (Munich, 1960), *American Journal of Philology* 83 (1962): 434~44.

[13] Numa Denis Fustel de Coulanges, *The Ancient City: A Study of the Religion, Laws, and Institutions of Greece and Rome* (New York: Doubleday Anchor Book, n. d.), 166~67.

는 순간이든, 한 국가의 왕이 즉위하는 순간이든, 전쟁을 선포하는 순간이든, 평화 협정을 체결하는 순간이든, 종교는 인간사의 평범한 순간들과 특별한 순간들에 성스럽고 우주적인 의미를 부여한다. 거래에 사용하는 주화, 거리를 장식하는 동상, 공공건물들, 개선문과 주랑들, 공휴일, 문학, 예술, 교육, 고대 사회는 이 모든 것들을 통해 종교적 감성을 표현할 수 있었고, 표현했다. 종교는 언제나 사회생활, 문화생활의 중심에 있었다.

많은 사람에게 친구들과 보내는 즐거운 시간은 신과 만나는 순간이기도 했다. 만남의 자리에 신은 명예 손님으로 초대받았고, 잔치의 주관자로 기려졌다. 신전의 회랑에서, 꽃그늘이 드리운 안뜰에서, 신들은 마치 집주인처럼 모인 사람들을 맞이했다. 많은 사람에게 고기나 술은 종교적으로 허용된 특별한 경우를 제외하면 마음껏 먹고 마시기 어려운 것이었다. 극단적으로 말하자면 (그러나 결코 잘못된 말이 아닌 것은) 그리스도교 호교론자들의 시대, 기원후 2세기에서 3세기에 완전히 비종교적이라고 할 수 있는 사회생활은 존재하지 않았다. 그러니 이교의 신들과 관련된 것은 모두 기피했던 유대인들과 그리스도인들에게 반사회 집단이라는 낙인을 찍은 것은 그리 놀라운 일이 아니다.[14]

장자크 루소Jean-Jacques Rousseau는 『사회계약론』Du Contract Social에

---

[14]   Ramsey MacMullen, *Paganism in the Roman Empire*, 40. 또한 William B. Schoedel, "Christian 'Atheism' and the Peace of the Romen Empire", *Church History* 42 (1973): 310~11은 통찰력 있는 언급을 남기고 있다.

서 이러한 종교를 "시민 종교"로 분류했다. 시민 종교란 철저히 시민적인 신앙 고백으로 그 핵심은 섭리와 예지를 지닌 전능하고 지적이며 관대한 신에 대한 믿음이다. 황제에서 제후와 지방 관리에 이르기까지 이러한 종교에 주의를 기울인 까닭은 이것이 이른바 사회성, 다시 말해 도덕적 태도 및 의무와 연결되어 있기 때문이다. 이러한 감성은 동료 시민과 법률, 정의, 국가 방위에 대한 태도를 포괄한다. 따라서 시민 종교는 신들에 대한 믿음 외에도 도덕적 책임과 인간의 불멸성을 강조한다. 그러한 믿음이 없다면 사회 계약의 존엄성은 파괴된다. 사회적 연대는 와해되며, 사회의 생명력도 소멸한다.

그러므로 그리스도교를 두고 미신이라고 말한 것은 그저 편견이나 무지에서 나온 주장이라고 보기 어렵다. 이는 일련의 독특한 종교적 감수성에서 나온 평가다. 그리스도인들이 인류를 증오한다고 했던 타키투스의 표현은 비록 그가 그리스도인들을 못마땅해하며 악의적으로 사용한 수사가 전혀 아니라고 할 수 없다 할지라도, 그리스도교가 당대 사회와 종교에 대한 모독이었다는 점을 드러낸다. 더 시간이 흘러 그리스도인들을 비난하며 나왔던 이야기들은 종교적인 측면 이상으로 사회적인 측면을 지적하고 있다. 그리스도인들이 시민 사회의 일에 참여하지 않는다거나, 군입대를 거부한다거나 하는 식이다. 실제로 그리스도인들이 거부했던 것들은 현대인의 시각에서 전혀 종교적으로 보이지 않는 문제인 경우도 많다.

> 그대(그리스도인)들은 극장에 오지도 않고 행렬에도 참가하지
> 않으며 공공 연회에도 나타나지 않고 성스러운 경기도 꺼린다.
> (『옥타비우스』 12)

로마 시대의 경기는 단순히 검투 시합이나 체조 경연에 머물지
않았다. 경기는 종교 행사였다. 어느 초기 그리스도인이 쓰듯 세
상에서 "신이 없는 연극과 희생 제사가 없는 경기란 있을 수 없
는 것이다"(노바티아누스, 「경기 관람」 4).

　플리니우스와 타키투스, 수에토니우스의 시각은 향후 몇백
년간 그리스도교에 관해 로마인들이 가지게 될 시각을 예견하고
있다. 신흥 종교를 둘러싸고 소름 끼치는 소문들이 퍼졌고, 오
만하게 자신만이 옳다고 하며 죽음도 마다하지 않는 순교자들의
태도는 반감을 불러일으켰다. 오늘날 대중문화는 로마인들을 퇴
폐적이고 불경한 존재로 묘사하고, 욕정에 찬 황제들의 음험한
삶을 선정적으로 그리기도 하지만, 사실 플리니우스를 비롯한
로마 엘리트 사회만큼 강직하고 덕을 숭상했던 집단도 없었다.
오늘날 그리스도인들에게 '미신'이라는 말이 어색하게 들릴 수
는 있으나, 이렇게 지칭하는 것은 적절했다. 이러한 혐의를 열렬
히 논박했다는 것 자체가 이것이 정곡을 찌른 비판이었음을 반
증한다. 호교론자들은 그리스도인들이 그리스·로마 사회의 기
준에 비추어 결코 경건함과 신에 대한 경외에 있어 문제가 없다
는 사실을 변론하고자 했다.

처음에 그리스도인들은 자신들의 신앙을 가리켜 '피에타스'라는 용어를 사용하지 않았다. 이 용어는 그리스도교가 외부에 드러나기 시작한 바로 그 무렵부터 그리스도교 문헌에 등장한다. 신약성서에서는 후기 저작들, 곧 사목 서신들과 베드로의 둘째 편지에 등장하며, 사도행전에 한 번 등장할 뿐이다. 그러나 2세기 중반, 그리스도교가 미신이라는 비난을 받고 있다는 사실을 잘 알고 있었던 순교자 유스티노스의 글은 이를 전면에 내세워 비난에 맞선다.

우리는 경건과 정의와 인류애와 믿음과 희망을 고취한다.

로마 시대 철학자이자 문필가 세네카가 했던 말이 연상되는 대목이다.

철학과 신심, 경건, 정의, 그리고 서로 밀접하고 일관성 있게 연결된 덕들은 결코 서로 떨어지지 않는다. (『서한』 90.3)

제4장

갈레노스 – 과학자

플리니우스의 시대 이후 그리스도인들에게 행운이라고 할 만한 것이 있다면, 그것은 한 철학자가 그리스도교를 겨냥해 펜을 들었다는 사실이다. 바로 2세기 후반의 유명한 의사 갈레노스다. 이외에도 그리스도교를 언급한 인물들은 더 있다. 스토아 도덕철학자 에픽테토스Epictetus, 「황금 당나귀」의 저자로 유명한 북아프리카 출신의 아풀레이우스, 소아시아 사모사타 출신의 풍자시인 루키아노스 등이 대표적이다. 그리스도인들도 고대 다신교 철학자들의 논평을 참조했다. 2세기 중반에 순교한 유스티노스는 견유학파 철학자 크레스켄스Crescens를 인용하는데, 그는 그리스도인을 "불경한" "무신론자"라고 불렀다. 플리니우스의 비판과 겹치는 대목이다(「둘째 호교론」 3). 아울러 트라야누스의 뒤를 이어 제위에 오른 하드리아누스Hadrian 황제(재위 117~233)는 121~22년 사이에 그리스도인들을 겨냥해 제기된 고발과 관련해 칙서를 발행하기도 했다. 아쉽게도 총독 실바누스 그라니아누스Silvanus Granianus의 원 고발장이 소실되어 그리스도인들에 관한 의미 있는 정보는 거의 찾을 수 없다. 게다가 사안에 관해 총독 자신의 시각과 지역 공동체의 시선을 보여 주는, 플리니우스와 트라야누스가 주고받은 서신과는 달리 하드리아누스의 칙서는 법률문제에 주로 관심을 두고 있다. 선대 트라야누스와 마찬가지로 하드리아누스 또한 그리스도인들이 공정한 대우를 받아야 한다는 점, 제국의 법률은 존중받아야 한다는 점, 무고해서는 안 된다는 입장을 분명히 한다.

속주민들이 그리스도인들을 고발할 경우 법정에서 다투기 위한 확실한 증거가 있는 경우 이에만 토대를 둘 것이며, 사사로운 의견이나 불평에 휘말려서는 안 된다. … 실로 누군가가 무고를 하는 경우, 이를 범죄로 수사하여 처벌할 것이다. (에우세비오스, 「교회사」 4.9.1~3)[1]

---

[1] 이 시기 그리스도교에 대한 고대 다신교 사회의 비판에 대한 개관은 다음을 보라. Stephen Benko, 'Pagan Criticism of Christianity during the First Two Centuries A.D.', *Aufstieg und Niedergang der römischen Welt*, 23.2 1054~1118.

갈레노스는 에게해에서 약 19㎞ 떨어진 비옥한 카이코스 계곡에 위치한 도시, 페르가몬에서 태어났다. 페르가몬은 소아시아 속주를 대표하는 자치시였다. 물론 바로 인근 에페소스의 시민들 역시 자신들의 도시를 아시아에서 '가장 위대한' 도시로 자부하며 금석문에 새기기까지 했지만 말이다. 어쨌든 페르가몬은 중요한 도시였다. 자연이 준 선물, 특히 은광과 농업은 페르가몬을 로마 세계에서 가장 아름다운 도시 가운데 하나로 만들어주었을 뿐 아니라 시민들이 풍요롭고 다양한 문화 혜택을 누리게 해주었다. 20만 권의 장서를 자랑하던 페르가몬의 도서관보다 더 큰 도서관은 유명한 알렉산드리아의 도서관밖에 없었다. 페르가몬에는 의술의 신 아스클레피오스의 신전도 있었다. 이 신전은 복합 건물 단지를 이루고 있었는데, 대신전, 여섯 개의 앱스로 이루어진 원형 건물, 소신전, 극장, 기타 건물들로 구성되어 방문객을 위한 숙소와 수면 치료를 위한 공간 등으로 사용되었다. 치유의 힘을 기대한 수많은 사람이 세계 각지에서 아스클레피오스 신전으로 몰려들었고, 2세기에 이르렀을 무렵에는 아예 순례지가 되어있었다.

페르가몬이 배출한 가장 유명한 인물로 손꼽히는 갈레노스는 130년, 도시 외곽의 한 저택에서 태어났다. 갈레노스의 집안은 부유했을 뿐 아니라 교육에도 열성적인 관심을 보였다. 갈레노스의 아버지는 아들의 교육에 몸소 정성을 쏟았다. 훗날 갈레노스는 회고했다. "차분하고, 정의롭고, 헌신적인 아버지가 있었던 것은 커다란 행운이었다." 건축가였던 아버지 니콘Nicon은 수학과 물리학의 대가였으나 문학과 예술, 철학에도 깊은 관심을 가진 인물이었다. 그는 아들 갈레노스가 교양 교육을 받는 것에서 그치지 않고, 모든 지적 영역에 나름대로 비판적인 호기심을 기를 수 있도록 힘썼다.

갈레노스는 아버지의 저택에서 읽고 쓰는 법을 배우며 자랐다. 어느 정도 자라자, 아버지는 아들에게 철학을 공부하도록 권하며 아들의 학업에 직접 관여하기도 했다. 나중에 갈레노스는 회고하기를 아버지는 어떤 학파에도 몸담지 않았으며, 어떤 이도 스승으로 여기지 않았다고 했다. 갈레노스의 아버지는 아들이 어떤 한 가지 학파의 주장을 맹종하기보다는 자신과 같이 비판적인 시각으로 다양한 학파의 주장을 검토하는 인물이 되기를 바랐다. 갈레노스는 처음 필로파토르Philopator라는 이름의 한 스토아 학자를 통해 철학에 입문했다. 그리고는 플라톤주의 학자에게로 갔고, 다음에는 한 아리스토텔레스주의 철학자를 찾아 가르침을 구했다. 마지막으로는 막 아테네에서 페르가몬에 온어느 에피쿠로스 철학자의 집 대문을 두드렸다. 언제나 비판적인 자세를 잃지 않았던 갈레노스는 철학 학파 모두가 교조주의에 빠져 있으며 다른 주장에 열려 있지 않다는 점을 발견하고 지적했다. 그는 철학에 조예와 관심이 깊었지만, 어떤 한 가지 학파를 추종하지는 않았다.

철학 공부를 끝내자 갈레노스는 해부학과 의학으로 눈길을 돌렸다. 당시 페르가몬에서 해부학을 가르치던 사튀로스Satyros 문하로 들어갔고, 아버지가 세상을 떠난 후에는 지중해 각지를 돌아다니며 여러 해부학자와 의사를 찾아가며 배웠다. 그러면서 처음으로 책을 썼는데, 폐와 흉부의 운동에 관한 논고였다. 철학에 대한 관심의 끈도 놓지 않아 이 와중에도 스뮈르나에서 강의하며 이름을 떨치던 플라톤주의 철학자 알비노스Albinus의 강연을 찾아가기도 했다.

갈레노스는 의학을 계속 공부하기 위해 알렉산드리아로 향했다. 152년의 일이었다. 로마 세계 최대 도시 가운데 하나였던 알렉산드리아가 제공하는 다채롭고 다양한 환경 덕분에 그는 철학을 비롯해 여러 학문이 주는 지적 즐거움을 만끽할 수 있었다. 알렉산드리아에서 다섯 해, 어쩌면 여섯 해를 보내고 페르가몬에 돌아온 갈레노스는 이미 12년을 해부학과 의학에 매진한 전문가였다. 아스클레피오스 신전이자 병원 역할을 하던 아스클레피온의 제관장은 갈레노스에게 의사로 일해달라고 청했다. 그러나 몇 년 만에 또다시 방랑벽이 도진 갈레노스는 161~62년경 로마를 향해 떠났다. 마르쿠스 아우렐리우스Marcus Aurelius가 막 황제가 된 시점이었다. 젊은 의사 갈레노스를 만나 큰 감명을 받은 황제는 (나중에 아버지의 뒤를 이어 제위에 오른) 아들 콤모두스Commodus의 주치의가 되어달라고 부탁했다. 그렇게 갈레노스는 로마에 자리를 잡았고, 2세기 말 여생을 보내기 위해 고향으로 돌아가기까지 그곳에 머무르게 된다.

갈레노스가 로마에 도착했을 무렵 그리스도교 공동체는 이미 백여 년 이상 그곳에 뿌리를 내리고 있었다. 도시의 크기를 고려할 때, 그리고 유대교나 이시스교 등 다른 종교 집단과 비교할 때 그리스도교 공동체들의 크기는 그렇게 크다고 할 수는 없었다. 그러나 수도 로마의 그리스도교 공동체는 로마 세계 그리스도교 공동체 가운데서도 중요한 위치에 있었을 뿐 아니라 어느 정도 명성도 누리고 있었다. 로마 세계 각지에서 그리스도인들, 특히 지식인들이 몰려들었다. 2세기의 뛰어난 그리스도인 학자들은 누구나 로마를 거쳤다. 그들 가운데는 영지주의 학자이자 「진리의 복음」을 쓴 발렌티노스Valentinus, 급진적인 그리스도교 지도자이자 성서학자로 바울을 광적으로 추종했던 마르키온, 주교들의 목록을 만들기 위해 그리스도교 중심지들을 찾아다니던 역사가 헤게시포스Hegesippus, 그리고 초기 그리스도교의 가장 예리한 호교론자로 로마에 머물며 '그리스인들'을 향한 두 편의 호교론과 유대인들에 대한 그리스도교 변론인 「유대인 트리폰과의 대화」를 쓴 순교자 유스티노스 등이 있었다.

갈레노스는 여러 편의 저술을 남겼다. 19세기에 수집해 완성된 그의 저작 전집은 22권으로 이루어져 있다. 의학, 해부학, 약학, 논리학, 철학 등 여러 분야를 망라하는 갈레노스의 저술은 철학적 논고에 대한 주석에서 문헌학과 병리학에 관한 작품까지 다양하다. 플리니우스와 타키투스도 그러했듯, 갈레노스는 그리스도인들에 관해 직접 책이나 글을 남기지는 않았다. 그리스도인들에 대한 갈레노스의 논평은 몇몇 의학 논고에서 다른 주제를 다루다 아주 잠깐 언급될 뿐이다. 그리스도인들에 관한 한 단락은 몸의 각 부분의 용도에 관한 논고에 등장한다. 비록 다른 이야기들 틈에 끼어 들어가 있지만, 이 언급은 갈레노스가 그리스도교를 분명히 인지하고 있었으며, 이 새 종교를 이해하고 이를 자신의 지적, 사회적 세계의 맥락 안에서 바라보고자 하였다는 사실에는 의심의 여지가 없다. 갈레노스는 물리 현상과 사회 현상을 통틀어 새롭고 특이한 현상에 큰 호기심을 가진 인물이었다. 그리스도교에 관한 그의 진지하고 비판적인 관찰은 2세기 중반 그리스도교를 당시 사람들이 어떻게 받아들여졌는지에 관한 새로운 통찰을 제공한다.

철학 학파 그리스도교

갈레노스의 작품에서 그리스도교에 관해 처음으로 다루는 대목은 맥박에 관한 책에서다. 이 책에서 갈레노스는 당대의 의사였던 아르키게네스Archigenes의 연구에 관해 논한다. 갈레노스는 아르키게네스의 결론에 결함이 있을뿐더러 부정확하다고 주장하며, 그가 주의 깊은 관찰과 논리적인 추리에 근거를 두고 있지 않다고 비판한다. 그리고 그런 사람들과는 진지한 논의를 하는 의미가 없다며 비난한다. 자신이 속한 학파의 주장만을 맹신하는 의사들과 철학자들에게 무언가 새로운 것을 가르치느니, 차라리 모세와 그리스도의 추종자들을 대하는 것이 낫다는 것이었다. 그러므로 지금도, 그리고 앞으로도 그들에게 반론을 제기하며 시간을 낭비하는 일은 없을 것이라고 갈레노스는 결론짓는다(『맥박의 차이』, 3.3). 나중에 같은 책에서, 그는 다시금 아르키게네스의 저작에 있는 결함을 지적하며, 맥박에 여덟 가지 특징이 있다는 주장을 예로 든다. 갈레노스에 따르면 이러한 주장은 "유명한 사람들도 으레 이야기하는 것"이다. "설득력 있는 설명"을 제시하는 것이 세간의 의견을 그대로 따르는 것보다 낫다고, 주장에 대한 근거를 제시하지 않는 것은 마치 "모세와 그리스도 학파에 들어가 증명되지 않은 율법에 관해 듣는 것"(『맥박의 차이』, 2.4)이나 다름없다고 그는 주장했다. 어떤 대목에서는 몇몇 의사들의 의견을 언급하며 그들이 과학적 지식 없이 의학을 행하는 자들을 모세에 빗댄다고 썼다. 곧 모세는 아무런 근거 없이 "하느님이 명하셨고, 하느님이 말씀하셨다"고 주장하는 방식으로 이스라엘 지파에 율법을 부과했다는 것이다(『히포크라테스 해부학』).[2]

2세기의 인물 갈레노스가 유대인과 그리스도인을 한 데 묶어 이야기하고 있다는 점이 눈길을 끈다. 이 시기에 그리스도교는 이미 유대교로부터 완전히 독립한 종파로 자리 잡았고, 그리

---

[2] Richard Walzer, *Galen on Jews and Christians* (London, 1949)는 그리스도교에 관한 갈레노스의 언급을 편집, 영역하여 수록하고 있다. 이 책에서 다루는 본문은 10~16에 있다.

스도교의 이름만 들어본 사람이라 할지라도 그리스도교와 유대교가 다르다는 것 정도는 알고 있었다. 물론 다음 장에서 다루게 될 또 다른 고대 다신교 철학자 켈소스는 치밀한 눈으로 유대교와 그리스도교의 밀접한 역사적 연결성을 지적한다. 그러나 갈레노스는 유대교와 그리스도교의 역사적 연결성을 이야기하고 있지도, 그리스도와 모세의 관계를 염두에 두고 있지도 않다. 그의 시선은 두 종교가 이른바 '신앙과 이성'의 문제를 유사한 방식으로 다루고 있다는 것에 머물러 있다. 이는 모세 오경이 이야기하는 창조 이야기, 곧 창세기 1장에 대한 비판에서 두드러진다. 그는 그리스도인과 유대인 모두가 창세기의 권위를 무조건적으로 받아들인다는 사실을 간파했다. 그런 측면을 두고 보자면 두 종교를 군이 구분할 이유도 없었다.

이전 시대 인물들과는 달리, 갈레노스는 그리스도교에 미신이나 외국 종교라는 틀을 씌우지는 않았다. 오히려 그는 그리스도교(와 유대교)를 학파, 곧 하나의 철학으로 이해하고 그 신앙 체계에 대한 철학적 비판을 시도했다. 플리니우스와는 다른 면모인데, 플리니우스 또한 철학에 관심이 있었으나 그리스도인들 같은 광신 집단을 두고 철학으로 논쟁할 생각은 전혀 하지 않았다. 갈레노스는 적어도 그런 면에서는 그리스도인들을 존중했다. 물론 이를 두고 그가 그리스도교의 가르침에 수긍했다거나 철학적인 관심을 보인 것이라고 이야기할 수는 없다. 다만 그리스도교를 당시 그리스·로마 세계의 철학 학파 중 하나로 이해하고는, 당대 철학자들에게 요구되던 기준에 그리스도인들과 유대인들이 이르지 못하고 있다는 사실을 지적했을 뿐이다.

'신앙'이나 교주들의 권위에 호소했던 학파들은 그리스도교와 유대교 말고도 많았다. 기원후 2세기 무렵 그리스 철학 전통은 수많은 학파로 나뉘어 경쟁했다. 그 결과 플라톤학파, 아리스토텔레스학파, 스토아학파, 에피쿠로스학파, 퓌타고라스학파, 회의주의 학파, 견유학파 등 고대 세계의 대명사가 된 수많은 이름이 난립했다. 탁월한 교주들의 승계를 통해 간직해 온 지적 전통이 각 학파의 정통성을 대변했다. 그러다 보니 독창적인 철학적 탐구는 점차 사그라들었고, 대를 이어 전수된 교조적 요소들에 집착하는 경우가 빈번했다. 때로 이러한 경향은 학파의 창립자에 대한 종교적인 숭배로 발전했다. 추종자들은 정기적으로 희생 제사와 연회, 창립자의 저술 낭독 등을 아우르는 기념행사를 벌이기도 했다.

그렇게 철학자들은 각자 자신이 소속된 학파의 사상과 믿음을 판매하는 행상이 되어갔다. 사람들이 오가는 거리와 광장에 나가 자리를 잡고는 어떻게 살아야 하는지, 삶에 닥치는 문제를 어떻게 풀어야 할지 설교했다. 이성과 논리보다는 감성과 느낌에 호소하며, 학파의 창립자가 이룩한 기적들, 학파의 위대한 전통과 명성을 내세우며 청중의 환심을 사려 했다. 동시대 풍자 문학가 루키아노스는 대화편 「도道를 팝니다」 $B\acute{\iota}\omega\nu\,\pi\rho\tilde{\alpha}\sigma\iota\varsigma$ 를 통해 로마 제국의 대도시들을 장식하던 이러한 철학 행상업을 풍자했다.[3] 아래 대화는 지중해 동부 어느 그리스어권 도시의 노예 시장을 배경으로 한다.

제우스: 어서 의자를 정리하고 저기 오는 사람들을 위해 자리를 마련하게. 도를 가져와 가지런히 세워놓도록 하게. 보기 좋게 단장하는 것도 잊지 말고. 헤르메스 그대는 어서 사람들을 모으게.

헤르메스: 신들의 가호로, 이제 구매자들이 경매장에 등장합니다. 모든 도, 철학, 가르침을 내놓겠습니다. 지금 현금을 낼 수가 없다고요? 일단 보증금만 내고 내년에 마저 내시지요. (제우스를 향해) 어떤 도를 먼저 내놓아볼까요?

제우스: 저기 긴 머리를 한 이오니아 사람을 데려와 보게. 근엄해 보이는 것이 뭔가 있어 보이지 않나.

헤르메스: 거기, 퓌타고라스 철학자여, 이리로 나와 앞에 한 번 서보게. 우리가 살펴볼 수 있게.

제우스: 시작하지.

헤르메스: 자, 도 중에서도 가장 고귀하고 근엄한 도가 여기에 있습니다. 사실 분 있으신가요? 인간 이상의 존재가 되고 싶으신 분, 만물이 만들어내는 화성의 영감이 궁금하신 분, 부활을

---

[3] 이 대화편의 영문 대역은 A. M. Harmon(ed.), *Lucian* (Cambridge: Loeb Classical Library, 1968), 2:449~511에 수록되어 있다.

꿈꾸시는 분?

그러자 누군가가 일어나 퓌타고라스학파 철학자에게 몇 가지 질문을 던지자, 그는 자신의 학파가 가르치는 바를 읊어댄다. "그대를 사면 무엇을 가르쳐 주겠소?" 철학자는 대답한다. "아무것도 가르치지 않을 것입니다. 대신 기억하게 해 드릴 것입니다(모든 배움은 결국 자신의 영혼이 잊어버린 것을 다시 기억하는 것에 있다는 퓌타고라스 철학의 가르침)." 다음으로는 견유학파 철학자가 나온다. 그리고 데모크리토스학파 철학자와 헤라클레이토스학파 철학자가 뒤를 잇는다. 이어 소크라테스가 나온다.

　　헤르메스: 그대 이리로 와보시오. 이제 선하고 현명한 도를 내놓습니다. 가장 거룩한 도가 여기에 있습니다. 누가 사시겠습니까?

　　구매자: 그대가 가장 잘 안다고 여기는 것에 관해 말해보시오.

　　소크라테스: 소생은 소년을 사랑합니다. 성애와 관련된 일들에 있어서는 현자이지요.

　　구매자: 아니, 그럼 내가 어찌 그대를 살 수 있겠소? 나는 잘생긴 우리 아들을 가르칠 교사를 구하고 있단 말이오.

　　소크라테스: 미소년과 함께하는 데 이 사람보다 적합한 이가 어디에 있겠소이까? 소생은 육체를 탐하는 자가 아니라, 영혼의 아름다움을 보는 자이올시다. 그 아이들이 나와 함께 한 이

불을 덮고 눕는다 할지라도, 어떤 일도 일어나지 않는다고 이야기할 것이오.

다음으로 등장한 인물은 스토아 철학자 크뤼시포스Chrysippus다.

제우스: 다른 자를 불러보게. 저기 저 까까머리, 주랑 옆에 우울하게 있는 저자 말이야.

헤르메스: 옳습니다. 광장을 오가는 수많은 사람이 그를 기다리고 있던 것 같았습니다. 자, 이제 덕 자체를 팔겠습니다. 가장 완벽한 철학이지요. 모든 것을 알기 위해 필요한 단 한 명! 필요하신 분?

구매자: 그게 무슨 말이오?

헤르메스: 이 사람이야말로 오직 하나뿐인 현자요, 선한 자요, 정의로운 자요, 용사요, 왕이요, 연설가요, 부자요, 입법자요, 그 외 모든 것이라는 뜻이죠.

구매자: 선한 이여, 이리 와보게. 그리고 그대에 대하여 이야기해보게. 무엇보다 말해보게. 지금 이렇게 팔려서 노예로 사는 일이 슬프지 않나?

크뤼시포스: 전혀 그렇지 않습니다. 그런 것들은 제 손을 벗어난 일이지요. 그리고 제 손을 벗어난 것은 선도 악도 아닌 법이지요.

루키아노스는 여기서 철학 학파들을 조롱하고 있지만, 그가 그리는 모습에는 어느 정도 진실이 깃들어 있다. 철학자의 호소력은 그가 속한 학파가 무엇을 가르치는지보다 어떤 옷차림을 하고, 어떤 성공을 보장하며, 영향력 있는 집단들에서 얼마나 인기 있고 높은 평가를 받는지에 달려있었다. 루키아노스의 또 다른 대화편 「헤르모티모스」는 사람들이 여러 학파 가운데 어느 한 학파를 선택하는 논리에 관하여 조롱한다.[4] 한 사람이 헤르모티모스에게 묻는다.

> 이것부터 가르쳐주게. 어떻게 우리가 선택해야 할 최선의, 참된 철학을 처음부터 구분할 수 있을지.

헤르모티모스는 대답한다.

> 이야기하리다. 보아하니 스토아 철학이 제일 인기가 많았네. 그래서 그게 최고인가 싶었네. (「헤르모티모스」 16)

물론 헤르모티모스는 스토아 철학을 선택한 합당한 이유가 있다고 주장했지만, 그 이유는 스토아 학자들이 품위 있게 걸으며, 단정한 옷차림을 하고 현명하며 머리도 짧고, 유약함이나 견유

---

4 영문 대역본은 다음을 보라. A.M.Harmon, *Lucian*, 6:260~415.

학파 같은 극단적인 무관심은 찾아볼 수 없기 때문이었다(『헤르모티모스』 18).

철학자들은 사람들을 끌어들이기 위해 전통을 내세웠다.

자네보다 먼저 이 길을 걸었던 이들을 따르게. 그러면 실패가 없네. (『헤르모티모스』 27)

사람들에게 옛 학자들에 대한 믿음이나 권위를 들며 그들의 가르침을 믿으라고 교조적으로 요구하는 것이 철학자들의 일상적 모습이었다. 갈레노스는 풍자꾼 루키아노스와는 다르게 진지하고 차분한 어조로 이 현상을 다루는데, 요점은 같다.

사람들은 무작정 어떤 의사나 철학자를 추앙한다. 그들이 다루는 분야가 무엇인지에 대한 이해도 없이, 참된 명제와 거짓 명제를 구분하게 돕는 학문적인 논증에 대한 훈련도 없이. 어떤 이는 부모가, 어떤 이는 선생이, 어떤 이는 친구가 경험을 중시하거나 특정 학파의 주장이나 방법론을 맹신하기에 그들을 따라간다. 어떤 이들은 고향에서 특정 학파가 인기가 있다는 이유로 이를 따른다. 철학 학파도 마찬가지다. 각자 나름의 이유를 들며 플라톤주의자나 아리스토텔레스주의자, 스토아주의

자, 에피쿠로스주의자가 된다.[5]

철학이 점차 인기를 끌자 각 학파는 지지자나 문하생 개인의 성향 및 삶과 밀접하게 연결된 곳으로 변하기 시작했다. 기원후 2세기 무렵 철학 학파란 어떤 사상을 넘어 삶의 길(루키아노스는 이를 가리켜 '인생'βίος이라는 단어를 쓴다)을 가르치는 곳이 되어 있었다. 사실상 오늘날 종교와 큰 차이가 없었던 것이다. 그리고 오늘날 종교가 그렇듯, 사람들은 어떤 모범적인 삶에 영감을 얻어서, 또는 가족 누군가가 그 단체에 속해 있다는 이유로, 혹은 결혼이나 우정, 그 밖의 비슷한 연결점 때문에 특정한 '도'를 택하곤 했다. 합리적 논증의 결과나 어떤 경험적 증거에 확신을 얻고 특정 학파를 선택하는 일은 드물었다.

철학의 실천

그리스도교를 두고 갈레노스가 이야기하는 바를 다른 철학 학파에도 그대로 적용할 수 있다는 점을 생각한다면, 그리스도교가 이미 그리스·로마 사회에서 믿음에 호소하는 곳이라는 평판을 얻었음을 알 수 있다. 다음 장에서 살펴볼 철학자 켈소스는 그리스도인들이 믿음에 대한 합리적 근거나 논증을 댈 수 없기에 무지하고 잘 속아 넘어가는 사람들 가운데서 추종자를 끌어

---

[5] Richard Walzer, *Galen on Jews and Christians*, 19~20.

들이고 있다며 비난했다. 아무런 근거 없이 그저 자신들의 주장을 믿으라고 요구한다는 것이었다(『켈소스 반박』 1.9). 로마 제국 각지 도시에서 대다수 사람에게 그리스도교는 이렇게 비쳤을 것이다. 그러나 갈레노스와 켈소스가 이러한 그리스도교의 맹신주의를 겨냥해 글을 쓰던 무렵, 많은 그리스도교 사상가들은 그리스도교의 이런 모습을 고치는 작업에 착수했다. 그리스도교 전통의 합리성을 변론하던 사람들 가운데는 순교자 유스티노스나 아테나고라스Athenagoras와 같은 초기 그리스도교 호교론자들도 있었지만, 그 밖에 덜 알려진 집단도 있었다. 당시 로마에 살고 있던 이들은 갈레노스의 그리스도교 비판과 철학적 사고에 직접적인 영향을 받았을 수도 있다. 이들이 남긴 매력적인 단편 하나는 '작은 미로'Little Labyrinth라는 이름으로 에우세비오스의 「교회사」 안에 전해진다.

초기 그리스도교 저술가 히폴뤼토스Hippolytus의 저작으로 돌리기도 하는 이 글은 2세기 후반 (빅토르Victor가 로마 주교로 있었을 시대, 곧 187~89년경) 로마에 있던 일련의 그리스도교 집단을 비난하고 있다. '작은 미로'에 따르면, 이 집단은 제화공 테오도토스Theodotus라는 인물이 이끌었는데, 갈레노스의 글을 추앙하며 그리스도교 신앙을 이성적 토대에 놓으려고 했다고 전한다. 이를 두고 저자는 말한다.

그들은 겁도 없이 성서에 손을 대려고 한다. 성서가 무엇이라고 하는지 묻는 대신 전력을 다해 그들의 불경(무신론)을 뒷받침하는 논법을 발견하고자 한다. 누군가가 성서를 가져와 그들에게 도전하면, 그들은 이것이 연언 명제나 선언적 삼단 논법을 구성하는지 따진다. 그들은 성서를 버리고 대신 기하학에 전념한다. 세상에 속한 자들, 세상을 대변하는 자들로 위에서 오시는 분을 모르기 때문이다. 어떤 사람들은 전력을 다해 에우클레이데스(유클리드) 기하학을 연구하며 아리스토텔레스와 테오프라토스를 추앙한다. 또 어떤 이들은 갈레노스를 숭배하다시피 한다. 불신자들의 기술을 스스로 받아들여 그들의 이단적 가르침을 강화하고, 불경한 간계로 성서가 가르치는 단순한 믿음을 더럽히니, 이들이 신앙과 관련이 없다는 것은 말하여 무엇하리오? 그렇게 그들은 뻔뻔하게도 성서에 손을 대며, 이를 수정했다고 주장한다. (에우세비오스, 「교회사」 5.28.13~15)

에우세비오스는 학식 있는 인물이었으나 그리스 학문을 사용하여 성서를 해석하는 것에 대해 그가 보인 괴팍할 정도의 태도는 첫 200년간 그리스도인들 대부분이 지녔던 시각을 반영한다. 소수의 모험적인 지식인들만이, 그것도 그리스도교 역사의 첫 100여 년이 지난 후에야 그리스·로마 세계의 철학 사조 안에 그리스도교 신앙을 놓으려 했다. 대다수 그리스도인들은 이러한 시도를 달갑게 여기지 않았다. 호교론 운동이 그리스 사상을 그리스도교 사고 체계에 도입하고 난 3세기에 이르자 설교자들은 평신도들이 이를 받아들이지 않는다며 불평한다. 2세기 중반까지 초기 그리스도교 문헌에서 철학은 언제나 경멸의 의미를 담아 쓰였다. 당시 그리스도인들에게 철학이란 곧 이교 신앙을 의미했고, 그리스도교 사상이나 그리스도인의 삶과는 양립할 수 없는 것이었다.

앞서 살펴보았듯, 초기 비평가들은 그리스도교가 미신이라는 견해에 대체로 일치했다. 그래서 갈레노스가 이 용어를 사용하지 않는다는 점은 중요하다. 더 특기할 만한 점은 그가 새로운 용어, 곧 '학파'라는 용어를 선택하였다는 사실이다. 미신이라는 표현은 그리스도교가 낯선 신앙으로, 그 기원과 관행이 그리스·로마 세계가 받아들이는 종교 표준 바깥에 있다는 의미를 함축했다(미신이라는 말 자체가 진정한 종교 감정에 반하는 것을 의미했다). 그러나 철학 학파는 달랐다. 학파는 로마 세계의 공적 생활 영역의 일부였다. 물론, 걷잡을 수 없던 도미티아누스 황제의 시대처럼 로마 세계가 철학자들을 추방한 적이 없었던 것은 아니다. 그러나 일반적으로 고대인들은 철학적 삶을 존중했고, 특정 철학 학파에 소속되어 있다고 표방한 사람들 가운데는 상류층도 있었다. 갈레노스의 시대에는 황제 마르쿠스 아우렐리우스가 공개적으로 스토아학파를 자처했다. 스승 프론토Fronto의 만류에도 불구하고 말이다. 프론토는 플리니우스처럼 수사학을 철학보다 중시했다. 그러나 마르쿠스 아우렐리우스는 고집을 꺾지 않았다. 비록 그 논증 방식은 비판했지만, 그리스도교를 철학의 한 학파로 부름으로써 갈레노스는 그리스도교가 그리스·로마 세계에 장차 수용될 수 있는 여지를 남겨놓았다. 아래 인용한 갈레노스의 글은 그가 어떤 이유에서 그리스도교를 철학의 한 학파로 여겼는지 보여 준다.

> 사람들 대다수는 논증에 따른 주장을 순서대로 따라가지 못한다. 그래서 그들을 도와줄 비유가 필요하다. 마치 그리스도인들이 그들의 신앙을 비유와 기적에서 끌어내면서도 때로는 철학을 하는 자들과 같은 방식으로 행동하는 것과 같다. 우리는 그들이 죽음을 두려워하지 않는 모습을 흔히 본다. 이성간 동거를 절제하는 모습도 마찬가지다. 그들 중에는 평생 독신 생활을 이어가는 남성들뿐 아니라 여성들도 있다. 자기 수양을 통해, 또 음식과 음료를 스스로 절제하며, 정의를 힘써 추구하는 가운데 참된 철학자보다 결코 못하지 않은 경지에 도달한 이들도 있다.[6]

갈레노스의 시대에 철학은 어떤 사고의 방식을 제안한다기보다 삶의 방식을 제안하는 방향으로 기울어져 있었다. 물론 당대 철학자들은 심오한 형이상학적 물음들을 다루던 옛 학문 전통에 서 있었고, 적지 않은 사람들이 여전히 그런 주제에 관해 글

---

[6] Richard Walzer, *Galen on Jews and Christians*, 15.

을 썼지만, 대다수 철학자의 본업은 거리에 나가 사람들에게 연설하며 이상적인 삶의 방식을 제안하는 것이었다. 루키아노스의 글에서 살펴보았듯, 학파를 설명하는 데 사용한 용어는 '삶의 도道', 인생$βίος$이었고, 사람들의 관심은 삶의 방식, 윤리에 있었지 형이상학이나 인식론에 있지 않았다. 철학은 도덕적 훈련$ἄσκησις$에 속했고, 그 목적은 덕스러운 삶이었다(『헤르모티모스』 4.7). 마르쿠스 아우렐리우스는 철학을 가리켜 많은 이들이 좇는 허무한 목표에 대비되는 도덕적 이상이라고 썼다(『명상록』 8.1, 10.1). 소크라테스는 (연구가 아닌) 실천을 통해 인간의 본능을 극복할 수 있다고 여겼다.

> 본능과 관련된 문제인 한, 철학의 훈련을 통해 본성을 극복하지 못했다면, 나는 계속 그런 모습에 머물렀을 것이다. (평소 자신이 지향하던 삶과는 너무나 다른 모습을 간혹 보이던 소크라테스를 비판하는 것에 대한 소크라테스의 대답, 아프로디시아스의 알렉산드로스, 『운명에 관하여』 6)

이 시기의 또 다른 철학자 무소니우스 루푸스Musonius Rufus는 철학의 과제란 바로 "토론을 통해 적합한 것을 찾아 이를 실천에 옮기는 것"이라고 주장했다. 또 세네카는 철학이 "악이란 무엇이고 악처럼 보이는 것은 무엇인지 보여 주며, 정신에서 허위를 제거하고, 견실한 위대함을 부여하되 허울뿐인 위대함은 가라앉

힌다"고 썼다(『서한』, 90.28).

철학자에 관한 이러한 시각은 그리스·로마 장례 예술에도 반영되었다. 부유한 집안에서는 가족 구성원이 사망하면 시신을 석관에 넣어 매장하곤 했는데, 석관에는 고인의 삶, 또 고인이 바라던 바를 표현하는 상징과 그림들을 부조로 새기는 것이 관행이었다. 이 시대의 석관들 가운데 흥미로운 점 하나는 조각된 두 인물의 모습이다. 한쪽 끝에는 이른바 기도하는 자orans라고 부르는, 손을 들고 기도하는 인물이 있고, 맞은편 끝에는 크리오포로스chriophoros라고 부르는, 어깨에 양을 지고 있는 젊은 남성의 모습이 새겨져 있다. 기도하는 자는 신들에 대한 '피에타스'를 나타내며, 크리오포로스는 동료 인간에 대한 인애를 상징했다. 그렇게 이 두 인물은 덕망 있는 인물의 두 가지 특징, 곧 신들에 대한 경건과 이웃에 대한 인애와 정의를 표현했다.

어떤 석관에는 기도하는 자와 크리오포로스가 양 끝에 있고, 그 사이에 수염을 기르고 무릎에 놓인 책을 들여다보고 있는 한 남성이 추가로 조각되어 있다. 그리스·로마 시대의 주화와 조각, 문헌이 암시하는 바를 종합하여 볼 때 이러한 석관은 철학적인 삶을 표현하기 위해 고안된 것으로 보인다. 가운데 수염을 기른 인물은 철학자로, 신들에 대해서는 경건을, 동료 인간에 대해서는 인애를 실천하는 사람이다. 석관의 주인은 생전에 그러한

철학적 삶에 이르기 위해 애썼다고 할 수 있다.[7]

로마 제국 초기에 철학은 대중의 영역에 스며들었다. 노크에 따르면, 철학 학파들은 "현상에 관한 이해 가능한 설명"뿐 아니라 "계획이 있는 삶"을 제시했다. 두려움과 우정, 용기와 마음의 평화, 근심, 사랑, 자유, 노년, 죽음, 부와 명성, 이런 것들이 철학의 주제였다. 당시 철학은 어떻게 운명의 장난 속에서 살아갈 수 있을지를 가르쳤던 것이다. 철학자들은 사람들에게 굳건하고 확실한 길을 제시하려고 했다. 그렇기에 철학에 입문하여 삶을 대하는 자세가 완전히 바뀐 사람을 두고 '개종'하였다고 이야기하기도 했다.[8]

갈레노스가 그리스도교를 이해한 방식도 동일했다. 그리스도인들은 사람들을 자기 수양과 절제의 삶으로 초대했고, 정의를 추구하고 죽음에 대한 두려움을 극복하도록 이끌었다. 비록 믿음을 뒷받침하는 지적 기반은 부실했으나, 그럼에도 '참된 철학자들'이 제안하는 삶보다 못하지 않은 삶에 도달했다고 갈레노스는 평가했다.

그리스도교적 삶에 관해 모두가 갈레노스와 같은 긍정적인 평가를 내리지는 않았다. 같은 시대의 인물로 스토아 철학에 투

7[7] Theodor Klauser, 'Studien zur Entstehungsgeschichte der christlichen Kunst', *Jahrbuch für Antike und Christentum* (Münster, 1958~60), 1:20~51, 2:115~45, 3:112~33.

[8] A. D. Nock, *Conversion* (London, 1933), 167~80.

갈레노스 - 과학자 | **163**

신했던 마르쿠스 아우렐리우스는 순교자들이 행동으로 보여 준 죽음에 대한 그리스도인들의 자세가 참된 철학과는 거리가 멀다고 보았다(『명상록』, 11.3).[9] 그는 그리스도인들이 어리석은 광신도라고 생각했다. 미신이라고 해도 과언이 아니었다. 그리스도인들은 죽음을 두려워하지 않는 것처럼 보이나 실은 이는 비이성적인 아집에서 나오는 모습일 뿐, 진정한 자기 통제나 자기 이해, 혹은 자유 의지에서 비롯되는 결과가 아니기 때문이다. 또 다른 스토아 철학자 에픽테토스도 그리스도인들을 두고 유사한 방식으로 짧게 언급하는 대목이 있다. 죽음의 문턱에서 보이는 의연함을 이야기하며 에픽테토스는 때로 유치한 무지나 광기, 혹은 이를테면 갈릴래아 인들처럼 '습관'에 의한 경우 등, 이성이나 논증에 호소하지 않고서도 죽음 앞에 두려워하지 않는 사람들이 있다고 쓰고 있다(『담화록』, 4.7.6). 그리스도인들이 자랑하는 용기는 건전한 추론에 입각한 것이 아니기에 삶과 죽음에 대한 참된 철학적 접근으로 볼 수 없다는 것이다.

그러나 갈레노스의 평가는 무언가 다른 전망을 예견하고 있었다. 사회가 처음 그리스도인들을 주목한 부분은 가르침이 아

---

[9] 마르쿠스 아우렐리우스가 실제로 그리스도인을 지칭한 것인지는 불명확하다. "그리스도인들과 같이"라는 말이 포함되어 있기는 하나 이는 난외주로 보인다. 그럼에도 불구하고 마르쿠스 아우렐리우스가 이 대목에서 그리스도인을 염두에 두었을 가능성은 배제할 수 없다. 이 문제에 관해서는 다음을 보라. C. R. Hains(ed. and trans.), *The Communings with Himself of Marcus Aurelius Antoninus* (New York: Loeb Classical Library, 1916), 382~83.

니라 생활 방식이었다. 나아가 그리스도교를 철학의 한 학파로 여김으로써 갈레노스는 그리스도교 호교론자들이 예수의 인격, 또 그리스도교적인 삶의 모습을 외부인이 이해할 수 있고 공감할 수 있는 방식으로 제시하는 길을 열어준 것이다. 2세기 중반 소아시아 서부 사르디스의 주교 멜리톤Melito은 그리스도교를 "우리의 철학"(『단편집』 7)이라고 쓴다. 또 같은 시기 그리스도교 호교론자 유스티노스는 자신의 개종을 철학으로의 귀의라고 이야기한다. 그의 「유대인 트리폰과의 대화」는 스토아 학파, 아리스토텔레스 학파, 플라톤 학파 등 당시의 여러 철학 학파를 평가하는 것으로 시작한다. 그러나 저자는 어느 노인이 히브리 예언자들에 관해 알려주자 비로소 마음이 타올라 "오직 이 철학(그리스도교)이야말로 확실하고 유익하다"고 고백한다(「유대인 트리폰과의 대화」 8).

그리스도교 신론에 대한 공격

  그리스도인들의 삶에 갈레노스가 감명을 받은 것은 사실이나, 갈레노스는 그리스도교(와 유대교)의 가르침 자체에 받아들이기 어려운 측면이 있다는 점 또한 간파하고 있었다. 철학자인 갈레노스는 그런 것에 도저히 동의할 수 없었을 뿐 아니라, 어떻게 그런 식의 철학으로 그리스도교가 사람들을 덕의 삶으로 이끌 수 있는지 의아해했다. 진리를 알지 않으면 선행을 할 수 없다는 것은 그리스 학문 전통이 널리 공유하던 전제였다. 앎과 덕은 상호 보완 관계였다. 현자는 곧 선한 사람을 가리키는 용어나 다름 없었다. 진정한 도덕적 삶은 사물의 본질에 대한 앎에서 출발하는 것이었다.

유대교와 그리스도교 가르침을 겨냥한 갈레노스의 비판은 「신체 부위의 쓸모에 관하여」Περὶ χρείας μορίων에 담겨 있다.[10] 기원후 170년경 로마에서 집필된 이 책은 철학 서적이 아닌 해부학 서적이지만, 갈레노스는 손발, 소화 기관, 눈, 신경 등 신체 각 부위의 다양한 기능을 정리하는 가운데 인간 신체의 질서와 구조에 담긴 자연의 조화를 성찰한다. 그는 질문한다. '왜 어떤 근육들은 더 크고 다른 형태를 하고 있으며, 신체의 장기들은 왜 그곳에 위치하고 있는가? 우연일까? 계획된 것일까?' 그리고 결론을 내린다.

자연은 어떤 것도 이유 없이 행하지 않는다. (「신체 부위의 쓸모에 관하여」 11.2.3)

---

[10] 이 저작은 모세만 언급하며, 그리스도에 관한 언급은 없다. 그러나 갈레노스가 다른 곳에서 그리스도교와 유대교를 같은 범주에 놓고 있다는 점을 고려하면, 여기서 그가 제시하는 철학적 비평은 그리스도교 가르침에도 해당한다고 볼 수 있을 것 같다. 그리스도인들 또한 창세기를 읽었고, 갈레노스는 바로 이 창세기를 지목하여 비판하고 있다. 실제로 그리스도인들은 이후 수십 년 동안 갈레노스의 비판과 유사한 형식의 비판에 반박하는 글을 쓰곤 했다. 이 본문에 관한 논의는 다음을 보라. Richard Walzer, *Galen on Jews and Christians*, 24~37.

이제 그는 "이러한 것들의 원인"을 밝혀내려고 한다(11.5).

한 대목에서 갈레노스는 왜 체모가 머리 위와 얼굴 전반에는 나지만 이마에는 나지 않는지를 묻는다. 그의 답은 단호하다. 이마에 머리카락이 난다면 앞을 보기 위해 계속 이를 잘라주어야 한다는 것이다. 그래서 이마의 체모는 있더라도 매우 짧게 유지되나, 머리와 턱의 체모는 계속하여 자라난다. 이를 다루며 그는 해부학 논의에서 벗어나 창조에 관한 그리스 철학의 관점과 모세, 곧 창세기의 관점을 비교한다.

그대들의 데미우르고스가 명하여 이 체모가 언제나 같은 길이를 유지하고 있으며, 체모는 그 주인의 명을 두려워하여, 또는 이 질서를 부여한 신을 두려워하여, 또는 그 자체가 그러는 편이 낫다고 스스로 판단하여 이 질서를 유지한다는 말인가? 그런 것이 모세가 자연을 두고 이야기하는 바가 아닌가? 그리고 이것은 에피쿠로스의 방식보다는 낫지 않은가? 가장 좋은 것은 모세도 에피쿠로스도 따르지 않되, 모세와 같이 데미우르고스를 존재하는 모든 것의 근원으로 두면서 여기에 세상을 있게 한 질료의 원리를 덧붙인 것이다. 데미우르고스는 체모가 항상 일정한 길이를 유지하게 만들었다. 그것이 더 나았기 때문이다. 그리고 그렇게 만드는 과정에서 그 아래 일부를 일종의 연골과 같은 단단한 부분으로 배열하고, 또 일부는 눈썹을 통해 연골에 연결된 단단한 피부로 배열했다. 그렇게 되도록 바랐다는 설명으로는 부족하다. 그저 조물주가 원한다고 해서 돌에서 인간을 단숨에 만들어낼 수는 없다. (『신체 부위의 쓸모에 관하여』 11.4)

갈레노스는 에피쿠로스학파의 주장을 배격한다. 창조를 우연의 산물로 이해하기 때문이다. 갈레노스는 모세의 주장에 일리가 있다고 보면서도 그 결점을 지적한다. 두 가지가 중요하다. 우선 그는 창세기의 기록이 창조된 형태가 최상의 방식인지를 따지지도 않은 채 신이 순전히 자신의 의지대로 만물을 창조하였다고 보고 있다는 점을 지적한다. 모세가 이야기하는 세계의 기원에는 창조 행위에 이성이 개입하지 않고 있다고 본 것이다. 다음으로 갈레노스는 다른 그리스인들과 마찬가지로 신이 이미 존재하는 질료에서 세상을 빚어냈다고 생각했다. 이를 그는 "질료의 원리"라고 부르는데, 아리스토텔레스가 질료인이라고 지칭한 것과 다르지 않다. 그런데 창세기는 존재하지 않는 무언가에서 세상이 창조되었다고 전제한다. 즉 작용하는 능동인만 존재하며 재료인 질료인이 없는 것이다. 다시 말해 창세기는 질료가 창조의 시점에 생겨났고 그전에는 존재하지 않았다고 말하고 있다.

갈레노스가 창세기의 문제점으로 지목한 근거, 곧 창조에 대한 고전적인 그리스 철학의 관점은 「티마이오스」에서 개진된 바 있다. 이는 세계의 기원에 관한 플라톤의 저술로, 고대인들은 이를 널리 읽고 연구했다. 오늘날 「국가」나 「소크라테스의 변론」이

플라톤의 가장 유명한 대화편으로 꼽히지만, 고대인들은 「티마이오스」에 심취했다. 여기서 플라톤은 도예공이 점토를 취하듯 주어진 재료를 취해 형상과 아름다움을 지닌 대상으로 빚어내는 현명하고 지혜로운 장인, '조물주'(데미우르고스)를 묘사한다. 조물주는 제작자이자 기술자로, 그의 역할은 무질서를 질서로 이끌고, 불화를 멈추게 하며, 조화와 균형의 세계를 만드는 것이다(「티마이오스」, 32c). 이성을 통해 조물주는 무질서한 혼돈을 조화의 세계로 빚어낸다.

플라톤의 설명은 창세기의 설명보다 매우 방대하다. 모세가 간단히 '하느님께서 어떻게 되라고 하시자 그렇게 되었다'라고 반복하는 반면, 「티마이오스」는 매우 상세하게 어떻게, 그리고 왜 우주의 각 부분이 형성되었는지를 쓰고 있다. 창조의 원리를 다룬 것이다. 우주에는 눈이 없는데, 바깥에는 더는 볼 수 있는 것이 남지 않았기 때문이다. 호흡기도 필요 없다. 그 바깥에 공기가 없기 때문이다. 잡아야 할 것이 없으므로 손도 필요 없으며, 움직이지 않기에 발도 필요 없다(「티마이오스」, 33c-d). 데미우르고스가 인체를 구성한 방식도 마찬가지다. 인체의 모든 부분에는 독특한 목적과 기능이 있으며, 불필요한 장기나 부속물은 없다. 머리가 단순히 뼈로 구성되지 않은 것은 계절의 극심한 변화에 적응하기 위한 것이며, 그렇다고 살덩어리로 구성할 수 없었던 것은 과도한 살덩어리가 짐이 되어 어리석고 둔감해지는 결과를 방지하기 위함이다. 그래서 신은 머리를 피부로 감싸고,

어떤 부분에는 머리털을 더해 일종의 지붕을 만들어 여름에는 충분한 그늘을, 겨울에는 가림막을 제공하며 뇌를 보호하는 한편, 시야에 방해가 되지 않도록 했다(『티마이오스』 75e~76d). 이처럼 플라톤은 조물주가 인체나 세상을 제작한 방식 이면에는 반드시 그에 상응하는 계산이 숨어 있다고 주장했다(『티마이오스』 72c).

> 신은 모든 것들이 훌륭하고, 하찮은 것은 가능한 한 전혀 없기를 바랐기에, 그런 이유로 해서 가만있지 않고 조율되지 않은 채 무질서하게 움직이던 가시적인 것을 모두 취하고는, 그것을 무질서로부터 질서로 이끌었으니, 질서가 무질서보다 모든 면에서 낫다고 생각했기 때문입니다. (『티마이오스』 30a)

이처럼 플라톤의 「티마이오스」에 나타난 관점에 비추어 보자면 창세기의 우주 기원은 자신의 행동이 가져올 결과에 대한 계산 없이 마음대로 세상을 만들어낸 변덕스럽고 걷잡을 수 없는 신의 작품으로 보이는 것이다. 신은 그저 말했고, 만물은 생겨났다. 창조의 원인에 관한 설명이 없기에, 그리스인들은 창세기의 기록을 마치 신이 만물을 다른 방식으로 존재하도록 하기 원했다면, 전능한 힘으로 간단히 그렇게 했을 것이라는 식으로 이해했다. 그러나 이는 신을 완전히 우주를 초월해 있으며 우주를 움직이는 원리에 종속되지 않는 존재로 그려내는 것이었다. 그리스인들은 신이 자연의 원리를 초월할 수 없다고 보았다. 제아무리 신이라도 인간을 돌에서 만들어낼 수는 없었다.

바로 이 점(신이 원했다면 인간을 돌에서도 만들어낼 수 있었다는 생각)에서 나의 견해와 플라톤의 견해, 나아가 자연학의 올바른 방법론을 따르는 그리스인들의 견해 모두는 모세의 입장과 어긋난다. 모세는 신이 단순히 재료의 배열을 원했고, 그리하여 그렇게 되었다고 본다. 신은 모든 것을 할 수 있으며, 원한다면 재에서조차 황소나 말을 만들어낼 수 있다고 그는 주장한다. 그러나 이러한 주장은 정당하지 않다. 어떤 것들은 자연적으로 불가능하며, 신은 자연의 법칙에 위배되는 것을 결코 시도하지 않는다. 다만 주어진 변화의 한계 내에서 최상의 결과를 도출해낼 뿐이다. 그러므로 가령 눈썹이 양쪽에 하나씩 같은 길이로 있는 것은 그것이 더 낫기 때문이지 조물주가 원해서 곧바로 그렇게 생겨난 것이 아니다. 조물주가 아무리 원한들 눈썹은 부드러운 피부에서 이런 형태로 나오지는 못한다. 무엇보다 무언가 단단한 곳에 부착된 것이 아니라면 이런 식의 형태를 유지하지도 못할 것이다. 이처럼 신은 가장 좋은 형태로 사물을 제작할 뿐 아니라 그 재료 또한 가장 좋은 것을 선택한다. 눈썹이 해당 위치에서 흘러내리지 않고 동일한 길이로 하나씩 있어야 했기에, 조물주는 이를 단단한 부위에 강하게 심어둔 것이다. 그가 눈썹을 부드럽고 물렁물렁한 재질의 피부에 심었더라면, 모세는 물론 늪 위에 방벽을 세우거나 진영을 설치하는 무능한 장수보다도 못한, 최악의 실패를 저질렀을 것이다.

(「신체 부위의 쓸모에 관하여」, 11.14)

신은 자연법칙에 반하는 행위를 하지 않으며, 할 수도 없다. 신은 최상의 방식을 고려하여 선택한다. 눈썹이 같은 개수와 길이로 있어야 한다는 것을 선언하는 것으로는 불충분하다. 다른 조건, 즉 연골과 같은 것이 없다면 눈썹이 흘러내리지 않아야 한다고 말하는 것은 공허할 뿐이다. 조물주 자신을 포함한 모든 것이 이성에 따라 불변의 법칙에 종속되어 있다는 점을 인식할 때만이 자연을 이해할 수 있다. 이러한 법칙이 사물의 존재 방식, 현재와 미래를 규정한다. 어떤 존재 방식을 신이 원해서가 아니라, 바로 그것이 최상의 방식이기 때문이다. 신은 자연의 일부다. 이 같은 맥락에서 스토아 철학자 클레안테스Cleanthes는 신이 "자연의 지도자로, 만물을 법칙에 따라 다스린다"고 노래했다.

갈레노스의 비판은 창세기의 창조 기록을 겨냥하고 있다. 갈레노스가 신약성서의 문서들을 접했을 것이라고는 생각되지 않지만, 그가 창세기를 읽은 방식에 그리스도인들이 이해한 신의 모습을 전해 들은 경험이 담겨 있지 않았다고 단정하기 어렵다. 예를 들어 마태오 복음서에서 예수는 "하느님은 이 돌들로도 아브라함의 자녀를 만드실 수 있다"(마태 3:9)고 말한다. 그리스도교 신학자 이레나이오스는 갈레노스의 「신체 부위의 쓸모에 관하여」가 나온 후 20년 뒤에 쓴 한 논고에서 창조에 관해 다루며 "사람의 힘으로는 할 수 없는 일이지만 하느님께서는 하실 수 있다"(루가 18:27, 「이단 반박」, 2.10.4)는 예수의 말을 인용, 하느님의 창조 방식은 인간이 생각하는 제작 방식과 다른 범주에 있다는 점을 강조한다. 창세기의 창조 이야기는 그리스 철학과 결이 달라 보였다.

갈레노스의 시대에 그리스도교 사상가들은 창조 교리에 거의 관심이 없었다. 유대인들 가운데서는 어느 정도 토론이 이루어지긴 했었고, 알렉산드리아의 유대인 철학자 필론의 저술은 이를 보여 준다. 그러나 적어도 현존하는 기록을 놓고 보면 이 주제에 대한 유대인들의 논의는 플라톤의 우주론에서 크게 벗어나지 않은 것으로 보인다. 마카베오하서는 하느님이 "무엇인가를 가지고 이 모든 것을 만들었다고"(2마카 7:28)하지 말라는 구절을 담고 있다. 이것은 때로 후기에 발전할 무로부터의 창조creatio ex nihilo 교리의 초기 형태로 여겨지기도 했다. 그러나 현대 연구자들은 이 구절에서 그러한 철학적 의미를 찾을 수는 없다고 본다.[11] 필론은 플라톤이 전개한 기본 구도를 따라 하느님을 이미 존재하는 재료를 사용하는 제작자로 그렸다(「세상 창조에 관하여」, 171). 갈레노스와 동시대인 그리스도교 철학자 유스티노스도 플라톤과 그리스도교의 공통점을 강조하며 (「첫째 호교론」, 20) 하느

---

[11] G. Schuttermayr, "Schöpfung aus dem Nichts' in 2 Makk. 7,28?', *Biblische Zeitschrift*, n.f. 17 (1973), 203~28.

님이 "동질의 재료에서 존재하는 모든 것들을 형성했다"고 쓴다 (「첫째 호교론」, 10, 59 참조).

하느님이 무로부터 세상을 창조하였다는 발상은 갈레노스가 활동하던 시기 직전부터 서서히 윤곽을 드러냈다. 무로부터의 창조라는 교리의 기초를 처음 언급한 인물은 2세기 전반 그리스도교 영지주의 사상가 바실리데스Basilides다. 그는 플라톤 우주론에 비추어 그리스도교 가르침의 의미를 이해하고자 정교한 우주론을 발전시켰다. 바실리데스는 조물주를 나무토막을 깎는 목수에 빗대어 이해하는 방식을 배격했다. 이러한 신인동형론의 유비는 하느님의 권능을 심각하게 제한한다는 것이었다. 하느님은 필멸의 인간과는 달리 세상을 "존재하지 않는" 재료로부터 창조했다. 곧 하느님은 '씨앗'들을 창조하여 재료를 마련하였으며 여기서 하느님의 의지에 따라 세상이 형성되었다는 논리다.[12]

바실리데스의 사상이 다른 그리스도교 사상가들에게 영향을 주었을지는 알 수 없다. 그러나 적어도 이러한 단편들은 그리스도인들이 창조 교리에 관심을 돌리기 시작했고, 「티마이오스」에서 이야기하는 것과 같은 고전 그리스 우주론과 충돌하는 새로운 관점을 정교화하기 시작했다는 사실을 드러내고 있다. 바실리데스의 시대에서 조금 더 시간이 흘렀을 때, 곧 갈레노스가 신

---

[12] Gerhard May, Schöpfung aus dem Nichts. Die Entstehung der Lehre von der Creatio ex Nihilo, Arbeiten zur Kirchengeschichte 48 (Berlin, 1978), 63~85.

체의 기능에 관한 글을 쓰고 있을 무렵, 안티오키아의 주교 테오필로스Theophilus는 하느님이 무에서 세상을 창조했다는 새로운 그리스도교적 관점을 진술했다. 그는 하느님이 세상을 "이미 존재하는 재료"로 창조한다면 전혀 놀라울 일이 없을 것이라고 말하며, "생명과 움직임을 부여하는 능력이 오직 하느님에게만 있듯" 하느님의 권능은 "존재하지 않는 것ἐξ οὐκ ὄντων에서 당신이 원하시는 모든 것을 만들고 행하시는 것에 있다"고 덧붙였다(『아우톨뤼코스에게』, 2.4). 바실리데스와 마찬가지로 테오필로스는 하느님의 초월성과 유일한 주권μοναρχία을 보존하고자 했다. 질료라는 것이 하나의 원리로 하느님과 나란히 있다고 한다면, 질료가 창조 전부터 존재했다는 뜻이 된다. 그러나 하느님만이 영원해야 했다.

갈레노스의 시대에 창세기가 이야기하는 창조 교리를 설명하는 고정된 방식은 없었다. 창세기 1장과 2장에 등장하는 하느님을 플라톤의 데미우르고스처럼 이미 존재하는 재료를 가지고 제작하는 존재로 이해할 수도 있었거니와, 하느님이 세상을 무로부터 창조했다는 목소리도 점차 등장하던 중이었다. 궁극적으로 후자의 입장이 정론으로 굳어지게 된다. 갈레노스는 이러한 교리가 내포하는 문제점에 최초로 물음을 던진 것이었다.

그리스인들은 세상이 무로부터 생겨났다는 발상을 매우 불편하게 여겼다. 아리스토텔레스는 "존재하지 않는 것으로부터는 아무것도 나올 수 없다"라는 것을 공리로 여겼다(『자연학』, 187a

33~34). 갈레노스 시대 그리스 사상가들도 마찬가지였다.

> 우주를 존재하게 한 재료, 즉 질료는 생겨난 것이 아니라 항상 존재했다. 장신(데미우르고스)은 이를 언제나 사용하여 배치 배열할 수 있었다. 존재하는 것의 재료는 존재하지 않는 것이 아니라, 집이나 의복, 조각상과 같이 좋지 않은, 불충분한 상태에 있을 뿐이다. (플루타르코스, 「모랄리아」Moralia, '티마이오스에서 영혼 발생에 관하여' 1014b)

켈소스의 비판도 이와 유사하다. 다만 그는 창조 교리보다는 부활 교리를 더 강하게 비판했다.

> 어떤 몸이 완전히 부패한 후 분해되기 전 본래의 형질과 상태를 회복할 수 있다는 말인가? 그리스도인들은 여기에 답변할 수 없으므로, "신에게는 무엇이든 가능하다"라는 터무니없는 근거를 대며 회피한다. 그러나 신은 수치스러운 일을 할 수 없으며, 자연에 어긋나는 일을 바라지도 않는다. … 신 자신이 바로 존재하는 모든 것의 원리다. 그렇기 때문에 신은 이성, 다시 말해 자신의 본성에 어긋나는 어떤 것도 할 수 없는 것이다. (「켈소스 반박」 5.14)

여기서 문제는 무로부터의 창조를 넘어 하느님은 자연법칙을 초월하고, 원하는 대로 세상을 움직일 수 있는 주권이 있다는 그리스도인들의 주장이었다.

　기원전 1세기 라틴 시인 루크레티우스Lucretius는 이에 대한 고전적인 입장을 위대한 작품「사물의 본성에 관하여」De rerum natura에서 밝힌 바 있다.

> 　그 어떤 것도 신들의 뜻에 의해 무로부터 생겨나진 않았다. 실로 그토록이나 두려움이 모든 인간을 사로잡고 있다. 그들이 땅과 하늘에서 많은 것들을 보는데, 그것들의 작용 원인을 그 어떤 이치로써도 살필 수 없고, 그것이 신의 능력에 의해 일어난다고 생각하기 때문에. 따라서 우리가, 그 어떤 것도 무로부터 생성될 수 없다는 것을 알고 나면, 그때는 이 사실로부터 우리가 좇는 것을 더 제대로 보게 될 것이다. 어디서 각 종의 사물들이 생성될 수 있는지도, 어떤 방식으로 각각이 신들이 애쓰지 않고도 만들어지게 되는지도. 이것들이 무로부터 만들어졌다면, 모든 것들로부터 모든 종이 생겨날 수 있었을 것이고, 어떤 것도 씨가 필요치 않았을 터이니 말이다. 먼저 바다로부터 인간들이, 땅으로부터 비늘 가진 종이 생겨날 수 있었을 것이고, 새들은 하늘로부터 튀어나올 수 있었으리라. 밭 가는 짐승들과 다른 가축들, 온갖 종류의 야수들이 알 수 없는 근원으로부터 나와, 경작지와 황무지를 채울 것이다. 과일들은 나무들에 여일하게 반복해 생겨나지 않고 바뀌어 갈 것이며, 온갖

나무가 온갖 열매를 맺을 수 있으리라. 진정, 각각의 것에게 낳아주는 몸이 없는 곳에서 어떻게 사물들에게 분명한 어머니가 확립될 수 있겠는가? 그러나 지금 그러하듯 각각의 것이 정해진 씨들로부터 생성되므로, 각각의 재료와 첫 몸이 들어있는 거기로부터 그것들은 생겨나고 빛의 해안으로 나오도다. 그러므로 이런 연유로 모든 것으로부터 모든 것이 생겨나기는 가능하도다. 개별적 사물들에 달리 나뉜 능력이 들어있으므로. (『사물의 본성에 관하여』 1.150~174.)

물론 그리스도교가 등장하기 한참 전에 살았던 인물인 루크레티우스가 그리스도교를 염두에 두었을 리는 없다. 그러나 그리스도교가 로마 제국의 도시들에 등장하여 지성인들의 시야에 들어왔을 때, 창조에서 하느님의 의지에 대한 그리스도인들의 관점이 그들의 감수성에 어긋났던 것은 분명하다. 그리스인들은 신이 비록 땅의 영역 위, 그들의 영역에 머물기는 하지만, 우주$^{\kappa\acute{o}\sigma\mu o\varsigma}$를 초월해 존재한다고는 생각하지 않았다. 땅과 하늘은 영원히 존재하는 동일한 우주를 구성할 뿐이다. 따라서 세상은 '초월적' 신의 피조물이 아니다. 우주는 자체의 법칙이 있고, 존재하는 모든 것, 곧 물질세계, 동물, 인간, 심지어 신들마저 그 법칙 아래 놓여 있다. 이 법칙에 어긋나는 것을 신은 시도하지 않으며, 다만 최상을 끌어내고자 할 뿐이라고 갈레노스는 주장했다.

그리스도교의 입장이 고전 고대 그리스의 우주관과 얼마나 큰 차이를 보이는지, 또 다른 그리스인의 글을 통해 살펴볼 수 있다. 우주론에 관한 무명의 작품이다.

> 신은 법칙이다. 완벽한 균형을 이루며 수정되거나 변화되지도 않는 법칙. 이는 서판에 새긴 것보다 더 낫고 더 안정적이다. 부동의, 조화로운 원리는 천상계와 지상계 전체의 질서를 주관하며, 이는 각자에 담긴 생명의 씨앗들을 통해, 그 종과 유에 따라 식물로, 동물로, 존재하는 만물로 확장된다.

그리고 그는 이렇게 마무리한다.

> 신은 필연 그 자체다. (위僞아리스토텔레스, 「세상에 관하여」, 401a-b)

2세기 중반 몇몇 그리스, 로마 철학자들은 그리스도교에 관심을 가지기 시작했다. 플리니우스와 갈레노스가 남긴 사뭇 대조적인 언급은 이러한 변화를 엿보게 한다. 플리니우스는 비튀니아 속주의 총독직을 수행하는 과정에서 그리스도인들과 조우했다. 그리스도교에 관한 그의 지식은 풍문과 교육받지 못한 소수 그리스도인의 진술에 의존했다. 어쩌면 로마에서 그리스도인들을 심문한 기록을 보았을 수도 있다. 그러나 플리니우스가 그리스도교에 진정한 관심이 있었던 것은 아니었다. 그는 단지 그리스도인들이 무엇을 믿고 행하는지 알고자 제한적인 관심을 기울였을 뿐이다. 플리니우스가 어떤 그리스도교 문헌도 읽지 않았다는 사실은 명백하다.

반면 갈레노스는 그리스도교라는 종교 자체에도 관심이 있었던 것 같다. 그는 그리스도인들이 어떻게 사는지, 무엇을 믿는지, 그리고 그리스도교적 삶이 당대 세계의 '철학'들에 비추어 어떤 특징이 있는지 알아보고자 나름대로 노력했다. 고문헌 학자 발처Richard Walzer가 지적하듯, 갈레노스는 "그리스도교를 암시적으로 그리스 철학과 동등한 발판 위에 올려놓은 최초의 고대 다신교인"이었다.[13] 그는 그리스도인들이 당대의 주류 철학 학파들과 같이 사람들을 덕의 삶으로 이끌 수 있다는 점에 주목했다. 그리스도교적 실천, 다시 말해 도덕성을 통해, 초기 그리스도교는 처음으로 그리스·로마 세계에 수용될 수 있는 여지를 남기게 되었다.

그러나 갈레노스는 그리스도교(그리고 유대교)의 가르침 자체에는 반대했다. 그는 그리스도인들의 무비판적인 교조성을 지적했다. 그리스도인들은 믿음을 철학적으로 검증하기를 거부했고, 오직 믿음으로 교리를 받아들이라며 요구했다. 갈레노스가 보기에 이는 치명적인 결함이었다. 적어도 심각한 단점인 것은 사실이었다. 그러나 그리스도교를 향해 던진 갈레노스의 비판적 물

---

[13] Richard Walzer, *Galen on Jews and Christians*, 43.

음은 그리스도교 교리의 몇몇 요점들을 포괄했다. 그렇게 그는 그리스도교와 고전 문화 사이의 상호 작용 가운데 매우 중요한 신학적, 철학적 주제를 지목해 낸 것이다. 비록 그리스도교에 관해 제한적으로나마 알고 있었지만, 갈레노스는 그리스도교와 유대교의 관점이 신과 세계의 관계에 대한 고전 그리스인들의 관점과 충돌하는 부분이 있다는 사실을 간파했다. 그는 그리스도인들의 하느님을 변덕스럽고 제멋대로 행동하며 즉흥적이기까지 한, 자신의 의지 말고 어떤 법칙에도 구애받지 않는, 자연을 초월한 존재, 그 자신이 법칙인 존재로 보았다.

갈레노스는 무로부터의 창조를 언급하지는 않았다. 논의 대상은 오직 창세기였다. 그럼에도 불구하고 갈레노스는 그리스도교 신론에 관한 고전적인 비판의 초석을 닦았다. 그럼으로써 그는 사람들이 새롭고 독특한 형태로 등장한 그리스도교 사상에 주목하게 했다. 이미 그리스도교 역사 초기부터 하느님이 세상을 당신의 의지로 창조했다는 믿음은 무로부터의 창조라는 발상을 예견하고 있었다. 갈레노스와 동시대인 안티오키아의 주교 테오필로스는 신이 존재하는 물질로부터 세상을 창조했다고 주장함으로써 우주를 신격화하는 그리스 철학을 비판했다. 신이 "창조되지 않았고" 물질 역시 "창조되지 않았다"면, "하느님의 주권은 드러나지 않는다"는 것이었다. 테오필로스는 하느님이 세상을 선재하는 질료로 만든다면 놀라울 것이 어디에 있겠냐고 반문했다. 인간 장인들도 누군가에게서 재료를 얻는다면 무엇이든 원하는 것을 만들어내지 않느냐는 것이었다. 생명과 움직임을 부여하는 능력이 오직 하느님에게만 있듯, 하느님의 권능은 존재하지 않는 것에서 당신이 원하시는 모든 것을 만들고 행하시는 것에 있다고 테오필로스는 주장했다. 얼마 지나지 않아 그리스도교 문헌에는 무로부터의 창조라는 교리가 중요한 신학적 사고로 등장하기 시작한다. 결국, 갈레노스는 그리스도교를 제한적으로 이해하고 있었음에도, 그리스도교라는 신흥 종교의 몇몇 특징을 간파했다고 할 수 있다. 그리고 바로 그 호기심은 결과적으로 그리스도교가 고대 지성 사회에서 더 진지한 관심을 얻는 계기가 되었다. 철학자들이 이 신흥 종교에 관심을 가지게 된 것은 그리스도교 신학이 커다란 발전을 이루는 데 중요한 계기가 되었다.

제5장

켈소스 - 지식인

그리스도인들에 대한 로마인들과 그리스인들의 시각을 담은 글을 다 모아도 몇 장이 채 나오지 않는 것은 사실이다. 적어도 2세기 중후반까지의 기록만 놓고 보면 그렇다. 그러나 약 170년 경, 그리스 철학자 켈소스가 오직 그리스도인들을 겨냥해 막대한 분량의 반박 문서를 쓰며 상황은 달라진다. 「참말」이라는 이름이 붙은 이 책은 단편으로만 전해지나, 광범위한 분량 덕분에 원본의 요지를 상당히 신뢰할 만한 수준으로 복원할 수 있을 정도다. 알렉산드리아 출신의 유명한 그리스도교 철학자이자 신학자 오리게네스는 여덟 권의 책을 통해 켈소스를 반박했다. 오리게네스는 켈소스의 책을 대량으로, 또 때로는 문자 그대로 인용하며 자신의 의견을 덧붙였다. 수 세대에 걸친 학자들의 연구에 힘입어 오늘날 켈소스의 저서는 그 핵심 요지뿐 아니라 실제 사용된 단어와 표현까지 재구성하는 것도 가능하다. 오리게네스가 인용한 켈소스의 단락들을 오리게네스의 반박이 아닌 그 본래의 맥락에서, 곧 2세기 고대 다신교 철학자의 작품이라는 사실을 염두에 두고 읽는다면, 2세기 후반 지식인들이 그리스도교에 관해 어떻게 생각하였는지 상당히 깊은 수준으로 살펴볼 수 있다.

안타깝게도 켈소스에 관해 알 수 있는 내용은 오리게네스가 제공한 내용과 전승되는 단편이 전부다. 심지어 오리게네스의 시대에도 켈소스가 꽤 이전 시대 사람이라는 것 말고는 알려진 바가 없었다(「켈소스 반박」, 서문, 4). 오리게네스는 처음에 켈소스를 에피쿠로스학파 철학자로 여겼고, 그의 책이 에피쿠로스 사상의 산물이라는 전제를 배경으로 「켈소스 반박」을 시작했다. 그러나 켈소스에 대한 반박을 이어 나가며 오리게네스는 켈소스가 에피쿠로스주의자가 아니며, 에피쿠로스주의자였다 하더라도 나중에는 플라톤주의로 넘어간 것이 분명하다고 점차 확신했다. 어쩌면 오리게네스가 처음에 반론을 쉽게 하기 위해 간단히 '에피쿠로스주의자'라는 낙인을 찍었던 것일 수도 있다. 그리스·로마 세계에서 누군가를 에피쿠로스주의자라고 부르는 것은 미국 사회에서 누군가를 빨갱이, 공산주의자로 낙인찍는 것과 유사했다. 사회를 위협하는 무신론자라는 뜻이었다. 따라서 그리스도교를 비판한 인물을 에피쿠로스주의자로 몰아세우는 것은 상당히 유리한 전략이었다.

하지만 켈소스는 에피쿠로스주의자가 아니었다. 켈소스의 단편을 자세히 살펴보면 그가 당시 어떤 철학 학파의 주장도 일방적으로 따르고 있지 않다는 사실을 알 수 있다.[1] 플라톤주의로부터 상당한 영향을 받았지만, 켈소스는 절충주의자였다. 그의 글에서 드러나는 사상과 견해는 어떤 특정한 종파나 학파의 것이라기보다는 서로 다른 철학적, 종교적 배경의 지식인들이 널리 공유하던 것이라고 할 수 있다. 나는 그가 고대 그리스·로마 세계의 보수 지식인의 입장을 대변한다고 생각한다. 그는 전통적 가치를 지지하고 널리 인정받는 신념을 옹호했다. 그러나 플리니우스와 달리 켈소스는 정치인도, 관료도 아니었다. 그는 지식인의 시각에서 사회 제도와 규범에 다가갔다. 그리고 전통적인 정치, 사회 질서를 옹호하며 철학적, 종교적 논의를 이어갔다. 철학과 종교를 바라보는 그의 시각은 이론적인 확신에 머무르지 않았다. 이는 그리스·로마 세계의 제도와 관습, 정치 구조와 맞물려 있었다.

---

[1] 「참말」에 관한 가장 통찰력 있고 철저한 분석으로는 다음을 들 수 있다. Carl Andresen, *Logos und Nomos: Die polemik des Kelsus wider das Christentum* (Berlin, 1955) 오리게네스의 「켈소스 반박」이 인용하는 켈소스의 「참말」 단편들은 다음에 수록된 것을 활용했다. Marcel Borret, S.J., *Origène. Contre Celse* (Paris, 1967) 영역본은 다음의 책이 있다. Henry Chadwick, *Origen: Contra Celsum* (Cambridge, 1953) 『켈수스를 논박함』(새물결)

밀교

켈소스는 분명 그리스도교를 직접 접한 적이 있었다. 그가 묘사하는 그리스도교의 모습은 상세하고 구체적이다. 켈소스는 탁월한 비판자였다. 그리스도교의 약점이 무엇인지 분명히 알고 있었고, 이를 들추어 조롱거리로 만드는 능력도 있었다. 그의 조롱에 뼈가 있다는 사실은 식견 있는 독자라면 분명히 깨달을 수 있었다. 켈소스는 6권에서 그리스도의 죽음과 관련된 도구들을 공경해 마지않는 그리스도인들의 이상한 신심을 이렇게 조롱하고 있다.

> 그리스도인들의 저술 도처에 나무에 관한 표현이 난무한다. 생명을 주는 나무, 부활의 나무 … 그들의 교주가 십자가에 못 박혔기 때문에, 직업이 목수였기 때문에 그런 것일까? 사람들이 그를 절벽에서 떨어뜨려 죽었다면, 구덩이에 빠뜨려 죽었다면, 밧줄로 목을 매달았다면 어땠을까. 아니면 직업이 구두장이였거나 석수였거나 대장장이였다면 어땠을까. 그렇다면 하늘나라에 생명의 절벽이 있다거나, 부활의 구덩이가 있다거나, 불멸의 밧줄이 있다고 하지 않을까. 복된 돌이 있다고, 사랑의 철판이 있다고, 거룩한 가죽 넝마가 있다고 하지 않을까? 어린아이에게 자장가를 불러주는 할머니도 차마 이런 식으로 이야기를 지어내 속삭이지는 않을 것이다. (『켈소스 반박』 6.34)

오리게네스도 어떨 때는 켈소스 못지않게 조롱 섞인 표현을 즐기긴 했지만, 그는 이 부분에 담긴 풍자를 파악하지 못하고 있다 (『켈소스 반박』, 4.67).

그리스도교를 단편적인 시각으로 이해하고 비판했던 이전 시대 인물들과는 달리, 켈소스가 그리는 그리스도교의 모습은 상세하고 다채롭다. 때로 그는 사회의 주변 집단에 관한 대중의 편견을 활용하기도 하고, 때로는 그리스도교 문헌과 신조에 관한 지식을 토대로 매우 박식한 철학적 비판을 하기도 한다. 지식인들 사이에 소책자 형태로 유통되던, 각 철학 사조에 관한 요약을 토대로 상투적인 비판을 하는 경우도 있다. 켈소스의 전략 가운데 하나는 로마인들의 정서에 반하는, 좋지 않은 소문이 들리는 기이한 밀교 형태들에 그리스도교를 빗대는 것이었다. 예를 들어 그는 책의 전반부에서 그리스도인들을 퀴벨레교 탁발 사제에, 미트라교, 사바지오스교 신도에, 헤카테나 여타 다이몬, 혹은 복수의 다이몬의 환영을 숭배하는 무리에 빗대었다(『켈소스 반박』, 1.9). 그리스도교 예배는 이집트인들의 미신적 관행과 유사하며, "환영을 소환하고 공포를 조장하는 박코스 밀교 신도들"이 하는 것과 다를 바 없다고 지적하기도 했다(『켈소스 반박』, 3.17, 4.10). 플리니우스의 언급이 떠오르는 켈소스의 논평은 여전히 적잖은 사람들이 그리스도교를 낯선 종교, 미신으로 보고 있었다는 점을 시사한다. 비슷한 시기 그리스 풍자작가 루키아노스는 저작 『페레그리노스의 죽음』Περὶ τῆς Περεγρίνου Τελευτῆς에서 유사한 태도로 그리스도교를 바라본다. 그는 2세기의 사기꾼이자 협잡꾼인 페레그리노스가 "팔레스티나의 사제와 율사들"과 접촉하며 전해 들었다는 "그리스도인들의 신비로운 설화"에 관해 이야기한다. 루키아노스에 따르면 그리스도인들은 "세상에 새로운 사이비 종교를 끌어들여 팔레스티나에서 십자가형을 당한 자를 숭배한다"(「페레그리노스의 죽음」, 12). 그리스도교가 철학의 한 학파라는 갈레노스의 견해는 소수 의견에 불과했음을 보여 주는 대목이다.

켈소스는 갈레노스가 지적한 부분들을 반복한다. 그는 그리스도교를 철학 학파라고 지칭하지는 않았다. 그러나 이를 염두에 두고 있는 것 같은 대목들은 존재한다(「켈소스 반박」, 5.61~62). 갈레노스와 마찬가지로 켈소스는 그리스도인들의 맹신을 신랄하게 비판한다. 그는 그리스도교 성서에 이성과 논증을 따르지 않는 행위를 정당화하는 대목이 있다는 사실을 알고 있었다. "어떤 (그리스도인들은) 자신이 믿는 바에 관해 근거를 제공하거나 들으려고 하지도 않는다. 그리고는 '질문하지 말아라. 그저 믿기만 해라'라는 식으로 말하며 '믿음이 구원할 것이다'"라고 한다고 켈소스는 지적했다. 또 어떤 사람들은 바울의 말을 인용해 "세상의 지혜는 악하고 어리석음은 좋은 것"(1고린 3:19~20)이라 말한다고 덧붙였다(「켈소스 반박」, 1.9).

어떤 대목에서 켈소스는 개종을 권유하는 그리스도인들의 모습을 유사한 시각으로 바라본다.

평소에 연장자나 더 학식 있는 주인들 앞에서는 감히 한마디도 하지 못할 양모업자, 구두장이, 세탁업자, 그 외 일자무식 촌뜨기 무지렁이들이, 사석에서 자녀들과 함께 있을 때나 몇몇 멍청한 여인들과 함께 있을 때면 이런 경악할 이야기를 내던진다. 아버지나 선생에게 복종할 필요가 없고 대신 자신들에게 복종해야 한다거나, 그들이 하는 말은 다 터무니없으며 이해도 하지 못한다거나, 선이 무엇인지도 모르고 선을 행할 줄도 모르며, 그들이 하는 말은 다 공허한 말장난이라는 식이다. 반면 이들은 오직 자신만이 참된 삶의 길을 알고 있고, 자신들을 믿는다면 개인뿐 아니라 가정도 행복해질 것이라고 주장한다.

(『켈소스 반박』 3,55)

켈소스는 분명 과장을 하고 있다. 이는 순전히 그리스도인들을 강도 높게 비난하기 위해서만은 아니고, 당시 수사학 전통을 따른 것이다. 그러나 그가 그리는 그리스도교의 모습이 아주 허황되다고 말할 수도 없다. 완고하고 다른 사람들의 의견을 무시하며, 자신만이 옳다고 주장하고 사람들의 공포나 무지에 호소하던 그리스도인들은 존재했다.

교회 구성원 상당수가 제대로 된 교육을 받지 못했고 문맹인 경우도 많았는지라 그리스도인이라고 하면 잘 속아 넘어가는 어리석은 사람이라는 편견이 있었다. 행상꾼 페레그리노스는 오로지 순진한 그리스도인들을 등쳐먹기 위한 속셈으로 교회에 입교했다. 나중에 그는 당국에 붙잡혀 감옥에 갇히게 되었는데, 그리스도인들은 순진하게도 여전히 그를 믿었고, 부지런히 감옥을 찾아 음식과 돈을 전해주며 그를 마치 영웅인 양 대했다. 루키아노스는 말한다.

> 저 불쌍한 자들은 자신들이 불멸의 존재가 되어 영원히 살 것이라고 믿네. 그들은 모든 물질적인 것을 경멸하고 이것이 모두의 소유물이라 생각하지. 아무런 확실한 증거도 없이 그런 가르침을 대대로 받아들이는 것이라네. 따라서 호기를 잡을 수 있는 사기꾼이 그들을 찾아가면, 그들의 단순함을 이용해 순식간에 부자가 될 수 있다네. (『페레그리노스의 죽음』, 13)

그리스도인들은 로마 세계의 협잡꾼들에게 손쉬운 먹잇감이었다.

켈소스는 그리스도인을 마술 혐의로 비난한 최초의 인물이다. 그는 예수를 마술사라고 불렀다. 물론 이런 식의 혐의는 이미 수에토니우스의 글에서 암시한 것일 수도 있다. 그는 그리스도교를 가리켜 '새롭고 사악한maleficus 미신'이라고 언급한 바 있다. '악행'이라는 뜻의 '말레피쿠스'maleficus라는 용어는 맥락에 따라 사술邪術이나 마술사를 가리키는 용어로 쓰이기도 한다.[2] 수

---

[2] Morton Smith, *Clement of Alexandria and a Sectet Gospel of Mark* (Cambridge, 1973), 234. 또한 같은 저자의 다음 책을 참조하라. *Jesus the Magician*

에토니우스가 이런 의미를 염두에 두었다면, 그는 훗날 그리스도교에 대한 대표적 비난이 될 혐의의 선구자가 된 것이다.[3] 그러나 켈소스는 좀 더 노골적으로 말한다.

그(예수)가 행했다고 여겨지는 기적들은 마술 때문에 가능했다. (『켈소스 반박』 1.6).

그리스도인들이 가지고 있다고 여겨지는 힘은 특정한 다이몬을 부르며 주문을 외움으로써 얻게 되는 것이다. (『켈소스 반박』 1.6)

마술은 로마 제국에서 중죄로 취급되었고, 마술사라는 호칭은 비난해 마땅할 오명이었다. 소설 「황금 당나귀」에서 저자이자 주인공 아풀레이우스는 마술을 사용했다는 혐의로 재판을 받는다. 그는 프루덴틸라라는 여자와 결혼하는데, 이미 다른 사람과 결혼을 약속한 사이였다. 이 사실이 알려지자 아풀레이우스는 마술과 묘약으로 프루덴틸라를 유혹했다며 고발을 당한 것이

(New York, 1978), 45~67.

[3] 이를테면 튀아나의 아폴로니오스에 예수를 빗대는, 비튀니아 총독 히에로클레스의 글이 있다. 그의 글 자체는 전승되지 않지만, 핵심적인 내용은 에우세비오스의 답변에서 찾을 수 있다. 본문과 영역본은 다음을 보라. F.C.Conybeare, *Philostratus: The Life of Apollonius of Tyana* (Cambridge: Loeb Classical Library, 1969), 2:484~605.

다. 결국, 무죄 방면되긴 했지만, 아풀레이우스는 재판을 받고 무고에 맞서 자신을 스스로 변호해야 했다.

사실 복음서가 기록하는 예수의 이야기 상당수는 당시 마술사들이 했던 일과 크게 다르지 않다. 예를 들어 요한의 복음서는 예수가 땅에 침을 뱉어 그것으로 진흙을 만들어서는, 태어날 때부터 앞을 보지 못했던 사람의 눈에 발라 눈을 뜨게 했다고 전한다(요한 9장). 예수가 악령을 쫓아내는 구마 장면은 도처에 있다(마르 1:25, 34, 3:11). 바로 이런 것들을 가리켜 마술이라고 하던 시대였다. 게다가 폭풍을 잠잠하게 한 사건(마르 4:39), 음식을 부풀려 나누어준 기적(마르 6:35 이하), 시야에서 사라진 사건(요한 8:59), 다른 사람의 생각을 알아채는 모습(마르 2:8) 등은 모두 당대 마술사들의 행적을 담은 파피루스들에 기록된 장면들과 유사하다.[4]

복음서가 예수를 이적을 행하는 마술사처럼 묘사하기도 했지만, 그리스도인들도 예수의 이름을 부르며 '주문'을 외웠다. 일례로 그들은 예수의 이름을 부르며 구마 의식을 행했다. 몇몇 그리스도교 집단은 공공연하게 마술을 했고, 켈소스는 이를 모르지 않았다. 그는 "마법 주문"을 담은 그리스도교 책들을 본 적이 있다고 주장한다(『켈소스 반박』 6.40). 게다가 유스티노스나 아테나고라스와 같은 인물들이 철학적인 호교론을 기획하기 이전 그

---

[4]   Morton Smith, *Clement of Alexandria and a Secret Gospel of Mark*, 224~226.

리스도교를 변호하고 선전하던 초창기 인물들은 하나같이 예수의 기적을 전면에 내세우며 그리스도교의 진리를 옹호했다. 하드리아누스 황제 시절, 호교론자 콰드라투스Quadratus는 예수의 기적이 여전히 영향력을 미치고 있다는 점을 들어 예수를 믿어야 한다고 주장했다. 사람들의 병이 나았고, 죽었다가 살아났고, "몇몇은 오늘날까지 살아 있다"는 것이었다(에우세비오스, 「교회사」 4.3.2). 예수의 기적에 사도들의 기적도 덧붙여졌다(사도행전에 나타난 것과 같다). 예수가 무엇보다 도덕적, 철학적 스승이었다는 관점은 훗날 지성인들을 중심으로 퍼져나간 것으로, 초기 교회에서는 어디까지나 소수 의견에 불과했다. 대다수는 이런 시각에 저항했다.

그리스도인들은 예수의 기적이야말로 그가 하느님의 아들이라는 증거라고 주장했다. 켈소스는 이러한 주장에 대해 간단히 예수의 기적이 거짓이라며 기각할 수 있었겠지만, 다른 방식으로 접근했다. 그는 복음서가 전하는 예수의 기적, 즉 "치유, 부활, 적은 빵으로 사람들을 배 불리기와 같이 많은 단편이 전해지는 기적들, 혹은 제자들이 전하는 여타 괴이한 이야기들"(「켈소스 반박」 1.68)이 실제로 일어났을 것이라고 기꺼이 인정했다. 켈소스는 예수가 기적을 행했다는 사실 자체를 문제 삼지 않았다. 켈소스의 요지는 다른 데 있었다. '그렇다면 예수는 어떻게 그런 기적을 행할 수 있었을까?' 그는 예수가 이집트에서 얼마간 머물렀다는 사실을 복음서를 통해 알고 있었다. 그리고 이렇게 결론을 내렸다. 예수는 은밀히 이집트로 가서는 그곳에서 노동하며 돈을 벌었고, 그 과정에서 마술에 손을 대기 시작했다. 그러고는 돌아와 이를 활용해 스스로 하느님의 아들이라는 칭호를 얻어냈다(『켈소스 반박』, 1.38). 이것이 바로 켈소스의 그리스도교 비판에 담긴 요지였다. 기적을 행할 수 있었던 예수의 능력, 그것이 과연 예수가 하느님의 아들이라는 의미일까? 예수는 당시 로마 제국 전역의 도시와 마을에서 관심을 끌던, 꽤 성공적이었던 마술사 중 하나와 다를 바 없지 않은가? 켈소스의 결론은 분명했다. 예수는 "놀라운 기적을 행한다고 공언하며 ⋯ 광장에서 나름대로 성스러운 이야기를 전하고 구마 의식을 하며 질병을 몰아내고 영웅들의 혼을 부르며 돈을 버는 마술사" 가운데 하나라는 것이다(『켈소스 반박』, 1.68).

예수가 마술사라는 혐의는 그리스도교 자체에 관한 켈소스의 전반적 비난과 맞닿아 있다.[5] 그는 예수가 하느님의 아들이라고 하는 그리스도인들의 주장에는 별다른 근거가 없음을 보이려고 했다. 예수만이 기적을 행한 것이 아니다. 비슷한 능력이 있었던 사람들은 많았다. 실제로 기적을 일으켰는지는 중요하지 않다. 제자들이 예수의 이름을 부르며 실제로 기적을 행했는지도 그리 중요하지 않았다. 문제는 기적을 근거로 예수를 하느님의 아들

---

[5] 다음을 보라. Eugene V. Gallagher, *Divine Man or Magician? Celsus and Origen on Jesus*, Society of Biblical Literature, Dissertation Series, no. 64 (Chico, CA: Scholars Press, 1982)

이라고 부를 수 있느냐는 것이었다. 그리스도교의 가르침에 관한 그의 서술을 좀 더 자세히 살펴보며 켈소스가 이 문제를 어떻게 다루는지 알아보자.

결함

　켈소스는 그리스도교 문헌을 단순히 읽기만 한 것이 아니었다. 그는 이 문헌들을 이해했다. 그리스도교가 유대교 내부에서 시작되었다는 점, 그리스도인들은 유대교 성서를 그대로 사용한다는 점, 대다수 유대인은 그리스도교를 인정하지 않는다는 점, 그리스도인들은 유대교와의 연결을 부끄럽게 생각한다는 점을 켈소스는 파악하고 있었다. 복음서가 전하는 예수의 생애와 가르침, 수난과 죽음에 관해서도 잘 알고 있었다. 그리고 그리스도교 가르침에서 부활이 중요하다는 것도 알았다. 심지어 그리스도교 예배와 관행도 어느 정도 알고 있었다.

　켈소스는 최초의 그리스도교 호교론 저술들, 특히 「참말」을 쓰기 약 200년 전에 순교자 유스티노스가 쓴 호교론을 알고 있었을 수 있다. 어떤 학자들은 켈소스의 책 자체가 유스티노스의 호교론에 대한 반론이며, 그의 주장 일부는 분명 유스티노스를 염두에 두고 있다고 말하기도 한다.[6] 분명한 사실은 켈소스가 그리스도교에 관해 풍문으로 전해 듣거나 자신이 읽은 것 중 많은

---

[6]　Carl Andresen, *Logos und Nomos*, 308.

것은 내버리고, 그리스도교에서 가장 중요하면서도 가장 취약한 부분들에 화력을 집중했다는 것이다. 그는 그리스도교 지식인들이 그리스 철학 전통의 논변에 민감하게 반응하고, 그리스도교를 공적이고 학적인 토론의 장에서 변론할 필요성을 인식하고 있다는 점을 그리스도교 문헌들을 통해 알고 있었다. 켈소스는 그리스도교가 이성이 아닌 신앙에 의지한다는 점을 들어 공격할 수도 있었지만, 켈소스의 중요한 논변 대부분은 그리스도교 사상가들이 같은 기준으로 평가받고 싶어 한다는 사실을 염두에 두고 있다.

켈소스의 책에서 처음 눈길을 끄는 것은 갈레노스가 이야기한 것과 마찬가지로 그리스도교가 어떤 참신한 가르침을 내놓기보다는 다른 사람들이 이전에 했던 이야기들을 단순히 반복하고 있으며, 그마저도 그렇게 정교하지 못하다는 비판이다. 그리스도인들이 가르치는 내용을 살펴보면 대부분은 "그리스인들이 더 잘 표현한 것들인데, 그들은 과장된 주장을 피하고 신이나 신의 아들이 이를 선포하였다고 말하지도 않는다"며 켈소스는 지적했다(『켈소스 반박』, 6.1). 그는 계속하여 이런 것들의 사례를 든다. 가령 최고신의 개념(『켈소스 반박』, 6.4~5)이라거나, 세상의 기원에 관한 생각들(『켈소스 반박』, 6.49~50), 불멸에 관한 사상 등이다.

신들의 영감을 받은 옛사람들이 전하길, 행운이 깃든 영혼에는 복된 삶이 예정되어 있다고 한다. 어떤 이들은 이를 가리켜 축복받은 자들의 섬이라고 하고, 어떤 이들은 엘뤼시온 평야라고 한다. 그곳은 세상의 악에서 해방된 곳이기 때문이다. 따라서 호메로스는 "불멸의 신들이 그대를 엘뤼시온 평야로, 세상의 끝으로, 평안한 삶으로 보내리라"고 쓴다. 또 플라톤은 영혼이 불멸한다고 생각하며, 영혼이 가는 장소가 있다고 쓴다. (『켈소스 반박』 7.28)

그러나 자세히 살펴보면, 그는 갈레노스와 마찬가지로 그리스도교에 무언가 다른 가르침, 새롭고 독창적인 가르침이 있다는 사실을 인지하고 있었다. 켈소스는 바로 그러한 가르침들을 공격하고 있다. 여기서는 특히 중요한 세 가지 신학적 비판을 살펴보려고 한다.

첫 번째는 하느님이 하늘에서 내려와 지상에서 사람들과 사셨다는 그리스도인들의 주장으로, 켈소스는 이를 "일고의 가치도 없는 극히 수치스러운 주장"이라며 일축한다(『켈소스 반박』 4.2). 신은 변화하지 않는, 변화할 수 없는 존재다. 순수하고 완전한 신성이 결함과 오점 가득한 인간의 상태로 변한다는 것은 불가능하다.

신은 선하고, 아름답고, 복되며, 최상의 상태로 존재한다. 신이 인간에게 내려온다면, 변화가 불가피한바, 선에서 악으로,

미에서 추로, 지복에서 불행으로, 최상의 것에서 최악의 것으로 변화해야 한다. … 그러나 본성상 필멸의 존재만 변화를 겪는다. 그리고 본성상 불멸의 존재는 변화를 겪지 않고 존재한다. 따라서 신은 이러한 변화를 겪을 수 없다. (『켈소스 반박』 4.14)

이러한 비판이 효과적인 이유는 그리스도인들 또한 하느님이 "창조되지 않았고, 영원하고, 보이지 않고, 고통받을 수 없고, 파악할 수 없고, 무한한, … 빛이요, 아름다움이요, 영이요, 형언할 수 없는 권능"이라고 주장했기 때문이다(아테나고라스, 「그리스도인들을 위한 청원」, 10). 그리스도인들은 자신들의 신이 고대 다신교 사회의 가장 탁월한 철학자들이 주장하던 신관에 부합한다고 주장했다. 켈소스는 되묻는다. '그대들이 이해하는 신이 우리가 이해하는 신과 정말 같다면, 어떻게 신이 인간의 형상을 취했다고 말할 수 있는가? 어떻게 본성적으로 변화할 수 없는 신이 변화하여 인간으로 살아갈 수 있는가?'

또 그는 묻는다. 신이 하늘의 지고한 권좌에서 세상을 다스리는 전지전능한 존재라면, "그런 신이 지상에 내려온 이유는 무엇인가? 인간 세계에서 무슨 일이 일어나는지 궁금해서"(『켈소스 반박』, 4.2)? 게다가 신이 전능한 존재라면 왜 인류의 도덕적 개혁을 이룩하기 위해 굳이 지상으로 내려와야 했나? 그렇게 내려오지 않고도 "신적 권능"으로 해결할 수 있지 않은가(『켈소스 반박』,

4.3)? 켈소스의 요지는 이후 수 세기 동안 고대 다신교 철학자들이 그리스도교를 향해 제기한 단골 질문이 된다. 그리스도인들이 주장한 대로 하느님이 역사의 특정 시점에 인간의 형상을 입고 등장했다면, 예수 이전에 살았던 헤아릴 수 없이 많은 사람은 다 어떻게 되냐는 것이다.

> 왜 이제서야, 왜 그렇게 많은 시간이 흐른 후에야 신은 인류를 심판하겠다고 마음먹은 것인가? 이전에는 인류에 관심도 없었나? (『켈소스 반박』 4.8)

어떻게 신이 역사의 특정 시점을 사는 사람들에게만 관심이 있을 수 있단 말인가? 결국 그리스도인들이 말하는 하느님은 자의적이고 제멋대로인 신, 피조물 전체에 무엇이 가장 유익인지는 아랑곳하지 않고 마음대로 행하는 신이다. 그리스도인들은 "신에 관해 불경하고 불순하게 지껄여댄다". 신에 관해 잘 모르는 이들이나 그리스도교에 빠진다는 것이었다(『켈소스 반박』 4.10). 신학과 철학의 문제들에 관해 알고 있는 사람들이라면 누구나 그리스도교 교리가 말이 되지 않는다는 사실을 쉽게 발견할 수 있다고 켈소스는 주장했다.

두 번째의 중요한 비판은 일찍이 갈레노스가 '하느님에게는 불가능한 일이 없다'라는 명제를 두고 지적한 내용과 유사하다. 켈소스는 이를 죽은 자의 부활과 관련된 그리스도교 신앙과 연결한다. 그는 창세기의 창조 이야기를 맹렬히 비난한다. 특히 "위대한 신"이 "어느 날에는 이것을 창조하고, 다음 날에는 저 것을, 셋째 날에는, 넷째 날에는, 다섯째 날에는, 여섯째 날에는 이러이러한 것을 창조했다"라는 설명을 겨냥한다(『켈소스 반박』, 6.60). 그러나 더 중요한 문제는 하느님이 인간 육체의 자연적 부 패 과정을 뒤집거나, 이미 부패해 버린 육체를 되돌릴 수 있다는 생각이다.

> 어떤 몸이 완전히 부패한 후 분해되기 전 본래의 형질과 상태 를 회복할 수 있다는 말인가? 그리스도인들은 여기에 답변할 수 없으므로, "신에게는 무엇이든 가능하다"라는 터무니없는 근거를 대며 회피한다. 그러나 신은 수치스러운 일을 할 수 없 으며, 자연에 어긋나는 일을 바라지도 않는다. (『켈소스 반박』, 5.14)

예수의 부활과 마지막 날 일어날 죽은 자들의 부활은 켈소스의 단골 주제다. 오리게네스가 켈소스는 "부활과 관련하여 우리를 자주 비난했다"라고 말할 정도다(『켈소스 반박』, 8.49). 이는 그리 스도교 가르침의 핵심이자 가장 특징적인 요소가 바로 부활이라 는 사실을 그리스도교 외부에서도 간파하고 있었다는 증거라고 할 수 있다. 켈소스는 부활의 신학적 난점이 그리스도인들의 신 론, 특히 창조 세계와 하느님과의 관계에 관한 이해에 있다고 보았다. 그리스도인들은 신을 이성적으로 이해하지 않았다. 하느님은 자연법칙과 이성에 종속되지 않을뿐더러, 완전히 너머에 있는 존재며, 따라서 당신이 원하는 것은 무엇이든 할 수 있다고 생각했다. 그것이 세계의 질서를 얼마나 어지럽히든 말이다. 켈소스는 비판을 이어간다.

> 입에 담기조차 꺼려지는 것들로 가득한 육체의 경우, 신은 이를 자연적 원리에 반하여 영원히 존재하게끔 만들고자 하지도 않고, 만들 수도 없다. 신 자신이 바로 존재하는 모든 것의 원리다. 그렇기 때문에 신은 이성, 다시 말해 자신의 본성에 어긋나는 어떤 것도 할 수 없는 것이다. (『켈소스 반박』 5.14)

이성에 반하는 신은 숭배의 대상이 아니다.

세 번째 비판도 그리스도인들의 신 이해를 겨냥한다. 특히 켈소스는 예수에 대한 숭배가 하느님은 한 분이라는 사고에 어떤 결과를 가져오는지 지적했다.

> (그리스도인들이) 오직 한 분의 신만을 숭배한다면, 그들은 꽤 설득력 있는 주장을 하는 것일 수 있다. 그러나 실상 그들은 얼마 전 살았던 이 사나이를 과도할 정도로 추앙하며, 그러면서도 하느님의 종을 숭배하는 것이 하느님을 거역하는 일이 아니라고 생각한다. (『켈소스 반박』 8.12)

켈소스 시대에 이미 많은 사람은 예수가 단지 그리스도교 공동체의 창시자를 넘어 예배와 숭배의 대상이 되어있었다는 사실을 알고 있었다. 앞서 인용했듯 루키아노스는 그리스도인들이 "팔레스티나에서 십자가에 못 박힌 자를 숭배"한다고 썼다(「페레그리노스의 죽음」 11). 플리니우스는 그리스도인들이 그리스도에게 "신에게 하듯" 찬가를 부른다고 언급한 바 있다. 켈소스는 기적을 행하거나 삶과 가르침으로 탁월함을 입증한 인간을 숭배하는 행위 자체는 반대하지 않았다. 예를 들어 헤라클레스나 오르페우스처럼 신으로 추앙받는 이들도 처음에는 인간이었다. 그리스인들이 영웅으로 추앙하던 인물 몇몇은 신의 반열에 오르기도 했다. 플루타르코스는 땅에서 물이, 물에서 공기가, 공기에서 불이 생겨나는 상승 작용과 같은 방식으로, 인간은 영웅으로, 영웅은 다이몬으로 상승할 수 있고, 다이몬에서는 소수의 영혼이 그 탁월함으로 인하여, 오랜 정화의 시간을 거쳐 완전한 신성에 참여하게 된다고 쓰고 있다(「신탁의 결함」 415c).

즉 켈소스는 예수와 같은 인간을 신의 반열에 올려놓는 행위 자체를 문제시하지는 않았다. 그러나 예수가 과연 그런 영예를 누릴 만한 인물인가? 예수를 헤라클레스나 아스클레피오스, 오르페우스와 같은 인물의 반열에 올리는 그리스도인들의 행위는 정당한가? 사실 그리스도인들(또 유대인들)이 존경하는 인물 가운데는 예수보다 더 그런 영예에 적합한 사람이 있지 않은가? "박넝쿨 아래의 요나나 사자 굴 속 다니엘, 그 밖에 더 놀라운 이야기들이 전하는 인물들이 예수보다 더 적합하지 않은가?(『켈소스 반박』, 7.53)" 예수는 저급한 마술사였다. 옛 영웅들에 견줄만한 존재가 아니었다.

예수를 신의 반열에 올리는 행위의 문제는 이것뿐만이 아니었다. 곧 그리스도인들은 예수를 그런 수준으로 숭배함으로써 한 분의 최고신, 곧 "하늘 너머의 신"에 필적하는 경쟁자를 만들었다. 그리스도인들이 "하느님은 만물의 아버지이며 우리는 그분만을 예배해야 한다"라고 말한다면 문제가 없었다. 그런데 그리스도인들은 예수를 거의 하느님과 같은 존재로 만들었으니 "하느님에게 최고의 존숭을 돌리는 대신 예수를 과도하게 높이고 있었던 것이다"(『켈소스 반박』, 8.14). 그리스도인들이 예수를 한 분의 최고신과 동일한, 아니 어쩌면 그 이상의 존재로 설정한다는 켈소스의 논평에 관해 오리게네스는 켈소스의 해석이 잘못되었다고 지적하며 그리스도인들은 "아들은 아버지보다 높지않고, 아버지보다 못하다"라는 점을 분명히 한다고 주장했다(『켈소스 반박』, 8.15). 이는 오리게네스가 예수를 성부 하느님보다 못한 존재로 이해했다는 점을 보여 준다.

켈소스는 정곡을 찌른 셈이었다. 그리고 이는 그리스도교에 대해 그가 제기한 비판의 핵심이기도 했다. 곧 그리스도인들은 로마 제정 초기 이래 지식인들이 꾸준히 공유해 온 관념, 통속적인 종교들이 주장하는 다신론과 신인동형론적 사고보다 뚜렷하게 우위에 있다고 여겨지기 시작한 관념, 무엇보다 그리스도인 자신들이 가까스로 관철한 바로 그 관념, 신은 오직 한 분이라는 관념을 스스로 뒤흔든다는 것이었다. 켈소스는 호메로스의 「일리아스」 2권 205행(비뚤어진 조언자 크로노스의 아드님 제우스께서 홀을 주신 그분, 그분만을 유일한 왕으로 삼읍시다)을 주석하며 말한다. 이 행은 만물의 왕이자 아버지인 한 신이 있고, 그는 이 세상을 초월하는 영적 존재이자, 존재하는 모든 것의 원천이자 근원이라는 사실을 뜻한다는 것이다. 2세기의 또 다른 철학자는 말했다.

신은 하나이나 이름은 여럿이다. 이것은 그가 일으키는 여러 상황에 달려 있다. 격에 따라 젠으로도, 제우스라고도 부를 수 있다. … 그는 크로노스의 아들이자 시간의 아들이라고 불린다. … 천둥 번개의 신으로 불린다 … 또 열매를 두고서는 풍요의 신, 도시를 두고서는 도시의 신으로 부른다. 출생의 신, 안마당의 신, 일가친척들의 신, 또 우리 조상들의 신 … 그는 … 실로 구원자이자 자유의 신이자, 이 모든 이야기를 마무리하자면 하늘과 땅의 신이니, 그의 이름은 모든 자연 현상과 조건에서 나오는바, 그 자신이 바로 만물의 원인이기 때문이다. (위아리스토텔레스, 「세상에 관하여」, 401)

켈소스의 관점도 다르지 않았다.

최고신을 제우스라고 부르든 아도나이라고 부르든 만군의 주라고 부르든, 이집트인들을 따라 아문이라고 부르든, 스퀴티아인들을 따라 파파이오스라고 부르든 차이는 없다. (『켈소스 반박』 5.41)

여러 이름을 가지고 있다는 것이 곧 한 신이 유일신이라는 것을 의미하지는 않았다. 하위의 신적 존재들이 있었다. 별들, 천체들, 제우스와 헤라, 포세이돈과 같은 올림포스 신들, 유피테르와 유노, 미네르바와 같은 카피톨리움 신들이 있었다. 이들과 지상 사이에는 다이몬들이 있었다. 가장 아래에는 신격화된 탁월한 인간, 영웅들이 있었다. 최고신은 바로 이 모든 신 위에서 그들과 함께 세상을 다스렸다. 2세기 지식인 튀로스의 막시모스 Maximus of Tyre는 말했다.

(다른 문제들을 두고 일어나는) 긴장과 갈등, 불화 사이에서, 이 세상의 하나의 조화로운 법칙과 원리를 보게 될 것이니, 바로 만물과 신들의 왕이자 아버지인 하나의 신이 있다는 사실이다. 여러 신은 그 신의 자녀이자 동료로 이 세상을 다스린다. 이 사실에 관해서는 그리스인이든 이방인이든, 육지에 사는 사람이든 배를 타는 사람이든, 현자든 무지렁이든 이견이 없다. (『연설』 11.5)

이런 하위의 신들을 숭배한다는 것은 곧 하나의 최고신을 숭배한다는 의미였다. 고대인들의 관점에서 이런 숭배는 최고신의 영예를 훼손하지도 않았고, 신이 하나라는 믿음을 위협하지도 않았다.

이런 전제에서 출발한 고대인들의 시각에 그리스도인들이 예수를 숭배하던 방식은 신의 '유일성'을 일부 포기하는 것으로 비쳤다. 이는 그리스도교 전통의 성격에 관한 매우 중요한 성찰이었다. 훗날 그리스도교는 예수가 하느님과 '동일본질'ὁμοούσιος이라고 선언한다. 2세기 중반 그리스도교 외부의 관찰자에게도 이러한 발전은 눈길을 끌었다. 예수가 성부 하느님과 동등하다는 교리가 확립된 325년의 니케아 공의회보다 150년 전이었다.

예수에 대한 과도한 숭배는 하나의 최고신이 받아야 할 영예를 빼앗았고, 다른 신적 존재들에 돌려야 할 신심도 빼앗는 것으로 보였다. 켈소스는 "(하나의 최고)신에 대한 숭배는 모든 (하위 신들)을 통해 더 완전해진다"고 말하지만 (『켈소스 반박』, 8.66), 그는 그리스도인들이 이에 동의하지 않는다는 사실을 알고 있다. 심지어 루키아노스조차 순진한 그리스도인들이 사기꾼 페레그리노스를 "신처럼 모셨던" 것은 결코 예수를 숭배한 방식과 같지 않다는 사실을 알고 있었다. 페레그리노스는 어디까지나 "그 사람 다음", 즉 예수 다음이었다(『페레그리노스의 죽음』, 11). 예수만을 강조하는 것은 다시 말해 최고 숭배의 대상이 둘임을 의미했다. 이는 철학적인 신관의 가장 근본적인 원칙을 무너뜨리는 것이었다. 최고신이 둘이라면, 만물의 근원도 하나라고 말할 수 없게 된다. 두 신이 있다면 그들의 존재를 더 초월적인 신에게 의존해야 했다. 따라서 최고신이 아니었다.

켈소스의 경우 이러한 철학적 사고는 정치 철학이기도 했다. 하나의 황제가 다스리는 정치 체제로서의 제국이라는 관념이었다. 앞서 호메로스를 인용한 대목 "유일한 왕으로 삼읍시다"를 두고 켈소스는 이렇게 쓴다.

> 이 원칙을 저버리는 자를 황제는 처벌할 수 있다. 모두가 그대들처럼 생각한다고 하면 황제가 권좌에서 축출되어 추방되는 것을 막을 수 없을 것이며, 만사는 법도를 모르는 야만족들의 손에 들어가게 된다. 그때에는 그대들의 예배도, 참된 지혜도 없을 것이다. (『켈소스 반박』, 8.68)

즉 그리스도인들이 예수를 숭배하는 행위는 대항 신을 설정하는 행위고, 결과적으로 정치 체제에 또 다른 독립 집단, 당파를 만드는 행위였다. 지금부터는 우선 그리스도인들이 예수를 신격화하는 것에 대해 유일신론monotheism(정확히는 하위 신들의 존재를 부정하지 않으면서 하나의 신을 믿는 일신론henotheism)을 옹호한 켈소스의 신학적 함의에 주목하고, 그 정치, 사회적 함의에 관해서는 이 장의 뒷부분에서 다시 논의하기로 한다.

예수 이야기의 탈신화화

켈소스는 그리스도교를 비판하며 처음으로 예수라는 인물 자체에 주목했다. 물론 켈소스 이전에도 예수가 그리스도교의 창시자라는 사실은 누구나 알고 있었고, 몇몇은 그리스도인들이 예수를 하느님처럼 숭배한다는 사실을 알고 있었다. 그러나 현존하는 단편들에 비추어 본다면, 갈레노스의 시대까지 사람들의 비판은 그리스도인들의 행동을 겨냥했지 예수를 겨냥하지는 않았다. 당시 대다수 사람은 그리스도인들을 통해서 그리스도교를 접했지 복음서와 같은 성서를 접하지 않았기 때문이다. 그러나 켈소스는 달랐다. 그는 복음서를 주의 깊게 읽었고, 그리스도교를 비판하며 상당 부분을 예수의 생애를 재구성하는 데 할애했다.[7] 그는 그리스도교에 대한 공격이 효과적으로 이루어지기 위해서는 그저 그리스도인들의 행동이나 교리를 물고 늘어져서는 안 된다고 생각했다. 이전에 그리스도교를 비판하던 사람들과는 다른 접근이었다. 그리스도인의 삶의 방식이 진리라는 주장은 결국 그들이 주장하는 예수에 대한 이야기가 믿을 만하다는 사실을 근거로 한다고 켈소스는 생각했다.

켈소스가 예수의 생애에서 주목한 부분은 동정녀 탄생, 세례자 요한이 요르단강에서 준 세례, 죽음과 부활, 기적과 가르침 등이다. 동정녀 탄생과 세례, 부활에 관한 켈소스의 주장은 대체

---

[7] 2세기 복음서들에 대한 문학적, 역사적 비평에 관한 논의는 논의는 다음을 참조하라. Robert M. Grant, *The Earliest Lives of Jesus* (New York, 1961).

로 문학적이고 역사적인 부분에 관한 비판이다. 켈소스는 성서가 기록하는 내용을 입증할 증거가 불충분하다는 사실을 보이려고 했다. 그러나 논의를 전개하며 켈소스의 관심은 점차 달라진다. 그는 예수의 이야기가 날조라고 주장하는 대신, 예수의 기적 이야기야말로 예수가 마술사일 뿐 참된 예언자가 아니라는 사실을 입증한다는 결론으로 이어진다.

켈소스가 제시하는 여러 논의 가운데 예수의 동정녀 탄생에 관한 비판은 어쩌면 가장 진부한 것일지 모른다. 그러나 이것이 중요한 까닭은 켈소스가 이를 바탕으로 예수가 마술사라는 결론에 이르기 때문이다. 켈소스에 따르면 "예수는 바로 자신이 동정녀에게서 태어났다는 식으로 이야기를 날조했다"(『켈소스 반박』 1.28). 예수는 본래 유대 어느 마을에서 "물레질을 하며 생계를 유지하던 가난한 시골 여인"에게서 태어났는데, 판테라라고 하는 한 군인이 이 여인과 관계를 하여 임신하게 했고, "목수였던 남편은 그 여인이 간음을 했다며 내쫓았다"(『켈소스 반박』 1.32). 주홍 글씨가 새겨진 채 방황하던 여인은 어느 날 아기를 낳는데, 그가 바로 예수였다. 예수는 성장하자 이집트로 갔고, 육체노동을 하며 돈을 벌었다. 그리고는 "이집트인들이 자랑하는 마술에 손을 댔고, 마술과 속임수로 무장해 고향으로 돌아왔다. 그리고 이를 통해 하느님의 아들이라는 칭호를 얻어냈다"(『켈소스 반박』 1.28).

켈소스가 이 이야기를 어디서 가져왔는지는 불분명하다.[8] 복음서의 기록과 유사한 측면이 있지만, 확연히 다른 내용이 있는 것도 사실이다. 예를 들어 그는 마리아를 임신하게 한 남자의 이름이 판테라라고 하는데, 어쩌면 이 이야기가 로마 제국 내에서, 아마도 유대인들을 중심으로 돌고 있었을 수 있다. 켈소스는 예수에 대한 이 비판이 자신의 말이 아니라 어느 유대인의 말이라고 한다. 유대 문헌에는 예수아 벤 판테라, 곧 판테라의 아들 예수라는 이름이 등장하기도 한다. 한편 판테라라는 단어는 그리스어로 처녀를 뜻하는 '파르테노스'Παρθένος와 유사한 측면도 있다.

켈소스는 자신의 이야기가 복음서 본문이 이야기하는 것에서 한참 벗어나 있다는 사실을 알고 있었다. 그러나 요점은 분명했다. 복음서들은 단지 풍문에 기초하고 있다는 것이었다. 그렇다면 복음서에 기록된 것만이 기록되지 않은 것보다 더 믿을 만하다는 근거는 어디에 있는가? 복음서의 기록들은 그리스도인들이 작성했고 그리스도인들 사이에서 전해져 왔다. 그렇다면 예수에 관한 전설을 그리스 문학이 전하는 다른 전설과 달리 사실이라고 믿어야 하는 이유는 무엇인가? 그리스도인들의 복음서는 예수에 관한 기록의 진위를 입증하는 신뢰할 만한 자료가 아니었다. 예수의 세례는 그 대표적인 예다. 켈소스는 예수의 세례

---

8 Henry Chadwick, *Origen: Contra Celsum*, 31.

를 두고 어느 유대인과 예수가 가상의 대화를 나누는 장면을 제시한다. 유대인은 말한다.

> 그대가 요한 곁에서 물에 잠겼을 때, 그대는 새 같은 것이 공중에서 그대에게로 날아오는 것을 보았다고 말하오. 그런데 이러한 환영을 본 믿을 만한 증인이 있소? 하늘로부터의 음성이 그대를 가리켜 하느님의 아들이라고 말하는 것을 들은 자가 있소? 증거라곤 그대의 말과 그대와 같이 처벌된 자들 가운데 하나에게서 나온 증언일 뿐이요. (『켈소스 반박』 1.41)

여기서 문제는 역사적 검증 가능 여부다. 어떤 사건이 실제로 일어났다고 어떻게 증명할 것인가? 역사적 사실을 기록하고 있다고 주장하는 문서의 진위를 무엇으로 입증할 것인가? (오리게네스는 켈소스가 펼친 주장의 요지를 이런 방식으로 파악했다. 그는 트로이아 전쟁이나 오이디푸스와 이오카스테의 이야기 또한 역사성을 입증하기 어려운 이유를 상세하게 논하고 있다.) 켈소스는 상식 있는 사람이라면 인간과 영웅들에 관한 허다한 전설 중 예수의 이야기만을 더 역사적인 신빙성이 있는 것으로 여길 수는 없다고 주장했다. 어떤 기록을 입증하는 타당한 방법은 증언의 신빙성을 검증하는 것이다. 예수의 세례 이야기에 관한 증언을 의심해야 하는 이유는 그것이 예수와 그 추종자들에게서 나왔기 때문이다. 다른 영웅 이야기들과 마찬가지로, 영웅의 행적을 드높이고자 추종자들이 날조한 이야기라는 것이다.

유사한 지적이 예수의 부활에 관한 기록과 관련해서도 제기된다.

무식한 청자들의 주목을 끌고자 얼마나 많은 이가 이런 놀라운 이야기들을 만들어 냈는가? 일설에 따르면 퓌타고라스의 노예 잘목시스가 비슷한 일을 스퀴티아인들 가운데서, 퓌타고라스 자신은 이탈리아에서 이런 신비를 보였다고 한다. 또 이집트에서는 람프시니토스의 이야기가 전해진다. 그는 하데스에서 데메테르 여신과 주사위 놀이를 했고, 황금 손수건을 선물로 받아 돌아왔다고 한다. 그뿐인가. 오르페우스는 오드뤼시아인들 가운데서, 프로테실라오스는 테살리아에서, 헤라클레스는 타이나론에서 비슷한 일을 했다. 테세우스도 있다. 그러나 우리가 살펴보아야 하는 것은 실제로 누군가 죽었다가 다시 같은 몸을 입고 부활한 적이 있느냐는 것이다. 그것이 아니라면 그대들은 이런 이들의 이야기는 전설에 지나지 않지만, (예수가) 십자가에서 죽기 직전 지른 큰 소리나 지진, 암흑과 같은 그대들 비극의 대단원은 고귀하고 신빙성 있는 것이라고 주장하는 것인가? 그는 살아 있을 때 자신을 구원하지 못했다. 그러나 그는 죽고 나서 다시 일어났으며, 자신이 당한 형벌의 자국을 가리키며 어떻게 그의 손이 꿰뚫렸나 보여 주었다고 한다. 그런데 누가 이런 이야기를 전했는가? '헛소리'를 한다고 그대들 스스로가 말한 여자가 아니었는가? 같은 마술에 홀린 자들이 아니었는가? 그들은 (이런 경험을 한 사람이 수천인바) 어떤 마음 상태에서 꿈을 꾸며, 무언가를 간절히 바라던 끝에 환각을 경험한 것이거나, 더 있을 법한 설명으로는, 그저 환상적인 이야기를 꾸며내서 사람들의 관심을 끌고 이런 엉터리 해명으로 자신들도 한몫을 챙기려 했던 것이다. (「켈소스 반박」 2.55).

켈소스가 보기에 그리스도인들은 어떤 사건을 두고서도 설득력 있는 근거를 제시하지 못했다. 그는 그리스 종교와 신화에서 유사한 이야기들을 들며 예수의 이야기가 그렇게 특별하지 않다고 주장한다. 예수에 관해 전해지던 이야기 대부분은 그리스 역사의 여러 신들이나 영웅들의 이야기와 유사했다. 그리스도인들이 줄기차게 외친 예수의 부활 이야기조차 고대 세계의 여러 신적인 인물들을 두고 흔히 전해지던 이야기였다. 켈소스는 나아가 예수의 부활 이야기는 꿈이나 환각으로 이해할 수 있다고 주장했다. 곧 예수의 추종자들이 이야기하는 것은 지도자의 부활을 너무나 열망한 나머지 이를 환상 속에서 경험한 것이지, 실제로 일어난 사건이 아니라는 것이었다. 그러니 나중에는 아예 예수가 평범한 인간이 아닌 신적인 존재라고 주장하게 된다는 것이었다.

역사적 검증 가능성을 두고 켈소스가 제기한 비판은 이 장에서 살펴본 다른 논점들과 마찬가지로 그리스도교와 고대 지식인들의 대립의 본질이 무엇인지 이해하게 해줄 뿐 아니라 점차 발전하던 그리스도교 전통의 성격에 관한 통찰을 안겨준다. 오리게네스의 논박에서 뚜렷이 드러나듯, 예수에 관한 복음서 기록의 신빙성 문제, 또 그리스도교의 신학적 주장들이 실제로 예수의 인격과 삶에 기초해 있는지의 문제는 그리스도교 사상가들에게 매우 중요한 물음이었다. 늦게는 5세기 초에 이르기까지 그리스도교 사상가들은 복음서가 전하는 예수의 이야기가 과연 신뢰할 만한 것인지 고심했다. 이는 6장에서 아우구스티누스의 「복음사가들의 일치」De consensu evangelistarum와 관련해 다시 논의할 것이다. 복음서가 신화이며 전설에 불과하다는 의문은 근대의 산물이 아니었다. 예수의 생애에 관한 기록의 역사적 신빙성 여부는 2세기 그리스도교 사상가들에게도 커다란 문제였다.

이탈자

로마 역사가 수에토니우스는 예수를 유대인을 선동해 소란을 일으킨 인물로 묘사했고 (「신황 클라우디우스전」 25), 갈레노스는 유대교와 그리스도교 사이의 교리적 공통점을 지적한 바 있다. 그리스도교에 관해 들어본 사람치고 그리스도교가 팔레스티나 유대인들 가운데서 시작되었으며 그리스도인이 유대교 문헌, 특히 유대교 성서에 의존하고 있다는 사실을 모르는 사람은 없었다. 그러나 그리스도교와 유대교의 관계가 그리스도교 자체에 대한 비판의 무기로 사용될 수 있다는 사실을 최초로 간파한 고대 지식인은 켈소스였다. "그리스도인들과 유대인들은 서로를 비방한다"(『켈소스 반박』, 3.1)는 사실은 적잖은 사람들이 알고 있었다. 그러나 그리스도교와 유대교의 관계에 관한 켈소스의 관찰은 훨씬 심도 있는 부분을 건드렸다. 그리스도교를 창시한 예수가 유대인이었고, 그리스도인들이 유대교의 유산을 충실히 간직하고 있다고 자처함에도 불구하고, 그리스도인들은 유대 율법을 저버렸다고 켈소스는 주장했다. 그는 이를 한 유대인 화자의 입을 빌려 말한다.

> 어찌하여 그대(그리스도인)들은 우리(유대) 신앙에서 출발한다고 하며 마치 여기서 진보한 것처럼 주장하며 (유대교의 유산)을 경멸하면서도 우리의 율법 말고는 다른 교리적 근거를 제시하지 못하는가? (『켈소스 반박』, 2.4)

이 비판이 얼마나 강력한 것인지 이해하기 위해서는 유대교가 기원후 2세기 로마 제국에서 융성하던 종교였다는 사실을 염두에 두어야 한다. 그리스도교는 이미 로마 제국의 여러 도시를 중심으로 수백 년에 걸쳐 확고히 자리를 잡아 온 유대교 공동체와 공존해야 했고, 때로는 이와 대립하며 활로를 모색해야 했다. 이 시대를 다루는 연구는 이러한 측면을 경시하는 측면이 없잖아 있다. 초기 그리스도교에 관한 전통적인 서술은 유대교가 그리스도교 이전에나, 혹은 그리스도교 1세대에나 중요한 역할을 했던 것처럼 표현한다. 예를 들어 모든 신약성서 연구는 그리스도교의 유대교 배경과 함께 출발한다. 그러나 그리스도의 탄생을 중심으로 역사를 구분하고, 이후를 '새 시대'로 보는 역사 서술의 특성상, 그리스도교 이후 유대인들은 그리스도교 교회의 대두와 확립이라는 중심 이야기의 주변부로 밀려나고 만다.[9]

그러나 유대인은 로마 제국의 소수 집단 가운데 매우 중요한 위치를 차지했다. 6,000만에 달하는 인구 중 약 400~600만이 유대인이었다. 그리스도교가 처음 자리 잡았던 속주들, 이를테면 팔레스티나나 시리아, 이집트, 소아시아의 경우 인구에서 유대인이 차지하는 비율은 더 높았다. 팔레스티나 유대인의 경우 69~70년에 있었던 로마와의 전쟁과 115~117년 퀴레네와 이집트에서 일어난 봉기, 나아가 132~135년에 걸친 바 코흐바의 반란 등으로 큰 피해를 입었지만, 유대인 전체 인구가 급감한 적은 없었다. 팔레스티나에서 일어난 사건은 다른 속주의 유대인 공동체에 별다른 영향을 미치지 않았다. 심지어 팔레스티나에서도 2세기 이후 유대 공동체는 다시 번성했다. 팔레스티나를 비롯한 로마 세계의 각 도시에서 유대인들은 민회로 진출했고, 로마의 지방관을 도와 일하기도 했다. 도시의 교육, 문화, 경제생활에 유대인들은 활발히 참여했다.

조그만 신생 종파로 겨우 사람들의 이목을 끌기 시작하던 상

---

[9] Robert L. Wilken, *John Chrisostom and the Jews* (Berkeley, 1983), 특히 제2장을 보라.

황 속에서, 자신들이야말로 유대교의 적자라고 주장하며 유대 공동체와 그 관습, 율법을 부정하는 그리스도인들의 태도는 매우 이상하게 보였다. 오히려 자신들이 유대교의 전통에 충실하다고 주장하면서도 이를 따르지 않는 그리스도인들을 비난하는 유대인들의 태도가 정당해 보였다. 그리스도인과 유대인의 대화를 다룬「유대인 트리폰과의 대화」에서 순교자 유스티노스는 유대인의 입을 빌려 이렇게 말한다.

> 그러나 그대(그리스도인)들은 이 계약을 경멸하고 이로부터 나오는 (율법)을 무시하며, 하느님을 두려워하는 저(유대인)들이 하는 어떤 일도 행하지 않으면서 하느님을 안다고 확신하오. (「유대인 트리폰과의 대화」 10)

그러나 이러한 비판을 유대인도 그리스도인도 아닌 외부인이 하는 것은 또 다른 문제였다. 게다가 켈소스는 유대교조차 그렇게 긍정적인 눈길로 바라보지 않던 인물이었다.

> 유대인은 본래 이집트인과 같은 민족이었으나 이집트 공동체에 반기를 들고 이집트의 종교를 혐오한 끝에 이집트를 떠났다. (「켈소스 반박」 3.5)

켈소스는 그리스도교가 내세우는 진리가 유대교에 의존한다는 사실을 간파했다. 그리스도인들이 유대교 전통의 적자를 자처했기 때문이다. 유스티노스도 유대인들의 예언서를 읽고 그리스도교로 개종했다(『유대인 트리폰과의 대화』, 7). 그러나 그리스도인들의 행동, 그들의 관행 자체는 유대교의 관행을 무시했다. 더군다나 옛 유대교 전통을 간직한 유대교 공동체들이 여전히 건재하다는 사실이 그리스도교의 주장 자체에 의문을 제기했다. 유대인들은 할례와 음식에 대한 정결 규정, 절기들과 같은 초기 유대교 전통을 보존하며 모세의 율법을 충실히 따른다는 점을 보여주었다. 반면 그 전통의 계승자를 자처하던 그리스도인들은 유대교 율법의 어느 부분도 지키지 않았다. 켈소스는 유대인 화자의 입을 빌려 말한다.

> 그대(그리스도인)들은 어찌하여 우리 조상들의 율법을 떠나, 방금 이야기한 그자(예수)에게 현혹되어 어처구니없이 속아 넘어가서는 우리를 버리고 다른 이름과 다른 생활을 따르는가? (『켈소스 반박』, 2.1)

로마 제국의 도시들에 유대인 공동체가 없었다면 그리스도교와 유대교 사이의 긴장은 영향력이 없거나 감지조차 되지 않았을 것이다. 그런 상황이었다면 그리스도인들은 유대 전통의 적법한 계승자를 자처할 수 있었을 것이다. 누가 그들의 주장을 반박하려 하겠는가? 그러나 유대 공동체가 각 도시에 건재하다는 사실, 그것도 높은 인지도를 누리고 있다는 사실은 그리스도인들의 주장을 설득력 없어 보이게 만들었다. 켈소스는 묻는다. 어찌하여 하느님은 "아들, 이 나자렛 사람에게 상반된 율법을 주셨는가"? 예수의 가르침은 모세와 크게 달랐다.

> 누가 잘못된 것인가? 모세인가, 예수인가? 하느님 아버지가 예수를 보내며, 이전에 모세에게 준 가르침을 잊어버린 것인가? 아니면 마음을 바꿔 스스로 만든 율법을 뒤집고는 다른 가르침을 전하라고 사자를 보낸 것인가? (『켈소스 반박』 7.18)

켈소스는 유대인들이 예수를 메시아로 인정하지 않는다는 사실도 알고 있었다. 그는 물었다. "왜 오랫동안 메시아를 기다리던 사람들은 그를 인정하지 않았는가?" 켈소스의 유대인 화자는 비판을 이어간다. 어떻게 그리스도인들은 "우리의 신앙을 뿌리로 삼고는" 유대교 경전의 바로 그 가르침을 멸시하는가(『켈소스 반박』 2.4)? 그리스도인들은 이미 오래전 유대 예언자들이 예수의 삶에 관해 예언했다고 주장하지만, 사실 그런 "예언들이 예수보다 더 잘 부합하는 사람이 수천이다"(『켈소스 반박』 2.28). 예수에 관해 그리스도인들이 주장하는 내용의 근거를 유대교 성서에서 찾을 수 없다면 그리스도인들은 유대교의 보호막 뒤에 숨을 수 없다. 켈소스가 보기에 그들은 선조들의 율법을 떠나 예수에게 현혹되어 터무니없이 속아서는 다른 이름과 다른 생활을 택했다.

켈소스는 로마 세계의 다양한 '민족'들이 따르던 여러 전통 종교를 존중했다. 차차 살펴보겠지만, 그는 종교 문제에 관해 '참된 가르침'이란 '오래된 가르침'이라는 입장을 견지하던 인물이었다. 오랜 세월 속에서 전통으로 굳어진 종교적 관행이라면 참되고 지속할 만한 것이라고 생각했던 것이다. 그러나 그리스도인들은 독자적인 전통이 없었다.

> 그들이 어디에서 왔는지, 그들의 율법을 창시한 인물이 누구인지 묻겠다. 아무도 없다고 그들은 말할 것이다. 사실 그들은 유대교에 뿌리를 두고 있으며, 다른 어떤 교사도, 지도자도 대지 못한다. 그러면서도 그들은 유대교에 반기를 든다. (『켈소스 반박』 5.33)

켈소스는 유대인들에게 우호적인 감정이라곤 털끝만치도 없었으나, 적어도 그들이 따르는 삶의 방식은 오래되었고 존중할 만하며 쉽사리 배격해서는 안 되는 것이라고 생각했다. "그들이 예배하는 방식은 매우 특이하긴 하지만, 적어도 전통적이다."

따라서 켈소스의 핵심 논지 중 하나는 그리스도교가 그 뿌리를 거부한다는 것 자체가 이 신흥 종교가 정당성을 결여하고 있다는 증거라는 것이다. 오리게네스는 이를 반박하며 되묻는다.

예수에게 세례를 준 요한이 유대인이었다는 사실이 그리스도
교에 무슨 문제가 되는가? (『켈소스 반박』 2.4)

그러나 이것은 커다란 문제였다. 그리스도인들은 자신들이 유대
교의 적자라고 주장했지만, 유대인들처럼 행동하지 않았고 유
대인들도 그들을 유대인으로 인정하지 않았다. 유대 관습을 계
속하여 따르고 있는 유대교 공동체들의 존재 자체가 그리스도인
들의 정통성 주장을 결정적으로 흔들었다. 200년 후 율리아누스
황제는 그리스도교를 비판하며 그 핵심 이유로 그리스도교가 유
대교를 배교하고 나온 집단이라는 점을 들었다.

그리스도교가 유대교를 배교하고 나온 집단이라는 켈소스의
주장에 담긴 중요성은 초기 그리스도교에 관한 고대인들의 비판
이나 초기 그리스도교 호교론에 관한 논의에서 중요하게 다루
어지지 않았다. 그러나 이 주제가 그리스도교에 대한 비판에 계
속하여 나타난다는 사실은 그리스도교와 헬레니즘의 관계가 오
랫동안 인식되어 온 것처럼 양자 사이의 단순한 긴장이 아니라
는 점을 암시한다. 19세기의 위대한 역사가 아돌프 폰 하르낙을
비롯한 대다수 학자는 초기 그리스도교의 역사를 전적으로 그
리스·로마 문화와의 관계에만 두고 해석했다. 그러나 로마 세계
그리스도교의 발전사를 이해하는 데는 그리스도교와 유대교와
의 관계 또한 매우 중요하다. 유대인들은 다양한 측면에서 그리
스도인들과의 논쟁에 활발히 참여했다. 그러나 켈소스의 「참말」

이 시사하듯, 어떤 경우에는 유대교가 로마 사회의 일원이었다는 단순한 사실 하나가 논쟁의 양상을 바꾸었다. 떠오르는 그리스도교 공동체 곁에 정상적으로 기능하는 유대교 공동체가 존재하는 이상, 켈소스와 같은 비판자들은 그리스도교가 명백히 사교라고 주장할 수 있었다. 어떤 주장을 하든 뿌리인 유대교의 길을 저버렸기 때문이다. 유대교 성서를 더 바르게 해석하고 있다고 자처하면서도 그리스도인들은 할례나 안식일 규정, 절기 규정, 음식 규정 등 성서에 분명히 명시된 대목들을 의도적으로 배척했다. 자신들이 경전으로 삼던 책이었음에도 말이다. 그리스도교 호교론자들은 고대 다신교인들의 철학적 비판뿐 아니라, 경전과 역사성을 두고 (유대인들이) 제기한 비판에도 대응해야 했다. 게다가 이러한 논박은 건재하던 대항 전통, 유대교의 경전 해석과 그들이 준수하던 관행으로 뒷받침되고 있었다. 그리스도교를 두고 '이교도'들이 제기한 비판에는 이렇듯 유대인들의 존재가 중요한 역할을 했다. 그리스도교가 주장하던 유대교와의 관련성은 그리스도교의 가장 취약한 부분이었다.

종교와 사회 질서

지금까지 살펴본 것을 토대로 하면 켈소스의 「참말」은 주로 그리스도교 교리나 관행 중 취약한 측면만을 겨냥한 평으로 보일 수 있다. 그러나 켈소스의 저작은 결코 무계획적 비판이 아니었다. 그의 서술에는 일관성이 있다. 그리스도교에 대한 켈소스의 비판은 사회, 그리고 그 사회를 움직이던 지적, 정신적 전통, 나아가 그 전통이 뿌리내린 종교적 신념에 기초하고 있다. 이는 이 장 앞부분에서 하나의 신에 관한 믿음을 켈소스가 어떻게 생각하였는지 돌아보며 잠시 다루었던 부분인데, 여기서 조금 더 자세히 살펴보기로 한다. 켈소스의 그리스도교 비판에 담긴 사회적, 정치적 함의에 관한 이야기다.

「참말」을 마무리하며 켈소스는 그리스도인들에게 "전력을 다해 황제를 보좌하고, 황제와 협조하여 올바른 일을 행하며, 황제가 요구한다면 병사로, 또한 장수로 황제의 곁에서 싸워야 한다"(『켈소스 반박』, 8.73)고 말했다. 그는 대다수 그리스도인이 군복무를 거부하며 국가 방위의 의무를 수행하지 않고 있음을 알고 있었다. 70년 뒤 오리게네스는 이에 관해 쓰며 켈소스의 주장을 재확인한다. 그는 그리스도인들이 국가의 안녕을 위해 더 큰 일을 하고 있다고, 곧 "경건의 군대"를 이루어 황제의 만수무강과 제국의 안녕을 위해 기도한다고 말했다.

오리게네스가 인용한 다음 단편에서 켈소스는 그리스도인들이 "경건의 법도를 지키기 위해 … 국가의 관직을 맡아야" 한다고 촉구한다(『켈소스 반박』, 8.75). 켈소스의 논평에 담긴 요지는 그리스도인이 반전론자라는 것이 아니라 어떤 방식으로든 로마 제국 도시들의 공적 생활, 시민 생활에 참여하려고 하지 않는다는 것이었다. 어떤 이는 이를 두고 그리스도인들이 "시민으로서의 의무를 이해하지 못하고 있다"(『옥타비우스』 12)며 비판했다.

그리스도인들이 시민의 의무를 다하지 않는다는 켈소스의 지적은 네로 시기 그들이 "인류에 대한 증오"로 처벌받았다는 타키투스의 서술에서 보이는 혐의, 곧 다른 사람들의 생활 방식에 대한 그리스도인들의 무관심과 경멸을 염두에 두고 있는 것처럼 보인다. 켈소스는 예수의 말을 인용한다.

아무도 두 주인을 섬길 수는 없다. (마태 6:24)

켈소스에 따르면 이는 반역이다. "스스로 벽을 치고 인류 나머지와 분리하는 사람들"이나 하는 말이라는 것이다(『켈소스 반박』 8.2). 그러나 그리스도인들의 '반사회성'과 '배타성'에는 다른 문제도 있었다. 켈소스는 그리스도교의 배타성에 담긴 이론적 기초에 관해 논한다. 인간사에서 한 사람은 두 주인을 섬길 수 없다. 한 사람에게 충성을 맹세하면 다른 사람에게 또다시 충성을 맹세할 수 없기 때문인데, "신의 영역에서는 여러 신을 섬기는 일을 피하는 행위는 타당하지 못하다". 왜냐하면 "여러 신을 섬기는 이는 상위의 위대한 신에게 속하는 일부를 섬기는 것이므로, 그 행위 자체가 그 신의 마음에 드는 일"을 하는 것이기 때문이다. 따라서 "신에게 속하는 모든 것에 경의를 표하며 숭배하는 것은 신에게 아무런 해가 되지 않는바, 모든 것이 그의 것이기 때문이다"라고 켈소스는 이야기했다(『켈소스 반박』 8.2).

'혁명'revolution 혹은 '반역'sedition이라고 번역할 수 있는 용어는

「참말」에서 그리스도교를 가리키는 표현으로 종종 사용된다. 앞서 언급했듯 켈소스는 그리스도교가 유대교를 배교한 집단이라며 비판했다. "(유대교) 공동체에 대한 반기는 새로운 사상으로 이어졌다." 그러나 앞서 인용한 8권의 단락에서 켈소스는 그리스도교가 그리스·로마 세계라는 체제에 반기를 들었다고 이야기하고 있다. 그리스도인들은 도시의 관습과 전통에, 옛 현자들이 전수해 온 지혜에 반기를 들고 있다. 그들은 태고부터 이어져 온 거룩한 방식을 경멸했다. '신전과 제단, 신상'을 업신여겼다. 왜 사람들이 신전을 세우고 신상을 숭배하였는지 알려고조차 하지 않았다. 그리스도인들은 돌이나 나무, 동이나 금으로 만든 신상은 신이 아니라고 주장했다. 하지만 그런 것은 "지혜라고 할 수 없다. 봉헌물이나 신의 상일 뿐, 정말로 신이 아니라는 사실은 갓난아기가 아닌 이상 누구나 알고 있다"(『켈소스 반박』, 7.62). 그들은 또한 인간과 신 사이를 중재하는 다이몬들에게 합당한 경의를 표하려고 하지 않았다(『켈소스 반박』, 7.63). 황제에 대한 충성도 거부했다.

켈소스가 보기에 그리스도교가 혁명적이었던 이유는 로마 제국의 법률에 맞서 전면전을 일으킬 인력과 자원이 있었기 때문이 아니라 자체적인 법률과 행동 양식에 따라 작동하는 사회 집단을 만들었기 때문이었다. 예수의 삶과 가르침은 '교회'라는 새로운 조직의 창설로 이어졌다. 그렇게 그리스도교는 점차 독자적인 국가 공동체처럼 보이기 시작했는데, 그러면서도 영토나 독특한 관행을 정당화할 전통은 없었다. 그리스도인들은 유대인들과 마찬가지로 로마인들이 성스럽게 여기는 것을 속되게 여겼고, 다른 이들이 비난하는 것을 용인했다. 그러나 유대인들과는 달리 그리스도인들은 새로운 요소를 끌어들였다. 예수라는 인물에 대한 숭배였다. 예수에 대한 숭배를 통해, 그들은 신에 대한 참된 신심으로부터 사람들을 떼어놓았다.

> 그대가 그리스도인들에게 예수가 (하느님의) 아들이 아니라고 이야기하며, 하느님은 만물의 아버지이고, 따라서 오직 그분만을 숭배해야 한다고 말한다면, 그들은 여기에 반역의 수괴인 예수를 덧붙이지 않는 한 이 말을 듣지 않을 것이다. 실로 그들이 예수를 가리켜 하느님의 아들이라고 말하는 것은 하느님에게 경의를 표하는 것이 아니라 예수를 떠받드는 것이기 때문이다. (「켈소스 반박」 8.14)

켈소스는 두 주인을 섬길 수 없다는 복음서의 구절 너머에 놓인 예수에 대한 숭배를 포착한다(마태 6:24). 그리스도인들은 예수를 그들이 만든 새 종교 단체의 중심 숭배 대상으로 만들어 사람들을 하나의 최고신에 대한 숭배로부터 이탈하게 했다. 이 최고신에 대한 숭배란 오직 하나의 신만이 존재한다는 의미가 아니라, 모든 신 위에 궁극적인 신이 있다는 의미였다. 하위의 신들은 최고신의 대리자이자 조력자로 세상을 지배했다. 따라서 이 하위의 신들 또한, (예수처럼) 최고신을 대체하는 유일한 숭배 대상으로 놓지 않는 한, 최고신과 함께 숭배하는 것이 마땅했다. 왕은 한 사람으로서 다른 사람들을 다스린다. 마찬가지로 만물의 군주인 최고신은 다른 신들을 다스린다. "여러 신을 섬기는 이는 상위의 위대한 신에게 속하는 일부를 섬기는 것이므로, 신의 마음에 드는 일을 하는 것"이라고 켈소스는 주장했다(『켈소스 반박』 8.2).

예수가 신이라는 영예에 합당하다는 충분한 증거를 그리스도인들이 제시한다면, 켈소스는 이를 인정할 수 있었다. 그의 입장은 예수가 마술과 사술을 통해 기적을 행했기에 이러한 영예에 합당하지 않다는 것이었다. 그런데 그리스도인들은 한 걸음 더 나아갔다. 그들은 예수가 다른 신들과는 다르며, 다른 신들 대신 예수만을 숭배해야 한다고 주장했다. 그런 과도한 숭배는 예수를 최고신의 대항자로 설정하는 것이고, 최고신에 대한 숭배를 가로막는 것이라고 켈소스는 생각했다.

(그리스도인들이) 오직 한 분의 신만을 숭배한다면, 그들은 꽤 설득력 있는 주장을 하는 것일 수 있다. 그러나 실상 그들은 얼마 전 살았던 이 사나이를 과도할 정도로 추앙하며, 그러면서도 하느님의 종을 숭배하는 것이 하느님을 거역하는 일이 아니라고 생각한다. (『켈소스 반박』 8.12)

그리스도인들은 혁명적인 단체를 조직했다. 게다가 그 단체는 최고신을 숭배하지도 않았고, 신들의 사자인 다이몬을 숭배하지도 않았다. 대신 '시체'corpse를 숭배했다(『켈소스 반박』 7.68). 신전에 들르려 하지도 않고, 신상에 예를 표하지도 않고, 공공 종교 행사에 참석하지도 않는 그리스도인들의 모습은 바로 그들이 "모호한 비밀 단체"라는 증거였다(『켈소스 반박』 8.17).

이러한 단체들이 너무 많은 사람을 끌어들인다면 사회의 응집력과 안정성이 약화될 수 있다고 수 있다고 켈소스는 우려했다. 그리스도교는 더 큰 사회로부터 사람들의 충성심과 열정을 빼앗는 '대항 문화'counter culture를 형성하고 있었다. 켈소스가 이 글을 쓰고 있었을 시대에는 그런 위협이 될 정도로 그리스도인의 수가 많지는 않았다. 그러나 켈소스는 그리스도교의 사회적 함의를 간파했고, 이것이 가져올 파장을 우려했다. 특정 집단이 숭배하는 신을 최고신과 동등한 위치에 두는 것은 최고신에 대한 마땅한 숭배를 가로막고, 결과적으로 현존하는 질서 자체에 대해 근본적인 의문을 제기하는 것이나 다름없었다. 따라서 그리스도교는 엄밀한 의미에서 반역이었다. 뿌리인 유대교 전통, 그 전통의 '노모스'νόμος를 어기고 있다는 것은 헬레니즘 문화에 대한 커다란 위협이었다. 유대교에 반기를 든다는 것은 결국 헬레니즘 사회를 유지하는 전통을 파괴할 독을 주입하는 행위나 다름없었다. 그리스도교는 "종교적 노모스의 와해를 조장했다. 궁극적으로 다양한 사람들이 그들 고유의 법도, 노모스를 통해

전수해 온 역사적 유산을 저버린다는 점에서 그랬다".[10]

켈소스가 이야기하는 노모스는 특정 문화가 축적한 지혜 및 관행과 연결된 용어다. 전통을 존중하지 않는 것은 오류와 사회적 무질서로 이어질 뿐이었다. 켈소스의 그리스도교 비판은 양면적이다. 한편으로 그는 그리스도교 신앙을 받아들일 수 없는 논리적, 철학적인 근거를 댄다. 이런 것들 다수는 여전히 제기되는 비판들이다. 신은 불가능한 일을 행할 수 없다는 등의 주장은 대표적이다. 그러나 다른 한편으로 켈소스의 비판은 노모스를 이해하는 그의 입장, 나아가 그가 살았던 시대와 문화의 시각에 맞닿아 있다. 그는 참된 것은 오래 지속된 것이라고 믿었다. 옛사람들에 의해 전수되어 온 것은 오래되었기 때문에 참된 것이었다. '옛사람들은 영감을 얻어 많은 탁월한 가르침을 선포했다.' 그리스도인들은 이러한 현자들의 지혜를 거부하고 자신들의 새 가르침이 더 낫다고 주장한 것이다.

현자들은 태고적 사람들이었다. 대부분은 이름조차 전해지지 않았다. 그러나 로마 세계의 사람들은 도덕 격언이나 관습, 믿음, 종교 행위 등에 그들의 지혜가 담겨 전해지고 있다고 믿었다. 그들의 가르침과 관습은 그들의 과거에 뿌리를 두고 있었다. '알레테스 로고스', 참말, 참된 가르침은 곧 '팔라이오스 로고스'παλαιὸς λόγος, 옛말, 옛 가르침이었다. 사람들은 플라톤을 현자

---

[10]   Carl Andresen, *Logos und Nomos*, 223~224.

로 존경했다. 정의의 문제를 다루는 플라톤의 대화편 「크리톤」
을 들며 켈소스는 한쪽 뺨을 맞거든 다른 뺨도 돌려대라는 그리
스도교의 가르침(루가 6:29)이 이미 플라톤에게서 엿보인다고 주
장한다.

> (그리스도인들은) 모욕을 당해도 저항하지 말라는 가르침을 강조
> 한다. 누군가가 뺨을 치더라도 다른 뺨을 돌려대라는 것이다.
> 이 또한 마찬가지로 오래된 가르침이며 이전에 이미 더 탁월한
> 방식으로 전해진 가르침이다. 그들은 이를 더 통속적인 용어로
> 설명했다. (「켈소스 반박」 7.58)

그리고 그는 「크리톤」에서 이미 플라톤이 해를 당하더라도 보
복하지 말라고 가르쳤음을 든다. 그러나 플라톤의 가르침 또
한 "더 오래전 영감을 받은 이들이 전수한" 것이다(「켈소스 반박」
7.58). 다른 곳에서 켈소스는 그리스도인들이 고대인들의 가르침
을 어떻게 오해하였나 들며 비판한다(「켈소스 반박」 6.15).

고대인들의 지혜에 호소한 것은 그리스도인들이 자신들의 가
르침을 변호하며 내놓던 주장을 겨냥하고 있었다. 초기 호교론
자들은 그리스도교의 가르침이 권위 있는 것이라는 주장을 입
증하기 위해 유대 예언자들을 내세웠다(유스티노스, 「첫째 호교론」
1.30~52). 모세는 그리스의 옛 현자들보다 더 이전 시대의 인물이
라는 것이었다(「첫째 호교론」 1.54). 그리스도교가 등장하기 전에

도 유대인들은 전통의 고대성을 들며 유대 전통이 진리를 담고 있다고 주장했다. 유대인 역사가이자 유대교 호교론자 요세푸스는 「유대 고대사」Ἰουδαϊκὴ ἀρχαιολογία라는 저작을 집필하기도 했다.

그러나 켈소스가 고대의 지혜에 호소한 더 깊은 이유가 있다. 혁신과 최신을 추구하는 현대 사회와 달리, 그리스 로마 사회는 과거를 추앙했다. 더 오래된 것일수록 더 좋은 것으로 여겼다. 종교의 경우에는 더욱 그랬다. 옛 시대의 사람들일수록, 특히 태고적 사람들일수록 신들과 더 가까웠다고 여겼기 때문이다. 키케로는 「법률론」De Legibus에서 로마의 관습과 전통을 다루며 이렇게 쓰고 있다.

> 가문과 조상들의 방식을 지키는 것은 다시 말해 마치 신들이 전한 종교와 같은 것을 지키는 것과 같다. 옛것은 신들과 가장 가깝기 때문이다. (「법률론」 2.27)

키케로의 표현은 플라톤이 했던 이야기를 반복한 것이다.

> 옛사람들은 우리보다 더 탁월했고 신들과 더 가까웠다. (「필레보스」 16c)

진리는 전통에 있었다.

이러한 점에서 켈소스는 매우 보수적인 사상가다. "처음부터 존재한, 그리고 가장 지혜로운 종족들과 국가들, 현자들이 보존해 온 태고의 가르침(로고스)이 있다." 켈소스는 그런 종족들로 이집트인들, 아시리아인들, 인도인들, 페르시아인들, 오드뤼시아인들, 사모트라케인들, 엘레우시스인들을 든다. 그러나 켈소스는 권위주의자나 교조주의자는 아니었다. 그는 여러 종족 사이에서 전수된 믿음과 관행이 서로 다르며, 단일한 가르침으로 환원할 수 없다는 사실을 알고 있었다(『켈소스 반박』 1.14). 고대 현자들의 말, 가르침에 호소하면서도, 켈소스는 이것이 매우 추상적이며 '종족'들 사이에서 단일한 형태를 보이지도 않는다는 것을 인정한다. 이런 측면에서 켈소스는 '현실주의자'다. 오리게네스는 켈소스의 이러한 점을 발견하고 맹렬하게 비판한다(『켈소스 반박』 5.27). 켈소스가 주목하는 것은 '가르침'의 구체적인 내용보다는 그것이 확립된 형태에 있다. 그는 누구든 각 종족의 '법률'들을 따라야 하는 이유가 "확립된 사회 전통을 보존해야 하기에" 그리고 신이 각 종족에 서로 다른 현자들을 보내 서로 다른 관행을 수립하게 했기 때문이라고 쓰고 있다. "각 지역에 처음부터 존재해 온 관습을 저버리는 것은 불경"한 이유가 여기에 있다(『켈소스 반박』 5.26).

켈소스는 유대인의 관습 자체는 경멸했지만 이를 보존하고 따르는 유대인의 모습은 존중했다. 어쨌든 유대 민족은 독자적으로 "그들 국가의 관행에 따라 율법을 만들었고, 이를 오늘날까지 따르고 있으며, 매우 이상하게 보이지만 어쨌든 오래된 전통을 따라 신을 섬기고 있기 때문이다. 그런 점에서 그들은 인류 나머지와 같이 행한다. 각 종족은 어떤 형태로든 고유의 전통을 따르기 때문이다"(『켈소스 반박』, 5.25). 나름의 전통을 수 세기 동안 보존했다는 점에서 유대인들은 자신들이 태고의 진리를 따르고 있다고 주장할 수 있다. 그러나 여기에 그리스도인들은 해당하지 않는데, 최근에야 등장한 종파이기 때문이다. 유대 고대와의 연결성을 주장하지만, 이 또한 쉽게 반박할 수 있다. 그리스도인들이 주장하는 과거와의 연결성은 크지도 않고, 중요하지도 않은 것들이며, 게다가 그 연결성마저 고작 백 년이 조금 넘었을 뿐이다.

> 그들이 어디에서 왔는지, 그들의 율법을 창시한 인물이 누구인지 묻겠다. 아무도 없다고 그들은 말할 것이다. 사실 그들은 유대교에 뿌리를 두고 있으며, 다른 어떤 교사도, 지도자도 대지 못한다. 그러면서도 그들은 유대교에 반기를 든다. (『켈소스 반박』, 5.33)

결국 켈소스의 기준은 관습과 전통, 혹은 그의 표현을 따르자면 고대로부터 전수된 '노모스'였다. 특정한 신앙 체계를 옹호하려는 것이 아니었다. 오랜 전통으로 굳어진 관행을 따르는 것이라면 켈소스는 어떤 형태도 관용할 준비가 되어 있었다.

각 종족이 각자의 예법을 따라 신을 섬긴다면 문제가 되지 않는다. 사실 각 종족 간의 차이는 현저하다. 그러나 각자는 자신의 것이 최고라고 생각하는 것 같다. 메로에의 에티오피아인들은 제우스와 디오뉘소스만 숭배한다. 아랍인들은 우라니아와 디오뉘소스를 숭배한다. 이집트인들은 하나같이 오시리스와 이시스를 숭배한다. … 어떤 종족은 양이 성스럽다고 생각하며 양고기를 먹지 않는다. 어떤 종족은 염소를, 어떤 종족은 악어를 그렇게 여긴다. (『켈소스 반박』 5.35)

켈소스와 그리스도인들과의 논쟁에는 또 다른 함의도 있다. 이 논쟁은 단순히 고대 전통 종교와 그리스도교의 논쟁을 넘어선, 종교에 대한 새로운 개념과 관련이 있다. 켈소스는 그리스도인들이 종교와 '종족' 간에 놓인 전통적인 연결을 파괴하고 있다는 사실을 간파했다. 고대인들은 종교란 당연히 특정 도시, 민족과 불가분하게 연결되어 있다고 믿었다. 오늘날 우리가 이야기하는 '종교', 곧 특정 집단, 민족과 국가 정체성으로부터 분리되어 자발적으로 결성된 집단의 믿음이나 관행을 지칭하는 표현은 고대에 존재하지 않았다. 종교라는 용어는 "(숭배나 입회식 등) 예식이나 (교리나 의견 등) 믿음, 법률, 국가적 관습이나 전통의 총체를 가리킬 수는 있었으나, 오늘날 우리가 '종교'라는 이름으로 종합하여 이야기하는 것에 가장 가까웠던 헬레니즘의 산물은 '철학'

이었다".[11] 도시나 민족으로부터 분리되어 신앙적 충성심으로 연결되어 고유의 전통과 믿음, 역사와 생활 양식을 공유하는 집단은 고대인들에게 있을 수 없는 개념이었다. 종교는 민족, 국가와 같은 개별 공동체에 속한 것이었다. 그 공동체에서 태어나거나, 그 공동체로 이주해 일원이 되면 그 종교를 받아들이는 것이었다. "경건이란 전통적인 의례를 차분히 따르는 데, 또 전통적 기준을 충실히 준수하는 데 달려 있었다."[12]

켈소스는 그리스도교가 보이던 '종파주의적'sectarian 경향에 반대했다. 그는 그리스도교가 종교를 '사유화'privatizing한다고 보았다. 그리스도교는 공적 종교를 사적 집단의 전유물로 만들었다. 그리스도인들은 군 복무뿐 아니라 관직도 거부했고, 도시 공동체와 관련된 직책도 맡지 않았다. 단순히 시민 생활에 참여하지 않는 것이 문제가 아니었다. 사회의 기초를 뒤흔든다는 것이 문제였다. 집단의 창시자를 신의 반열에 올림으로써, 그들은 제국을 수호하는 하나의 최고신에 대한 대항 신을 설정했다. 세상에 하나의 왕이 있다는 입장을 뒤엎는다면, "황제가 권좌에서 쫓겨나 홀로 추방되는 것을 막을 수 없을 것이며, 만사는 법도를 모르는 야만족들의 손에 들어가게 된다"(『켈소스 반박』, 8.68)고 켈소스는 주장했다.

---

[11] Morton Smith, 'Palestinian Judaism in the First Century', *Israel: Its Role in Civilization* (New York, 1956), 79.

[12] A.D.Nock, *Conversion*, 18.

제6장

___

포르퓌리오스 - 철학자

위대한 신플라톤주의 철학자 플로티노스Plotinus의 전기를 쓰고, 그의 저작을 편집해 『엔네아데스』Ενεάδες로 집대성한 포르퓌리오스는 그리스도교를 비판한 고대인 중 가장 박식하고 날카로웠다. 철학의 역사에서는 플로티노스의 그늘에 가려 있으나, 그는 나름대로 확고한 입지를 구축한 인물이다. 포르퓌리오스의 방대한 학식과 철학적 예리함은 그리스도교에 가공할 위협이었다. 켈소스의 그리스도교 비판은 오리게네스라는 한 명의 호교론자의 답변을 끌어냈지만, 포르퓌리오스의 비판은 여러 세대에 걸쳐 그리스도교 학자들을 자극했다. 『신국론』을 집필하던 만년의 아우구스티누스도 포르퓌리오스의 논변에 대응하고자 고심했다. 심지어 콘스탄티누스Constantine 황제도 포르퓌리오스를 상대로 싸웠는데, 반박하는 글을 쓰는 대신 저술을 보이는 족족 불태우는 방식을 택했다. 이런 방식은 한 세기가 흐른 후 448년, 테오도시우스 2세Theodosius II가 다시 사용하게 된다. 로버트 그랜트Robert Grant는 말했다.

> 그리스도교에 대한 (포르퓌리오스의) 공격의 열정과 범위, 크기는 그리스도교 공동체들을 공포에 몰아넣었던 것이 분명하다.[1]

포르퓌리오스에 대항해 글을 쓴 인물들은 많다. 그러나 안타깝게도 포르퓌리오스의 작품 자체는 거의 보존되지 못했다. 남아있는 단편들은 여러 저자의 저작들에 흩어져 있고, 그마저도 포르퓌리오스의 이름을 언급하지 않는 경우가 대부분이다. 그러다 보니 포르퓌리오스가 실제로 어떻게 썼는지, 그리스도교에 관해 어떤 방식으로 접근했는지, 한 권을 썼는지 여러 권을 썼는지 불확실하다. 다만 우리가 알고 있는 사실은 그리스도교를 겨냥한 그의 공격이 그리스도인들에게 매우 깊은 인상을 남겼다는 것, 역사와 철학, 종교, 연대기, 문헌 비평에 관한 폭넓은 지식에 기초를 두고 유대교와 그리스도교 성서에 대해 철저하고 세밀한 비판을 가했다는 것이다. 결코 평범한 학자가 아니었던 아우구

---

[1] Robert M.Grant, 'Porphyry among the Early Christians', *Romanitas et Christianitas* (Amsterdam, 1973), 182.

스티누스조차 포르퓌리오스를 "가장 박식한 철학자"doctissimus라고 불렀으며, 박식한 인물로 정평이 나 있던 에우세비오스조차 포르퓌리오스를 두려워했다. 그리스도교 학자들만큼이나 성서에 해박한 비판자를 상대하기란 여간 버거운 일이 아니었다.

켈소스가 그리스도교에 대해 글을 쓴 시점은 그리스도교가 막 대중의 이목을 끌기 시작했고, 따라서 아직 거의 알려진 것이 없던 무렵이었다. 그러나 포르퓌리오스의 경우는 달랐다. 그가 집필 활동을 하던 2세기 후반~3세기 그리스도교는 로마 제국에서 상당한 입지를 차지하고 있었다. 포르퓌리오스가 그리스도교를 반박한 계기, 반박하며 택한 방식은 그리스도교가 점차 떠오르던 현실, 하층민들 가운데 이미 커다란 영향력을 행사하고 있었을 뿐 아니라 지식인 사회에도 영향을 미치던 현실을 염두에 두었을 가능성이 높다. 켈소스는 그리스도교를 가볍게 여기지 않았다. 그러나 그는 그리스도교의 핵심 주장들이 허구임을 입증하면 그 확산을 가로막을 수 있을 것이라고, 적어도 늦출 수 있을 것이라고 생각했다. 포르퓌리오스는 그런 환상을 품지 않았다. 그는 그리스도교가 사라지지 않을 것이라고 보았다. 그리고 이 전제를 바탕으로, 어떻게 그리스도교를 로마 제국의 종교 전통 안에 넣을 수 있을지, 어떻게 그리스도교라는 새 신앙을 전통 종교와 어울리게 할지 고민했다. 바로 이 때문에 포르퓌리오스는 초기 그리스도교에 더 큰 위협으로 다가왔다.

켈소스는 사실상 그리스도교에 대한 비판으로 명성을 얻었지만, 포르퓌리오스는 달랐다. 그는 이미 다방면으로 알려진 인물이었다. 고대 그리스의 지적 전통을 보전하고자 분투하던 독자적인 철학자였고, 동물을 제물로 바치는 전통적 종교 관행에 담긴 가치를 옹호하는 등 그리스·로마 세계의 종교 유산을 철학적 사유와 연결하고자 고심하던 사상가이기도 했다. 또 그가 남긴 철학 저술들, 특히 아리스토텔레스에 관해 쓴 저술들은 보에티우스 이래 서양 철학사에 지속적인 영향력을 행사했다. 예를 들어 아리스토텔레스의 「범주론」($Kατηγορίαι$)에 포르퓌리오스가 붙인 서론과 주석(「이사고게」$Eἰσαγωγή$)은 중세에 철학을 공부하는 학생이 가장 먼저 숙지해야 할 문헌이었다. 포르퓌리오스는 당대 매우 활발했던 철학 전통, 플라톤주의를 따르면서도 전통적인 종교 또한 존중했다. 그는 인생의 황혼기에 들어서 결혼했는데, 아내에게 쓴 편지가 전해진다. 편지에서 그는 "가장 위대한 경건의 열매란 조상들의 전통을 따라 신을 숭배하는 것"이라고 썼다(「마르켈라에게」 18). 지적, 정신적 경건에 관심을 두던 플로티노스와는 달리 포르퓌리오스는 각종 예식과 제사, 도시의 공공 축전 등에도 관심이 있었다. 그는 종교가 철학에 부여하는 가치를 중요하게 여겼다.

신플라톤주의는 로마 제국의 학문 체계일 뿐 아니라, 종교가 사회를 지배하던 시절에 자라난 하나의 신앙이기도 하다. 새로운 것은 종교에 관한 철학자들의 태도다. 종교가 크게든 작게든 도덕적인 가치가 있다고 생각하던 것에서, 플라톤주의 철학 자들은 종교와 철학이 같은 목적을 지향한다는 사실을 받아들이게 된다.[2]

플라톤을 위한 변명

포르퓌리오스는 팔레스티나 북부 지중해 연안 페니키아 도시 튀로스에서 태어났다. 출생 연도는 확실하지 않다. 정황상 232년경으로 추정한다. 아버지의 이름은 말코스Malchos로, 시리아어로 '왕'을 뜻했다. 여기서 그의 이름 포르퓌리오스가 유래했는데, 전통적으로 왕을 상징하는 색깔이었던 자색을 의미한다. 물론 그가 실제로 왕의 핏줄을 타고났는지는 무근이다. 그러나 적어도 수사학과 문학을 철저히 교육할 정도의 여유가 있던 부모에게서 태어난 것은 분명하다. 포르퓌리오스의 모어는 시리아어였겠지만 튀로스는 헬레니즘 도시였고, 그가 받은 모든 교육은 그리스어로 이루어졌다. 어쩌면 포르퓌리오스는 히브리어도 어느 정도 이해했을 수 있다. 그리스도교를 비판하며 상당 부분을 유대교 성서에 주목하기 때문이다. 물론 그가 히브리어를 알았다는 사실은 어디서도 언급하고 있지 않다.

지중해 동부 연안의 전략적 요충지에 위치한 튀로스는 무역과 상업의 중심지이자 동서 교류의 장이었다. 도시는 멋진 항구

---

[2] A.D.Lloyd, *The Cambridge History of Later Greek and Early Medieval Philosophy* (Cambridge, 1967), 277.

와 대규모의 자색 염료 산업을 자랑했다. 시민들 가운데는 사업 목적으로 로마와 푸테올리(오늘날 이탈리아의 포추올리)에 별도로 집을 소유하고 있는 경우도 있었다. 당연히 튀로스에는 다양한 종교가 몰려들어 번창했고, 포르퓌리오스는 어린 시절부터 고대 세계의 서로 다른 종교를 경험하며 이를 관용하는 법을 배웠다. 그리스도교와 유대교를 처음 경험한 장소도 튀로스였다. 다니엘 서에 관한 그의 해석도 어쩌면 튀로스에서 배운 것일 수 있다.[3] 유대교 성서의 한 책, 다니엘서에 관해 포르퓌리오스가 제기한 획기적인 해석은 그의 그리스도교 비판의 핵심 요소 가운데 하나가 될 뿐 아니라, 당대를 넘어 훗날에 이르기까지 그리스도교 성서 주석가들을 근심의 늪으로 몰아넣었다.

젊은 시절 포르퓌리오스는 튀로스에서 지중해 연안을 따라 남쪽으로 내려가 카이사레아에 있던 그리스도교 사상가 오리게 네스의 강의를 듣기도 했다. 첫 200년 동안 그리스도교가 배출 한 가장 독창적인 학자라고 할 수 있는 오리게네스는 당시 명성 의 정점에 있었고, 그리스도교를 위한 엄청난 분량의 변론 「켈소 스 반박」을 막 집필한 시점이었다. 그러나 포르퓌리오스는 오리 게네스에게 전혀 긍정적인 인상을 받지 못했다. 그가 보기에 그 리스의 지적 전통과 팔레스티나의 새 종교를 연결하려던 오리게 네스의 시도는 말이 되지 않았다. 오리게네스를 동시대의 그리

---

3 P.M.Casey, 'Porphyry and the Origin of the Book of Daniel', *Journal of Theological Studies*, 27 (1976), 15~33.

244 │ 그리고 로마는 그들을 보았다

스 철학자 암모니오스Ammonius와 비교하여 남긴 포르퓌리오스의 평가가 전해진다.

> 그리스도인 부모에게서 태어나 그리스도인으로 자라난 암모니
> 오스는 철학을 하기 시작하자 곧 (마음을) 바꾸어 (참된) 도를 따
> 르는 삶으로 나아갔다. 한편 본래 그리스인으로 그리스 문학을
> 공부했던 오리게네스는 야만인들의 무모함으로 넘어가서는 자
> 신이 배운 것을 팔아 삶에 있어서는 도를 저버리고 그리스도인
> 으로 행동했으며, 물질세계와 신에 관한 의견에 있어서는 그리
> 스인으로 행동하며 이방인의 우화와 그리스 학문을 뒤섞었다.
>
> (에우세비오스, 「교회사」 6.19)

포르퓌리오스와 오리게네스의 관계 때문에 후대의 몇몇 그리스도인들은 포르퓌리오스가 본래 그리스도인이었다가 배교하여 헬레니즘 철학으로 돌아갔다고 생각하기도 했다. 근거 없는 생각이지만 이런 생각이 퍼졌던 이유는 충분히 알 수 있다. 당시 그리스도인들은 포르퓌리오스와 같은 인물이 오리게네스처럼 학자의 지성과 은수자의 영성을 겸비한 인물에 매력을 느끼지 못했을 것이라고는 상상할 수 없었다. 포르퓌리오스도 은수자의 가치를 따라 산 인물이었다. 그러나 위대한 오리게네스조차 포르퓌리오스를 사로잡는 데는 실패했다. 어쨌든 오리게네스라는 그리스도교 학자와의 만남은 나중에 엄청난 결과를 가져온

다. 포르퓌리오스는 오리게네스에게 그리스도교 사상에서 성서가 얼마나 중요한지 배웠다. 어쩌면 성서를 어떻게 비평해야 하는지도 배웠을 수 있다. 이와 관련해 로버트 그랜트는 말했다.

(포르퓌리오스가 주석 상 난점에 관한) 오리게네스의 책 「양탄자」 Στρωματεῖς를 접했을 때 성서에 대한 비평과 이를 우의로 해결하는 모습을 보고는 그리스도교의 결정적 약점 상당수를 오리게네스가 노출했다는 사실을 깨달았을 것이다. 포르퓌리오스가 할 일은 오리게네스가 지적한 문제점을 수용하고 (대부분 한 걸음씩 더 나아가긴 했지만) 오리게네스가 찾고자 한 더 깊은 영적 의미 따위는 존재하지 않는다고 주장하는 것이었다. 오리게네스의 성서 비평 작업은 포르퓌리오스에게는 '신플라톤주의의 준비'praeparatio Neoplatonica나 다름없었다.[4]

포르퓌리오스는 전무후무할 정도로 성서를 중심에 놓고 그리스도교를 공격한 인물이었다.

당시 특권층 남성이 으레 그렇듯 그는 주로 연설술과 문학을 배우며 자랐다. 이는 많은 점에서 플리니우스와 유사했다. 차이가 있다면 라틴 문학이 아닌 그리스 문학을 배웠다는 것이다. 포르퓌리오스는 호메로스와 에우리피데스, 메난드로스Menander와

---

[4] Robert M. Grant, 'The Stromateis of Origen', *Epektasis. Mélanges patristiques offerts au Cardinal Jean Daniélou* (Paris, 1972), 292.

데모스테네스Demosthenes를 배웠지 베르길리우스Virgil나 테렌티우스Terence, 살루스티우스Sallust나 키케로를 공부하지는 않았다. 학업을 마친 후에도 그는 변호사가 되거나 공직에 진출하지 않았다. 대신 철학을 공부하기 위해 튀로스를 떠나 아테네로 향했다. 3세기에도 아테네는 학문 중심지로 명성을 유지하고 있었다. 그곳에서 포르퓌리오스는 롱기노스Longinus를 만나 그의 문하로 들어갔다. 롱기노스는 철학자이자 수사학자였으나 성향으로 보나 기질로 보나 문헌 비평가이자 훈고학자에 가까운 인물이었다. 포르퓌리오스의 전기를 쓴 에우나피오스Eunapius는 롱기노스를 살아 있는 도서관이자 걸어 다니는 무사 여신의 신전으로 묘사했다(『소피스테스들의 생애』Vitae Sophistarum 456). 플로티노스는 그가 "(문헌)학자이나 철학자는 아니다"라고 평했다(『플로티노스의 생애』 14). 아테네에서 포르퓌리오스는 철학을 공부했지만, 주로 시간을 쏟던 것은 문헌학과 문학 비평이었다.

롱기노스의 학당이 무엇에 관심이 있었는지는 그들이 어떻게 플라톤의 탄생일을 기렸는지 묘사하는 포르퓌리오스의 글에서 찾을 수 있다. 어떤 철학 학파든 창립자를 기리고 대화를 나누는 향연을 여는 것이 일반적이었는데, 그들의 화두는 인용이었다. 향연에 참여한 이들은 서로 잘 알려지지 않은 저자들을 찾아 인용하거나, 탁월하고 존경받는 작가들이 누구를 인용하고 있는지를 밝혔다. 모임의 일원인 카스트리오스는 에포로스가 최대 3,000개의 행을 다른 작가에게서 그대로 인용했다는 사실을 증명하며 대화를 시작했다. 그러자 아폴로니오스가 대답하길, 테오폼포스는 필리포스에 관해 쓰며 이소크라테스Isocrates의 「아레오파고스인」Areopagitus를 토씨 하나도 틀리지 않고 그대로 인용했다고 주장했다. 이 사실을 두고 논쟁을 벌이던 중, 아폴로니오스는 위대한 메난드로스Menander조차 비슷한 혐의에서 벗어날 수 없다고 주장한다. 비록 사람들은 이를 잘 모르는 듯하지만 말이다. 그러나 라티노스는 그가 인용한 책이 거의 사람들이 모르는 책이라고 주장한다. 그런 식으로 이야기는 계속된다. 일종의 살롱 대화와 같은 식사 후 좌담이었으며 과도할 정도로 교육받은 이들의 지적 유희였다. 이러한 현장에서 포르퓌리오스는 능력을 발휘했다. 그리고 그는 이를 통해 위대한 그리스 사상의 문턱 너머로 발을 내디뎠다. 또한, 포르퓌리오스는 롱기노스에게 문학과 역사 서술을 비판적으로 다룰 수 있는 도구와 이를 사용하는 기술을 배웠다. 이는 그가 나중에 같은 세대의 철학자들 가운데 가장 학식 있고 존경받는 인물로 우뚝 서는 기초가 된다.

롱기노스의 영향 아래 포르퓌리오스는 두 권의 책을 썼다. 하나는 「호메로스 문제」Ὁμηρικὰ ζητήματα로, 전통적으로 호메로스의 저작으로 알려진 시들을 문헌학적으로, 문학적으로 분석한 것이다. 그는 본문에 나타나는 해석상 난점을 논하고, 앞선 학자들의 의견을 요약한 후 자신의 해법을 덧붙였다. 이 작품에서 포르퓌리오스는 철학적 문제나 본문의 은유적 의미에 관해서는 일절 언급하지 않는다. 다음으로 쓴 「오뒷세이아에 나오는 요정의 동굴에 관하여 『Περὶ τοῦ ἐν τῇ Ὀδυσσείᾳ τῶν νυμφῶν ἄντρου』에서는 포르퓌리오스가 우의적 해석 전통도 잘 알고 있다는 사실이 드러난다. 이 글은 「오뒷세이아」 13권 102~112행에 등장하는 요정 나이아데스의 동굴에 관한 해석인데, 포르퓌리오스에 따르면 시인은 "더 높은 것"에 관해 노래하고 있다. 요정의 동굴은 우주의 상징이자 영혼의 거처라는 것이다.

롱기노스의 문하에서 몇 년을 보냈지만, 포르퓌리오스는 안주하지 않았다. 플로티노스의 명성이 제국 동부에도 미치자 포르퓌리오스는 로마로 가 그의 문하에서 공부하고자 했다. 새 스승을 찾으려는 제자의 모습에 롱기노스는 실망했다. 그러나 포르퓌리오스는 롱기노스로부터 배울 것은 다 배웠다고 생각했다. 플로티노스와의 만남은 포르퓌리오스의 학문적 방향은 물론 인생 여정에도 변화를 가져왔다. 포르퓌리오스는 여생을 로마에서 보내며 플로티노스의 사상을 배우고, 나중에는 그의 강의를 받아쓰며 그의 작품을 편찬하게 된다. 포르퓌리오스는 262~63년경 로마로 이주했는데, 그의 나이는 서른 언저리였고, 플로티노스는 환갑을 1년 앞두고 있었다. 포르퓌리오스는 40년을 로마에서 살았다. 훈고학적 미학의 스승이었던 롱기노스와는 달리, 플로티노스는 포르퓌리오스에게 새로운 철학적, 정신적 지평을 열어주었다.

플로티노스 학당의 일원이 된다는 것은 세상과의 단절을 의미했다. 갈레노스를 다루며 살펴보았듯, 철학이란 학문을 추구하는 활동만은 아니었다. 철학은 삶의 변화를 요구했다. 새롭고 더 고상한 길을 향한 도덕적 헌신을 요구했다. 포르퓌리오스는 학당에 입문한 어느 유명한 원로원 의원이 어떤 삶의 변화를 경험했는지 쓴다.

> 원로원 의원 로가티아누스는 공적 삶을 철저히 포기하고자 모든 재산을 버리고 모든 노예를 해방했으며, 자신의 신분도 버렸다. 법무관으로서 시민 앞에 서야 했을 때 로가티아누스는 수행원을 앞에 두고도 직책과 관련된 어떤 일도 행하기를 거부했다. 그는 살 집도 버렸다. 그리고 친구들과 지인들의 집에 식객으로 머물렀다. 어떤 집에서는 식사를 하고, 어떤 집에서는 잠을 청하면서. 식사는 하루걸러 했다. 이처럼 자신을 버리고 황금 보기를 돌같이 한 결과 그는 건강을 되찾았고 제대로 펴지도 못한 손을 수공업자보다 더 잘 쓰게 되었다. 플로티노스는 그를 크게 칭찬하며 철학하는 이들의 귀감으로 삼았다. (『플로티노스의 생애』7)

플로티노스의 학당에서 포르퓌리오스는 마음껏 능력을 발휘했고 플로티노스의 애제자가 되었다. 하루는 플라톤의 탄생을 기리며 그의 신비주의적 가르침을 한 편의 시를 통해 설명했는데, 동료 제자들 가운데 누구는 그가 실성했다며 비난했지만, 플로티노스는 오히려 포르퓌리오스가 시인이자 철학자이자 대제관의 능력을 동시에 보여주었다며 칭찬했다(「플로티노스의 생애」 15).

포르퓌리오스의 저술 대부분은 외부 사건의 흐름과 무관한 철학 저술로 그 집필 연도를 알기 어렵다. 다만 철학 저술을 두고 그가 남긴 주석들은 그가 로마에 온 지 몇 년 후부터 쓰기 시작한 것으로 추정한다. 앞서 잠시 언급하였듯 그는 아리스토텔레스의 논리학에 관한 주석을 남겼는데, 이외에도 「자연학」과 플라톤의 이데아론을 다루는 「형이상학」의 단락들에 대한 주석 및 플라톤과 더 이전 철학자들의 저술에 대한 주석을 남겼다. 이런 저작들 가운데 남아있는 것은 거의 없지만, 플로티노스 학당이 무엇에 관심을 두었는지에 관한 중요한 단서는 발견할 수 있다. 플로티노스는 자신이 고전 철학 전통, 특히 플라톤 전통을 대변한다고 생각했다. 그리고 이 전통을 비판적으로 진단하고 이를 가장 강력하고 설득력 있게 전달하는 일에 착수했다. 결과적으로 플로티노스 학당의 과제는 사람들이 어떻게 플라톤의 가르침을 오염시키고 본질에서 멀어지게 하였는지 보이는 것이었다. 플로티노스와 제자들은 그리스도인을 비롯한 외부자들이 버린 고대 철학을 옹호하는 논고들을 썼다. 오늘날까지 전해지는 플로티노스의 글에는 영지주의자들에 대한 반박도 있다.

플로티노스의 문하에서 포르퓌리오스는 지적으로 생산적인 시간을 보냈으나 정서적으로는 피폐했던 것 같다. 30대 중반 언젠가부터 그는 깊은 우울증에 빠져 저작 활동을 포기했고, 나중에는 극단적인 선택도 시도했다(「플로티노스의 생애」 11). 제자의 모습을 본 플로티노스가 몸소 개입해 유익한 조언을 해주었는데, 포르퓌리오스의 기록에 따르면 그는 스스로 목숨을 끊는 행위가 얼마나 비이성적인 일인지 알려주었다고 한다. 그리고 시간을 충분히 두고 여행을 가 머리를 식히고 오라고 권했다. 포르퓌리오스는 스승의 권고를 따라 시칠리아로 떠났고, 그곳에서 몇 년을 머물렀다. 건강을 되찾은 포르퓌리오스는 다시 펜을 들었다. 그러나 안타깝게도 플로티노스는 포르퓌리오스가 시칠리아에 머무는 동안 세상을 떠나고 말았다. 한편 아테네에서 시리아로 거처를 옮겼던 롱기노스는 플로티노스의 부고를 듣고 포르퓌리오스에게 시리아로 오라고 권했다. 그러나 그는 로마로 돌아갔다.

포르퓌리오스는 4세기 초에 사망했다. 늦어도 305년경으로 추정한다. 그가 로마로 돌아온 후 세상을 떠날 때까지의 행적은 거의 알려져 있지 않다. 아마 플로티노스의 저술들을 집대성하며 여생을 보냈을 것으로 보인다. 플로티노스는 지천명이 되어서야 본격적인 집필 활동을 시작했다. 주로 아름다움, 영혼 불멸, 운명, 좋음, 일자, 덕과 같은 철학적인 주제의 글을 남겼는데, 포르퓌리오스는 이 글들을 모아 주제에 따라 배열하고 여섯 권으로 된 「엔네아데스」라는 이름의 책으로 집대성했다.

포르퓌리오스의 삶에서 상당 부분을 차지하는 이 세월 동안 우리에게 알려진 사건은 단 두 개인데, 모두 흥미롭다. 하나는 그의 결혼이다. 포르퓌리오스는 거의 칠순이 다 되어 일곱 자녀를 둔 과부 마르켈라와 결혼했다. 포르퓌리오스는 초혼이었다. 삶의 마지막 시간에 결혼을 했다는 것은 은수자를 추구한 그의 삶에 대한 하나의 변론이기도 했다. 당시에는 독신이야말로 참된 철학적인 삶으로 이끈다는 견해가 지배적이었다. 그러나 포르퓌리오스는 아내 마르켈라에게 긴 편지를 쓰며 자신이 결혼을 결심한 계기에 관해 쓴다. 자녀를 원해서 결혼하는 것이 아니라고, 그들의 결합을 통해 이미 있는 자녀들을 참된 철학에 따라 양육할 것이라고. 포르퓌리오스의 편지는 도덕적 고취로 가득하다. 그가 인용하는 격언 가운데 상당수는 그리스도인들도 사용하던 것이다. 마르켈라에게 쓴 편지는 포르퓌리오스의 어떤 글보다도 그가 그리스도인들과 상당히 유사한 도덕적, 종교적 가치관을 공유했다는 사실을 드러낸다.

편지에서 포르퓌리오스는 자신이 "그리스인들의 문제 때문에"(『마르켈라에게』 4) 여정에 있다고 쓴다. 문학적 허구가 아니라 진심 어린 편지였다는 점에 주목하자. 여정의 목적지도, 이유도 나와 있지 않은 채 그저 "그리스인들의 문제"라고 쓴 이 문장은 학자들을 당황하게 했다. 그의 여정은 디오클레티아누스 황제가 그리스도인들에 대하여 새로운 박해를 시작하던 시기와 겹친다. 헨리 채드윅Henry Chadwick은 이것이 그리스도교 박해를 정당화할 수 있도록 전통 종교를 위한 변론을 준비해달라고 황제가 포르퓌리오스에게 요청했기 때문이라는 흥미로운 가설을 세웠다. 그리스도인 락탄티우스Lactantius의 글에 따르면 당시 제국의 수도에 살던 '철학의 대가'antistes philosophiae가 그리스도교에 대한 반박문을 썼다고 한다(『거룩한 가르침』Divinae Institutiones 5.2). 이것이 포르퓌리오스를 암시하는 대목이라면 "그리스인들의 문제"에 따른 여정은 그리스도교에 대한 정면 공격을 준비하기 위한 것이었다고 볼 수 있다.[5]

20세기에는 그리스도인들에 대해 포르퓌리오스가 남긴 글의 형식과 내용에 관한 논쟁이 있었다. 포르퓌리오스가 그리스도교를 반박해 글을 썼다는 사실은 분명하다. 후대 여러 저작이 포르퓌리오스의 작품이 존재하였음을 증언하고 있을 뿐 아니라, 그 내용을 반박하고 있기 때문이다. 아폴리나리오스Apollinarius는 무려 30권으로 이루어진 방대한 반박문을 집필했다. 포르퓌리오스의 그리스도교 비판에 관한 연구는 사실상 「그리스도인들에 대한 반박」이라는 저서에만 주목했다. 그런데 여기서 생각해 보아야 할 것은 이 제목이 기원후 1000년경에나 등장한다는 점이다. 포르퓌리오스를 반박한 4세기와 5세기 그리스도교 문헌에는 이 제목이 등장하지 않는다. 그러나 이 가상의 제목이 붙은 작품이 실재하였다는 사실은 대다수 연구자가 동의한다. 그리고 후대에 포르퓌리오스를 반박한 저술들이 인용한 단편들을 토대로 전체 작품의 내용과 구조를 복원하려는 시도가 이어졌다. 그러나 이러한 재구성은 번번이 좌초되었는데, 확실한 단편의 수

---

[5] Henry Chadwick, 'The Sentences of Sextus', *Texts and Studies* 5 (Cambridge, 1959), 66.

가 적기 때문이다. 20세기 초 하르낙은 포르퓌리오스의 것으로 추정되는 단편들을 모아 출판했다. 총 97개의 단편으로 이루어진 이 선집은 그리스도교에 대한 포르퓌리오스의 반박을 다루는 모든 논의의 기초 자료로 사용되곤 했다. 그러나 「그리스도인들에 대한 반박」에서 나왔다고 추정되는 단편 가운데 절반은 상대적으로 불분명한 작품인 4세기 그리스도교 호교론자 마카리오스 마그네스Macarius Magnes의 「변론」Ἀποκριτικός의 단편이다. 마카리오스가 반박하는 신플라톤주의 철학자가 포르퓌리오스라고 추정하곤 하나, 마카리오스는 누구인지 언급하지 않으며, 따라서 마카리오스가 전하는 내용이 실제로 포르퓌리오스의 것이라는 증거는 없다. 역사가 티모시 반스Timothy Barnes는 마카리오스의 단편을 통해 포르퓌리오스의 작품을 복원할 수 없다는 결론에 도달했다.[6] 그러나 이것을 제외하면 「그리스도인들에 대한 반박」에 관한 지식은 매우 개략적인 수준에 머물 수밖에 없다.

그리스도교에 대한 포르퓌리오스의 비판 중 어떤 것들은 전승되지 않는 작품 「신탁으로부터의 철학」Περὶ τῆς ἐκ λογίων φιλοσοφίας

---

[6] T. D. Barns, 'Porphyry against the Christians: Date and the Attribution of Fragments', *Journal of Theological Studies* 24 (1973), 424~442. 한편 마카리오스를 통해 포르퓌리오스의 그리스도교 비판의 내용을 구성할 수 있다는 긍정적인 평가도 있다. Robert Waelkens, *L'économie, thème apologétique et principe herméneutique dans l'Apocriticos de Macarios* (Louvain: Université de Louvain, 1974) 이 책에서는 교차 검증을 통해 그 내용이 포르퓌리오스의 것으로 확인되는 경우에 한해 마카리오스의 단편을 활용했다.

에서 찾을 수 있다. 이 책으로부터 우리는 여러 개의 제대로 된 단편을 찾을 수 있다. 그리고 이를 통해 책의 개략적인 줄거리도 어느 정도 구성할 수 있다. 게다가 이 책의 제목은 그리스도인들의 반박에서도 언급된다. 이를 통해 그리스도인들이 이를 그리스도교를 반박하는 문서로 이해했다는 사실을 알 수 있다. 그러나 이 저술은 그리스도교에 대한 포르퓌리오스의 반박을 이해하거나 평가하는 데 거의 사용되지 않았다. 어쩌면 황제의 요구로 그가 만년에 썼던 작품일 수 있다.[7] 락탄티우스가 언급하는 저작, 곧 "철학의 대가"가 쓴 책은 세 권으로 구성되어 있었는데, 이 책도 그렇다.

「신탁으로부터의 철학」은 그리스도교 자체를 염두에 둔 작품이라기보다는 로마 전통 종교에 관한 긍정적인 진술을 모아둔 것이다. 포르퓌리오스는 그리스인, 로마인, 이집트인은 물론 히브리인들까지 인용하며 옛사람들이 신을 두고 한 정교한 논의를 소개한다. 그렇게 함으로써 그는 이 태고의 신앙들이 3세기 많은 교양 있는 이들이 받아들이고 있는 철학적 종교와 유사하다는 점을 밝히려 했다. 이를 위해 포르퓌리오스는 전통 종교들의 '신탁'들이 하나의 최고신에 관한 믿음의 자료로 사용될 수 있다는 점을 보이려 했다. 그렇게 해야 하나의 최고신 하느님을 믿는

---

[7] 「신탁으로부터의 철학」에 관한 해석으로는 다음을 보라. Robert L. Wilken, 'Pagan Criticism of Christianity: Greek Religion and Christian Faith', *Early Christian Literature and the Classical Intellectual Tradition* (Paris, 1979) 117~34.

다고 주장하는 그리스도교 또한 로마 세계의 종교적 틀 안에 넣을 수 있기 때문이다.

이 장에서는 그리스도교에 대한 포르퓌리오스의 비판과 관련해 「그리스도인들에 대한 반박」으로 알려진 작품은 물론, 「신탁으로부터의 철학」에서 나오는 단편들 모두를 살펴보려 한다. 「그리스도인들에 대한 반박」을 두고는 유대교와 그리스도교 성서의 주석 상의 문제들과 문학적인 문제들을, 「신탁으로부터의 철학」을 두고는 예수라는 인물과 한 분 하느님을 믿는다는 것의 문제, 그리고 그리스도교가 전통 종교를 배반했다는 문제를 다룬다.

유대교 성서

「그리스도인들에 대한 반박」의 현존하는 단편을 근거로 포르퓌리오스가 책 대부분을 유대교 성서, 즉 그리스도인들의 구약성서에 할애하고 있다는 사실을 알 수 있다.[8] 5세기의 어느 그리스도교 호교론자는 포르퓌리오스를 두고 그가 "우리를 반박하며 (모세와 예언자들의 글에) 많은 시간을 들였다"라고 썼다(퀴로스의 테오도레토스, 「이교인이 전염시킨 병에 대한 치료」 7.36). 또 에우세

---

[8] 포르퓌리오스의 「그리스도인들에 대한 반박」에 관한 일반적인 논의로는 다음을 보라. Anthony Meredith, 'Porphyry and Julian against the Christians', *Aufstieg und Niedergang der römischen Welt* (Berlin, 1980), 23.2:1119. 포르퓌리오스의 단편 선집은 Adolf von Harnack, *Porphyrius Gegen die Christen*, 15 Bücher, Zeugnisse und Referate, Abhandlungen der koen. Preuss. Akademie d. Wissenschaft, phil.-hist. Klasse 1 (Berlin, 1916).

비오스는 포르퓌리오스가 유대교 성서의 난점을 해명하기 위해 우의를 사용하는 오리게네스의 모습에 분노했다고 썼다(『교회사』 6.19.2). 한편 역사적 문제, 즉 모세가 어느 시대의 인물인지(히브리인들의 종교가 다른 종교에 비해 더 오래된 것인지 다루어야 했기에 중요했다)에 관해 다룬 두 단편을 제외하면 유대교 성서에 대한 포르퓌리오스의 비판을 다루는 단편은 모두 다니엘서를 겨냥하고 있다. 이는 그 자체로 흥미로운데, 다니엘서를 논의의 대상으로 가져온 인물은 포르퓌리오스가 처음이기 때문이다. 켈소스도 사자굴 속 다니엘 이야기를 언급하긴 했으나, 그는 초기 그리스도교 미술에 종종 등장하던 다니엘이라는 영웅에게 관심이 있었지, 다니엘서라는 문서 자체에 관심이 있던 것은 아니었다.

포르퓌리오스의 시대에 다니엘서는 그리스도교의 역사관을 표명하는 데 중요한 역할을 했다. 그리고 포르퓌리오스는 바로 이러한 해석을 정조준했다. 그는 다니엘서가 미래를 예언하고 있다는 그리스도인들의 해석은 잘못되었으며, 이 문헌은 저자 당시에 일어난 역사적 상황을 담고 있다고 주장했다. "이 논쟁에서 신플라톤주의 철학자 포르퓌리오스의 입지는 놀라울 정도였다. 그는 근대 성서 비평이 대두하기 훨씬 전에 이미 다니엘서가 마카베오 시대의 위작임을 간파했다."[9] 포르퓌리오스가 다니엘서를 해석한 방식은 너무나 도발적이었고, 그리스도교 주석

---

[9]   P.M.Casey, 'Porphyry and the Origin of the Book of Daniel', 15.

가들을 충격에 빠뜨렸다. 그들은 막대한 분량의 상세한 반론을 통해 포르퓌리오스를 재반박하려 했다. 에우세비오스는 다니엘서에만 세 권을 할애하며 포르퓌리오스를 반박했고, 메토디오스 Methodius도 세심한 주의를 기울였으며, 아폴리나리오스는 방대한 분량의 책 한 권을 썼다. 히에로뉘무스Jerome는 다니엘서 전체를 주석하며 전통적인 그리스도교 해석을 옹호했다. 그는 서두부터 포르퓌리오스를 언급하며 포르퓌리오스의 글을 대폭 인용하고 그의 해석을 구구절절 반박하는 방식으로 다니엘서를 주석했다. 그렇기에 포르퓌리오스가 다니엘서를 어떻게 해석했는지 알려주는 주된 사료는 히에로뉘무스의 다니엘서 주석이다.

포르퓌리오스는 왜 다니엘서에 그렇게 많은 관심을 기울인 것이며, 그리스도교 사상가들은 왜 그토록 포르퓌리오스의 해석에 경악한 것일까? 다니엘서는 기원전 6세기, 신바빌로니아 네부카드네자르 왕 치하에서 이른바 '바빌론 유수' 중에 있던 유대인들 가운데 인질로 잡혀 있던 경건한 유대인 다니엘과 그의 세 친구 사드락, 메삭, 아벳느고에 관한 전설을 담은 책이다. 첫 6개 장은 다니엘과 왕의 이야기를, 나머지 6개 장은 하느님의 성도들이 세상의 왕과 지배자들에 맞서 궁극적인 승리를 거둘 것이라는 다니엘의 환상을 담고 있다. 다니엘과 세 친구의 이야기가 기원전 6세기로 설정되어 있으므로, 다니엘의 환상은 미래와 세상의 종말에 나타날 예언으로 해석되었다. 사악한 지배자의 박해로부터 구원을 얻는 극적인 이야기들이 모여 있었기에 다니엘서는 초기 그리스도인들 사이에서 인기를 끌었다. 성서의 장면들 중 사자굴의 다니엘과 풀무불 안의 세 소년은 초기 그리스도교 카타콤 벽에 그려진 최초의, 그리고 가장 빈번히 등장하는 회화 소재들이다.

다니엘서는 그리스도의 강림과 예루살렘 성전의 파괴라는, 초기 그리스도교 역사관의 핵심이라고 할 수 있는 주제에 대한 예언을 풍부하게 담고 있다는 점에서도 인기를 끌었다. 이것이 얼마나 중요한 문제였는지에 관해서는 이어지는 장에서 율리아누스를 다루며 다시 살펴볼 것이다. 그리스도교는 처음부터 예언을 근거로 유대인들에게 예수의 정당성을 주장했다. 그리고 유대교의 맥락 밖에서도 그리스도교 호교론자들은 예언을 들며 로마 세계의 교양인들에게 다가갔다. 순교자 유스티노스는 말했다.

> 혹 누군가 우리에게 '그대들이 그리스도라고 말하는 이 사람이 한낱 인간이 아니라는, 그가 행한 기적이 마술이 아니라는, 그래서 하느님의 아들로 비친 것이 아니라는 증거가 어디에 있는가?'라고 묻는다면, 우리의 증거는 이러하다. 우리는 한낱 풍문을 믿는 것이 아니라, 전에 예언된 것을 믿는 것이다. 우리는 예언의 내용이 실제로 일어났고, 일어나고 있는 것을 보기 때문이다. (『첫째 호교론』1.30)

유대인 역사가 요세푸스에 따르면 다니엘은 그야말로 예언자의 정수다. 그는 "미래의 사건을 예언하였을 뿐 아니라, 예언이 언제 성취될 것인지도 명시"했기 때문이다(『유대 고대사』 10.267). 그렇기에 그리스도인들은 다니엘서를 들며 예수가 기다리던 메시아라고 주장했다. 최초로 유대교 성서의 한 책을 구절을 따라 주석한 사람이 로마에 살며 그리스어로 글을 쓴 3세기 신학자 히폴뤼토스라는 사실은 주목할만하다. 히폴뤼토스는 연대기를 고려할 때 메시아에 관한 다니엘의 예언은 정확히 예수가 태어난 시점을 향하고 있다고 주장했다.

3세기 여러 그리스도교 사상가는 고대 다신교인들의 그리스도교 비판에 대항하기 위해 역사와 연대기를 파고들었다. 그리고 그들의 노력은 그리스도교적 관점의 세계사 저술로 이어졌다. 히폴뤼토스는 태초부터 당시까지 일어난 주요한 사건을 담은 세계사 연대기를 작성했다. 다음으로는 율리우스 아프리카누스Julius Africanus가 기원후 217년까지의 역사를 다섯 권의 『연대기』에 담았다. 아프리카누스의 연대기는 오리게네스는 물론 포르퓌리오스까지 활용했을 정도였다. 에우세비오스 또한 아브라함의 출생(기원전 2016~15년)에서 기원후 303년으로 이어지는 『연대기』를 쓰며 이를 참조했다. 그는 그리스도교가 바로 유대교 전통의 적법한 계승자임을 보이려고 했다. 이 모든 작품에서 다니엘서의 연대기는, 특히 그리스도의 탄생에 관한 예언은 핵심적인 위치를 차지했다.

포르퓌리오스도 연대기를 작성하는 방법에 관해 해박한 지식을 가지고 있었다. 270년경 그는 기원전 4세기 알렉산드로스 대왕 이래 기원전 1세기 로마인들에게 멸망하기까지 이집트를 지배한 헬레니즘 지배자 프톨레마이오스 왕가의 역사를 쓴 칼리니코스Callinicus의 작품을 접했다. 이 칼리니코스의 저작과 다른 저작들을 종합해, 포르퓌리오스는 트로이아의 멸망으로부터 황제 클라우디우스 2세(재위 268~270)의 치세가 끝나는 시점까지의 연대기를 집필했다.[10] 이러한 능력과 롱기노스에게서 배운 문학적 기술을 동원해 포르퓌리오스는 다니엘서로 눈길을 돌렸다.

그리스도인들과 유대인들은 전통적으로 다니엘서를 기원전 6세기의 저작으로 생각했다. 그리고 다니엘의 환상은 미래의 사건(이를테면 페르시아와 그리스 왕국들, 셀레우코스 왕조 안티오코스 4세(기원전 175~164) 치하에서의 유대인 박해)을 예언한 것이라고 믿었다. 반면 포르퓌리오스는 다니엘서가 안티오코스의 강압적 지배에 맞서 항거하도록 유대인들을 고취하기 위해 기록된 작품이라고, 다시 말해 기원전 2세기의 저작이라고 주장했다. 히에로뉘무스는 다니엘서 서문에 포르퓌리오스의 주장을 요약하고 있다.

포르퓌리오스는 제12권을 다니엘의 예언에 할애했다. 그는

---

[10] 포르퓌리오스가 실제로 연대기를 썼는지에 관한 의문이 최근에 제기되었다. 포르퓌리오스의 연대기적 연구는 「그리스도인들에 대한 반박」과 관련하여, 생의 후반기에나 이루어진 것일 수 있다. 다음을 참조하라. Brian Croke, 'Porphyry's Anti-Christian Chronology', *Journal of Theological Studies* 34 (1983), 168~185.

이 문서가 제목과는 달리 안티오코스 에피파네스 치세에 유대에 살던 한 인물이 쓴 작품이라고 보았다. 나아가 포르퓌리오스는 다니엘이 미래를 예언했다기보다는 과거를 회상하고 있다고 주장했다. 요컨대 안티오코스 시대 이전까지 일어난 일을 두고는 실제 역사를 이야기하는 것이나, 그 시대 이후에 일어날 것이라고 다니엘이 이야기하는 모든 내용은 거짓이며, 따라서 미래를 예견한 것도 아니라는 것이다.

포르퓌리오스는 그리스도인들이 다니엘서에 기초해 구성한 역사 해석 구조를 총체적으로 뒤흔들었다. 그의 주장이 옳다면, 예언을 들어 그리스도의 탄생을 옹호하던 호교론은 무너지게 된다. 마찬가지로 그리스도인들의 회심의 무기, 다니엘이 유대교 성전의 궁극적인 파괴를 예언했다는 주장도 무효로 돌아가고 만다.

포르퓌리오스는 치밀한 학자였다. 다니엘서가 사람들이 믿던 것보다 400년이 지난 후에야 집필된 작품이라는 일반적인 주장만 던지고 물러설 인물이 아니었다. 그는 다니엘서를 한 단락 한 단락 짚어가며 본문에 관한 세밀한 분석을 기초로, 다니엘서의 진술은 예언이 아닌 역사로 해석할 때만 일관성 있게 맞아떨어진다는 사실을 논증했다. 포르퓌리오스에 따르면 다니엘서는 2세기 전반 셀레우코스 왕조의 왕 안티오코스 에피파네스 시대에 살았던 인물의 시각으로 실제로 일어난 사건을 상세하게 나열하고 있었다. 다니엘서가 (적어도 일부는) 안티오코스 시대의 사건을 묘사하고 있다는 사실 자체가 그리스도인들과 포르퓌리오스 사이의 쟁점은 아니었다. 문제는 다니엘서의 저자가 (6세기의 시각으로) 미래를 예견한 예언자인지, 과거를 기록한 역사가인지에 달려 있었다.

> 포르퓌리오스는 이 모든 사건이 실제로 일어났다는 사실을 부정할 수 없다는 사실을 발견하고는 그 역사적 정확성을 해명하고자 세상의 종말에 나타날 적그리스도에 대해 예언된 것은 모두 안티오코스 에피파네스의 시대에 일어난 사건이라며 얼버무렸다. 그 시기에 일어난 사건에 유사점이 있다는 이유였다.
>
> (히에로뉘무스, 「다니엘서 주해」 서문)

그뿐만이 아니었다. 설령 다니엘이 미래를 예언했다는 그리스도교의 주장이 맞다 하더라도, 여기에는 또 다른 난제가 기다렸다. 그리스도인들은 다니엘이 기원전 2세기 안티오코스 치하에서 일어난 사건과 그리스도의 시대에 일어난 사건 모두를 예언하고 있다고 생각했다. 히에로뉘무스는 다니엘서 11장 20절("새 왕은 세금 징수원들을 전국 각 지방에 보내고, 세금을 많이 거두어서 나라의 영화를 유지하려고 할 것이다") 이하를 주석하며 "여기까지는 역사적인 순서를 따라 기록된 것으로, 포르퓌리오스와 우리 사이에는 이견이 없다. 그러나 여기서부터 끝까지 이어지는 본문 전체를 그는 안티오코스 대왕의 아들이자 셀레우코스의 형제 안티오코스 에피파네스에게해당하는 것으로 해석한다"라고 썼다(『다니엘서 주해』 11.24). 다니엘서 전체가 과거를 기록하고 있다고 본 포르퓌리오스는 다니엘서의 마지막 부분도 같은 방식으로 해석했다. 사실 마지막 부분에 관해서는 히에로뉘무스가 더 적절하게 파악했는데, (오늘날 연구에 따르면) 다니엘서의 11장 이하는 실제로 세상의 종말을 예언하고 있기 때문이다. 그러나 더 중요한 문제, 즉 다니엘서의 앞부분이 역사인지 예언인지에 관한 물음에 있어서는 포르퓌리오스의 논증이 더 강력했다. 그는 다니엘서의 저자가 미래가 아닌 현재의 사건들을 직접적인 체험을 통해 기록했다는 사실을 입증할 수 있었다.

그리스도교 호교론에서 중요한 역할을 하던 다니엘서의 한 대목은 이상하게도 히에로뉘무스의 주석에서 빠져 있다. 기원후 70년 예루살렘의 두 번째 성전이 영구적으로 파괴된 사건을 예언한다고 여겨진 9장의 유명한 문장("황폐하게 하는 흉측한 것이 거룩한 곳에 세상 끝날까지 서 있을 것이다"(70인역 다니 9:27))이다. 히에로뉘무스는 다니엘서 9장 24~27절을 논의하며 라오디케아의 아폴리나리오스, 에우세비오스, 히폴뤼토스, 알렉산드리아의 클레멘스, 오리게네스 등 초기 그리스도교 학자들의 해설들을 상세히 소개하지만, 포르퓌리오스의 해설에 대해서는 침묵한다. 마태오 복음서를 주석하는 가운데 다니엘서를 인용한 24장 16절 이하를 다루며 포르퓌리오스가 다니엘의 이 문장을 상세히 논했다고 언급한 바 있기에 이는 더 놀라운 일이다(『마태오 복음

주해」24:16). 게다가 다니엘서의 이 본문은 마태오 복음서 24장 1~2절에 기록된 예수의 예언과 마찬가지로 그리스도교 호교론 저술에 흔히 등장하던 내용이었다. 다니엘서와 마태오 복음서를 종합한 결론은 이랬다. 기원후 70년에 파괴된 유대교 성전은 결코 재건되지 못할 것이며, 히에로뉘무스가 덧붙이듯, "희생 제사와 봉헌은 세상 끝날까지 중지될 것"이라는 전망이었다(「다니엘서 주해」9.24~27). 예루살렘에서 희생 제사가 끝난다는 것을 그리스도교 사상가들은 유대 종교가 그 정통성을 상실했다는 증거로 여겼다.

마태오 복음서 24장에 관한 히에로뉘무스의 해설을 염두에 둘 때, 다니엘서 9장을 해석하는 그리스도인들의 관점이 잘못된 것임을 증명할 절호의 기회를 포르퓌리오스가 그대로 넘어갔다는 사실은 놀랍다. 하지만 다니엘서의 이 대목을 두고 여러 그리스도교 호교론자의 해석을 제시하면서도 포르퓌리오스에 대해서는 침묵하는 히에로뉘무스의 모습을 볼 때, 어쩌면 히에로뉘무스가 의도적으로 포르퓌리오스의 저작에서 이 대목을 삭제했을지도 모른다. 납득할 만한 일이다. 다니엘서 9장이나 성전에 관한 예수의 예언은 4세기 후반 매우 열띤 논쟁의 대상이 되었던바, 율리아누스 황제가 예루살렘에 성전을 재건하여 희생 제사를 다시 거행하려고 했었기 때문이다.[11] 히에로뉘무스의 「다니

---

[11] Robert L. Wilken, 'The Jews and Christian Apologetics after Theodosius I Cunctos Populos', *Harvard Theological Review* 73 (1980), 450~471.

엘서 주해」는 5세기 초에 집필되었다.

포르퓌리오스의 구약성서 비평은 다니엘서에만 국한되지 않았다. 앞서 언급했듯 그는 모세의 활동 시대가 언제인지에 관해서도 지적했다. 안타깝게도 그가 이야기한 나머지는 전승되지 않거나 거의 구약성서 비평에서 통념으로 자리 잡은 것들이다. 예를 들어 아우구스티누스는 이교도들이 요나와 물고기 이야기를 비웃는다고 썼다. 그러나 이러한 비판이 유치하다고 생각한 아우구스티누스는 자신이 존경한 포르퓌리오스가 이런 말을 했다고 쓰지는 않는다. 하지만 이것이 포르퓌리오스의 주장이 아니었다고 볼 이유도 없다. 아우구스티누스에 따르면 비판은 다음과 같은 식이었다. 물고기 배 속에서 3일간 있었다는 요나의 이야기를 어떻게 이해해야 하는지, 인간이 옷을 입은 채 물고기에게 삼켜져 있었다는 것은 있을 법한 일도 아니고 믿을 수도 없는 일이 아닌지, 이것이 일종의 예형이라면 설명이 왜 없는 것인지, 게다가 물고기가 토해내 지상으로 나온 요나 위로 박 넝쿨이 돋아난 것은 무슨 상황인지, 대체 왜 난데없이 박 넝쿨이 등장하는 것인지(「서간집」 102). 포르퓌리오스는 하느님이 호세아에게 음란한 여인과 결혼해 자녀를 낳으라고 명령했다는 이야기를 담은 호세아서도 조롱한 것 같다(히에로뉘무스, 「호세아서 주해」 1.2).

그리스도교 신약성서

포르퓌리오스의 「그리스도인들에 대한 반박」은 그리스도교

고유의 성서, 곧 신약성서에 관해서도 많은 지면을 할애하고 있었을 것이나 이 부분에 관해서는 거의 알려진 바가 없다. 신약성서에 대한 고대 다신교인들의 비판을 언급한 그리스도인들이 포르퓌리오스의 이름을 거의 언급하지 않았기 때문이다. 앞서 소개한 것처럼 4세기 그리스도교 호교론자 마카리오스 마그네스의 「변론」이 포르퓌리오스의 저작을 기초 자료로 하여 집필되었다고 추정하나 확실한 증거는 없다. 그러나 신약성서에 관한 그리스도교 문헌 가운데 포르퓌리오스를 분명히 염두에 두고 있는 저작이 있다. 바로 아우구스티누스의 「복음사가들의 일치」인데, 이를 (마카리오스의 것이 아닌) 현존하는 신뢰할 만한 포르퓌리오스의 단편과 비교하면 적어도 포르퓌리오스가 신약성서를 어떤 시각에서 접근했는지 일반적인 인상은 얻을 수 있다.

「복음사가들의 일치」는 네 부분으로 나뉜다. 첫 번째 부분은 복음서에 나타난 예수의 상이 제자들의 발명이라는 혐의에 관해 다룬다. 아우구스티누스에 따르면 어떤 이들은 그리스도가 현자였던 것은 사실이나 신약성서 저자들이 가르치는 것처럼 신적 존재는 아니라고 주장했다. 다른 현자들처럼 그리스도는 사람들이 하나의 최고신을 섬겨야 한다고 가르쳤는데, 제자들은 그리스도를 추앙하여 숭배하기 시작했고, 하나의 최고신에게만 돌려야 할 영예를 더럽혔다는 것이다. 두 번째와 세 번째 부분은 네 복음서 사이에 나타나는 불일치와 모순에 관해 다루는데, 특히 마르코와 루가, 요한 복음서와 유사한 부분이 있는 마태오 복음서 단락에 주목한다. 네 번째 부분에서는 반대로 마태오 복음서와 유사한 부분이 없는 마르코, 루가, 요한 복음서의 본문에 관해 논한다.

아우구스티누스가 이 책을 쓴 이유는 어떤 이들이 복음서 저자들을 "무고"하며 복음서의 "진정성"에 의문을 제기하였기 때문이다(『복음사가들의 일치』, 1.10). 핵심 쟁점은 복음사가들이 "서로 일치하지 않는다"라는 데 있었다. 아우구스티누스는 복음서 저자들이 "가장 확실한 자료와 가장 신뢰할 만한 증언"에 입각해 그리스도를 묘사하였다는 사실을 보이고자 했다(『복음사가들의 일치』, 1.1). 아우구스티누스에 따르면 마태오와 요한은 직접적인 증인이고, 나머지 두 복음사가, 마르코와 루가는 "신뢰할 만한" 이 두 증인의 기록에 기초를 두고 있다.

「복음사가들의 일치」 첫 부분에서 아우구스티누스는 포르퓌리오스를 언급하며 그가 복음서에 대한 이런 비판의 근원이었음을 암시한다. 아우구스티누스는 비판자들이 복음서를 도마 위에 올려놓은 까닭은 제자들이 예수의 이야기를 날조하였다는 주장을 정당화하기 위해서였다고 쓴다.

제자들은 자신들의 스승을 실제보다 더 크게 이야기했다. 그래서 그를 하느님의 아들이자 하느님의 말씀이라 부르며 만물이 그를 통해 생겨났고 그와 성부 하느님은 하나라고 말하기에 이르렀다. 그리스도를 성부와 함께 한 분 하느님으로 섬겨야 한다고 가르치는 근거로 삼는, 사도들의 문헌에 나타나는 유사한 부분도 마찬가지다. (그리스도는) 위대한 현자로 존경해야 하지만, 신으로 섬겨서는 안 된다고 (이교도들은) 주장한다. (「복음사가들의 일치」 1.11)

이러한 지적은 포르퓌리오스를 염두에 두고 있는 듯하다.

「복음사가들의 일치」 대부분은 복음서들의 명백한 불일치에 관해 다루고 있다. 아우구스티누스는 마태오가 제시하는 예수의 족보와 루가가 제시하는 족보가 서로 맞지 않는다는 사실, 또 두 복음서가 아기 예수의 탄생을 두고 불일치한다는 사실, 예수의 세례와 관련된 서로 다른 내용이 있다는 사실(예수와 세례자 요한의 대화는 마태오 복음서에만 등장한다), 최후의 만찬을 둘러싼 기록들이 복음서마다 다르다는 사실, 마태오가 예레미야를 인용하는 부분(27:3~10)은 사실 즈가리야에 있는 내용이라는 사실, 예수의 죽음에 관한 기록도 복음서마다 다르다는 사실(예수가 십자가에 달린 시간이 제 삼시인지 제 육시인지), 십자가에서 예수가 한 말이 복음서마다 다르다는 사실 등 여러 가지를 든다.

아우구스티누스의 「복음사가들의 일치」가 다루는 모든 내용이 포르퓌리오스의 「그리스도인들에 대한 반박」에 등장한 내용이라고 확신할 수는 없다. 그러나 이런 식의 접근이 포르퓌리오스가 즐겨 하던 방식과 유사하다는 사실은 다른 저작을 통해 알 수 있다. 예를 들어 히에로뉘무스는 포르퓌리오스가 (켈소스, 율리아누스와 마찬가지로) 복음사가의 기록이 허구라고 주장했다고 한다(『서간집』, 57, 단편 9). 또 다른 단락에서 히에로뉘무스는 포르 퓌리오스가 제자들이 역사적 문제를 제대로 다룰 줄도 몰랐을뿐 더러 유대교 성서조차 정확히 알지 못했다 주장했다고 쓴다. 즉 포르퓌리오스는 마르코 복음서가 말라기 구절을 인용하며 이를 이사야의 말이라고 쓰며(마르 1:2, 단편 9), 마태오 복음서가 이사 야의 말이라고 인용하는 단락(마태 13:35)은 사실 시편(77편)에 있 는 내용이라는 점을 지적했다(단편 10). 그는 또 마태오의 족보에 나타난 문제점과 마태오와 루가 복음서가 이야기하는 아기 예수 의 탄생 이야기가 서로 불일치한다는 점을 지적한 바 있다(단편 11).

포르퓌리오스는 상당한 분량을 할애해 그리스도교 성서에 대 한 이런 식의 문학, 역사 비평을 시도했을 것이다. 그리고 그는 다른 양상의 모순과 불일치도 지적했을 확률이 높다. 심지어 그 는 성서가 묘사한 제자들의 행동 방식이나 성격에도 관심을 가 졌던 것 같다. 포르퓌리오스는 신약성서에서 제자들 간의 다툼 을 묘사하는 단락, 제자들이 어리석은 행동을 하는 단락에 주목 했다. 한 가지 예는 갈라디아인들에게 보낸 편지에 등장하는 바 울과 베드로의 갈등이다. 할례의 문제를 두고 바울과 베드로가 대립했을 때, 바울은 자신이 베드로에게 "면박을 주었다"고 쓴 다. 포르퓌리오스는 베드로가 오류를 범하고 있다고 주장하며 이를 그리스도인들이 지대한 권위를 부여하는 사도들마저 그리

신뢰할 만하지 않다는 주장의 근거로 삼았다(단편 21b). 동시에 이는 자신이 주님으로부터 특별한 계시를 받았다며, 자신은 "혈육"과 의논할 필요가 없다고 뽐내는 바울의 오만함을 드러내는 사건이기도 했다(갈라 1:16). 포르퓌리오스의 결론은 단호했다. 제자들마저 한목소리로 가르치지 않았으며, 교회에는 처음부터 다툼과 분열이 있었다는 것이었다. 바울과 베드로의 갈등에 관해 히에로뉘무스가 많은 분량을 할애하여 여러 군데에서 거듭 설명하는 이유는 이 장면을 두고 그리스도인들이 얼마나 동요했는지를 반증한다.

바울 저작들의 모순을 드러내는 만큼이나 포르퓌리오스의 책에는 이런 식의 비판이 많았을 것이나, 아쉽게도 이를 제외하면 포르퓌리오스의 것이라고 확신할 만한 것은 그렇게 많지 않다. 마카리오스 마그네스의 「변론」은 여러 비판, 특히 바울에 대한 비판을 수록하고 있다. 포르퓌리오스에게 바울의 격앙된 말투와 역설적 언어, 비일관성, 비합리성 등은 불편하게 다가왔을 것이다. 그리고 이는 포르퓌리오스만 느낀 것이 아닐 것이다.

제한된 정보만을 토대로 하더라도 분명한 사실이 있다. 그가 그리스도교와 유대교 성서에 큰 관심을 기울였고, 성서를 문학적으로, 역사적으로 비평하는데 탁월한 능력을 지닌 인물이었다는 것이다. 앞 장에서 살펴보았듯 켈소스도 성서를 비판한 것은 사실이나 그는 포르퓌리오스만큼 성서를 잘 알지 못했고, 문헌 비평에 정통하지도 않았다. 더군다나 포르퓌리오스에게는 성서의 문제점이 어디에 있는지 알려주는 오리게네스의 주석이 있었다.

성서에 대한 역사적, 문학적 비평이 헬레니즘과 그리스도교의 갈등에 미친 영향에 주목하는 일은 그리스도교에 대한 고대 다신교인들의 비평과 그리스도교 호교론의 발전을 이해하는 데 중요하다.[12] 핵심 쟁점은 포르퓌리오스가 제기하고 아우구스티누스가 성서를 옹호하며 재확인한 문제, 곧 복음서가 역사적 예수에 관한 신뢰할 만한 기록을 제공하느냐는 것이었다. 예수의 첫 제자들에게서 나온 진술이든, 초기 본문의 권위를 들던 후대의 저작에서 나온 진술이든, 검증 없이는 그리스도인들의 진술만을 토대로 예수에 관한 진술이 옳다고 주장할 수는 없다고 포르퓌리오스는 보았다. 예수라는 인물과 그의 실제 업적을 살피기 위해서는 그리스도인들의 신앙이나 공동체 내부의 기억, 자기 이해를 복음서에서 분리해야 했다. 어떤 문헌의 진위성이나 사건의 역사성을 입증하는 똑같은 기준에 따라 검증받아야 했다. 신앙과 역사의 문제는 계몽주의 시대 이후 근대 신학 담론에서와 마찬가지로, 고대 다신교인들과 그리스도인들간의 논쟁에서 중요한 부분을 차지했다.

---

[12] 포르퓌리오스의 그리스도교 비판에 있는 역사적 논변의 중요성에 해서는 다음을 보라. V.den Boer, 'A Pagan Historian and His Enemies: Porphyry against the Christians', *Classical Philology* 69 (1974), 198~208.

신탁으로부터의 철학

지금까지 살펴본 것이 그리스도교에 대한 포르퓌리오스의 비판 전부라면, 그리스도인들이 포르퓌리오스의 펜을 두려워한 이유를 완전히 이해하기는 어렵다. 포르퓌리오스의 「그리스도인들에 대한 반박」에 관한 한 연구는 말한다. "끝내는 448년에 이르러서도 (포르퓌리오스의 저작을) 불태워야 했다는 것은 그것이 사람들에게 얼마나 큰 영향력을 행사하였나 보여주는 충분한 근거다. 그러나 확실한 단편만을 살펴본다면, 그것이 전부라면, 왜 그런 공포가 존재하였나 파악하기 어렵다."[13] 이것이 전부는 아니었다. 그리스도교에 대한 포르퓌리오스의 해석에는 「그리스도인들에 대한 반박」에 담긴 단편이 이야기하는 것 외에도 또 다른 측면이 있었다. 포르퓌리오스가 두려움을 산 이유는 그의 저서 「신탁으로부터의 철학」 때문이었다. 이는 그리스도교에 대한 더 근본적인 비판을 제기하는 것이었다. 포르퓌리오스는 그리스·로마 세계의 전통 종교를 우호적인 입장에서 변호하며, 그 틀 안에 나자렛 예수가 창설한 새 종교가 들어갈 자리를 마련하고자 했다.

포르퓌리오스의 「신탁으로부터의 철학」은 신들에 대한 숭배를 다룬다. 그의 접근을 온전히 이해하기 위해서는 먼저 당시 사람들이 신을 어떻게 이해하였고, 여러 신과 만물을 지배하는 최

---

[13]   Anthony Meredith, 'Porphyry and Julian against the Christians', 1136.

고신의 관계를 어떻게 파악하였나 살펴볼 필요가 있다. 유일신이라는 세계관이 더 익숙해진 시대에 사는 우리는 신이 단일한 하나의 독자적인 존재이며, 그 신 말고는 신의 범주에 다른 것이 있을 것이라고 생각하지 않는 경우가 많다. 하지만 고대에는 달랐다. 여러 신적 존재가 있을 수 있었다. 앞 장에서 살펴보았듯, 켈소스 같은 지식인과 사상가조차 하나의 최고신이 있다는 사실 때문에 다른 신을 믿으면 안 된다는 결론에 이르지는 않았다. 포르퓌리오스도 마찬가지였다. 신적 존재란 하나의 최고신으로부터 올림포스 신들을 거쳐 별과 같은 가시적인 존재, 다이몬, 영웅, 신격화된 인간에 이르는 여러 가지 대상을 지칭하는 범주였다. 최고신은 이 모든 무리 위에서 지배하는 존재였다.

각 신을 섬기는 방식도 서로 달랐다. 하나의 최고신은 오직 정신과 마음을 다해 영적으로 숭배해야 마땅했다. 다른 신들은 제물을 바치는 것이 합당하다. 젊은 시절 포르퓌리오스는 인류가 "올림포스 신들에게는 신전과 성지, 제단을 봉헌하고, 지상의 신적 존재들과 영웅들에게는 제물을 바칠 화덕을, 지하 세계의 신들에게는 제사용 구덩이와 도랑을, 우주에는 크고 작은 동굴과 암굴을 마련해 바쳤다"고 썼다(『오뒷세이아에 나오는 요정의 동굴에 관하여』, 6). 채식을 옹호하는 저술 『육식의 절제』Περὶ ἀποχῆς ἐμψύχων에서는 다양한 신적 존재에 부합하는 숭배 형태들을 요약한다.

제일의 신은 무형의, 부동의, 비가시적 존재로, 외형적인 어떤 것도 필요로 하지 않는다.

따라서 "만물 위에 있는 이 신에게는 제사도 분향도 어떤 감각적인 것도 바치지 않는다. … 이 최고신에게는 인간의 목소리도, 내적 언어도 부합하지 않는다. 다만 절대적인 침묵 가운데 정화된 영혼으로, 순전히 그 존재를 관조함으로 숭배해야 한다"(『육식의 절제』 2.37, 34). 그러나 최고신에게서 나온 "자손"들에게는 "목소리를 내 낭송하는 찬가"를 바쳐야 한다. 별들과 같은 다른 신들에게는 무생물적 봉헌이 합당하며 더 하위의 신에게는 종교적 준수와 희생 제사가 필요하다. 예를 들어 다이몬들은 제물이 타는 냄새를 즐긴다(『육식의 절제』 2.42).

신적 존재의 범주들은 고정되어 있지 않다. 어떤 신적 존재들은 더 높은 위계로 올라가거나 더 낮은 위계로 내려갈 수 있다. 영웅들이 대표적이다. 영웅들은 원래 탁월한 인간이었으나, 그들의 삶과 그들이 행한 기적 덕택에 시간이 흐르며 신의 지위를 부여받은 존재들이다. 켈소스에 관해 다루는 장에서 이러한 특징을 두고 인용한 플루타르코스의 표현처럼, 인간은 영웅으로, 영웅은 다이몬으로 상승할 수 있고, 다이몬에서는 소수의 영혼이 그 탁월함으로 인해, 오랜 정화의 시간을 거쳐 완전한 신성에 참여하게 된다(『신탁의 결함』 415c).

포르퓌리오스의 「신탁으로부터의 철학」은 여러 측면에서 그가 남긴 다른 신학 저술과는 달랐다. 무엇보다 이 책은 그리스인은 물론 다른 고대 민족들이 전수해 온 신탁에 토대를 두었다. 그저 믿음에 대한 철학적인 근거를 대는 대신, 포르퓌리오스는 전통적인 (따라서 권위 있는) 본문에 기초한 종교관을 제시하고자 한다.

> 구원의 희망을 하나의 확실한 원천에서 긷는 자에게는 결코 흔들림이 없도다. 그런 이들에게는 지체하지 않고 모든 것을 알려주어야 할 것이다. 신들에게 맹세코 나는 신탁의 의미에 어떤 것도 더하거나 빼지 않았다. 다만 잘못된 문장이 있다면 수정했고, 명료하지 않은 부분이 있다면 명료하게 바꾸었으며, 운율이 맞지 않는 부분이 있다면 운율에 맞게 바꾸었고, 목적에 부합하지 않는 부분이 있다면 이를 제거했다. 그리하여 말씀의 신성함과 그 의미를 온전히 보존하고자 했다. 나는 신들을 업신여긴 결과로 받는 벌보다 말씀에 함부로 손을 대는 불경을 저지르는 것을 경계하는 사람이다. 이 선집에는 신들이 신탁을 통해 계시한 진리에 따른 지혜의 가르침을 기록하여 담았다.[14]

---

[14] 「신탁으로부터의 철학」의 단편은 다음을 보라. G. Wolff(ed.), *Porphyrii de philosophia ex oraculis haurienda* (Berlin, 1856), 42~43. 에우세비오스는 「복음의 준비」 4.7에서 이 단락을 인용하고 있다.

포르퓌리오스는 신탁에 초점을 두고 철학자들의 종교적 믿음과 일반 대중의 믿음, 곧 신들을 철학적으로 이해하지는 않으나 가정에서 신들을 섬기고 공적 제사에 참여하는 사람들의 믿음을 연결하고자 시도한다.

「신탁으로부터의 철학」은 세 권의 책으로 이루어져 있다. 남아있는 단편을 통해 구성할 수 있는 개략적인 구조는 앞서 간단히 살펴본 신학적 구상과 동일하다. 1권은 각 신적 존재들(최고신, 올륌포스 신들(헤라, 아폴론, 헤르메스, 포세이돈, 아르테미스), 별들과 천체들(가시적인 신들))을 범주에 따라 숭배하는 것에 관해 다룬다. 포르퓌리오스는 이러한 다양한 형태를 다룬 후 각 대상에 어떤 희생을 바치는 것이 합당한지, 그들을 경건하게 대하는 것은 어떤 의미인지 논한다. 2권은 다이몬을 다룬다. 다른 신적 존재와 마찬가지로 다이몬에게도 나름의 종교적 예법을 준행하며 영예를 돌려야 한다. 3권은 영웅이나 신격화된 인간, 이를테면 헤라클레스나 디오스쿠로이들, 오르페우스, 퓌타고라스와 같은 인물들을 다룬다. 포르퓌리오스는 이들 가운데 예수도 포함했다. 그에 따르면 예수는 본래 인간이었으나 죽은 후 신격화된 현자다.

포르퓌리오스가 예수를 대하는 방식에 어떤 의미가 있는지 이해하기 위해서는 당시 그리스도교의 학문 전통을 돌아볼 필요가 있다. 한 세기 전 호교론자들이 처음으로 그리스도교를 고대 사회의 지식인 사회에 합리적으로, 철학적으로 제시하고자 시도한 이래 그리스도교 사상가들은 줄곧 그리스도교가 그리스인들과 로마인들이 숭배하는 바로 그 존재, 다시 말해 이성적인 사람이 숭배하는 바로 그 신을 숭배한다고 주장해왔다. 그리고 철학자들이 신의 특징을 두고 사용하던 개념들을 그대로 차용했다. 안티오키아의 그리스도교 호교론자 테오필로스Theophilus는 하느님이 형언할 수 없으며, 형용할 수 없으며, 제한할 수 없으며, 파악할 수 없으며, 인식할 수 없으며, 비길 데 없으며, 가르칠 수 없으며, 변화하지 않는 존재로, 창조되지 않았기에 시작이 없고, 불멸하기에 변화하지도 않는다고 묘사했다(「아우톨뤼코스에게」, 1.3~4). 하느님이 시간을 초월하는, 정념이 없는 무형의 신적 존재로 정신으로만 알 수 있다는 시각은 그리스도교 호교론의 근간이었고, 그리스의 영적, 지적 전통과의 결정적인 연결고리를 만드는 것이었다. 5세기에 이르러서도 그리스도교 호교론은 그리스도인과 이교도가 동일한 최고 존재를 숭배하고 있다는 입장을 견지했다. 아우구스티누스의 「신국론」과 퀴로스 주교 테오도레토스의 「이교인이 전염시킨 병에 대한 치료」가 대표적이다. 포르퓌리오스의 전략은 바로 이 연결고리를 끊어버리는 것이었다. 그리스도인들은 예수를 숭배함으로써 최고신에 대한 숭배를 버렸다고 그는 주장했다.

이 주장의 핵심은 아우구스티누스가 「신국론」에서 인용한 내용으로부터 추리할 수 있다. 그는 「신국론」 전체에 걸쳐 참된 한 분 하느님에 대한 숭배를 옹호하며, 19권에서 포르퓌리오스를 증인으로 내세운다. 그리스도인이 숭배하는 하느님이 누구냐는 물음에 아우구스티누스는 대답한다. 하느님은 "그리스도인들의 아주 신랄한 적이면서도 철학자들 가운데 매우 박식한 인물인 포르퓌리오스가 신이라고 여긴 자들의 신탁을 빌려 위대한 신이라고 고백하는" 바로 그 신이다. 그는 포르퓌리오스를 "'에크 로기온 필로소피아스'ck logion philosophias(신탁으로부터의 철학)라고 명명한 책자에서 … 철학에 해당하는 사안들에 대해 신적 응답이라고 본 자료들을 수집하고 주석"한 인물로 소개한다(『신국론』, 19.22~23). 나아가 아우구스티누스는 「신탁으로부터의 철학」에서 유일신에 대한 믿음을 들며 유대인을 칭송하지만, 그리스도인을 폄하하는 몇몇 신탁을 인용한다. 그중 하나는 아폴론의 것이다.

> 신 안으로, 모든 것에 앞서 낳는 분이요 임금인 분에게로, 하늘과 땅, 바다와 지옥의 비밀 처소마저 그분을 무서워하며 떨며, 신령들이 혼비백산하느니라. 아버지가 그 존재들의 율법이요, 거룩한 히브리인들은 그 율법을 크게 받드느니라.

아우구스티누스는 다음으로 「신탁으로부터의 철학」에서 포르퓌리오스가 예수를 칭송하는 대목을 인용한다.

> 우리가 하려는 말은 어떤 사람들에게는 뜻밖이라고 여겨질지 모른다. 신들은 그리스도를 지극히 경건한 자라고 선언했으며,

그가 불멸하는 존재가 되었다고 하고 그를 기억하여 좋은 말씀을 한다. 하지만 그리스도인들은 타락한 자들이요 오염된 자들이며 오류에 젖은 자들이라고 한다. 신들이 그들에 대해서는 이러저러한 많은 악담을 사용한다.

그리고 이를 확증하듯, 포르퓌리오스는 헤카테의 신탁을 인용한다.

> 그리스도가 하느님이냐고 묻는 사람들에게 헤카테는 이런 말을 한다. "불멸하는 영혼이 육신을 버린 후에는 앞으로 나아간다는 것을 그대는 알고 있다. 그 대신 지혜로부터 단절되고 나면 마냥 떠도느니라. 그리스도의 영혼은 경건심에 있어서 지극히 탁월한 인물의 영혼이니라. 그런데 그리스도인들이 이 영혼을 숭배하는 것은 진리로부터 동떨어진 탓이로다."

모호하지만, 요점은 분명하다. 참으로 경건한 사람들은 하나의 최고신, "위대한 하느님"을 숭배했다. 그 하느님은 무엇보다 만물의 시작이자 근원이며, 무형의 부동자다. 예수는 이 한 분의 하느님을 숭배한 경건한 이들 가운데 하나다. 포르퓌리오스는 예수를 "지극히 경건한 자"라고 묘사하는 헤카테의 신탁을 인용하고 다시 또 하나의 신탁을 인용한다.

히브리인들의 현자들(그대들이 위에서 말한 대로 신성한 아폴로의 말씀을 들었듯이 예수라는 이도 그들 가운데 한 명이었다)은 … 아주 사악한 이 정령들과 시시한 영들을 가까이하지 말라고 경건한 자들을 타일렀고 그들에게 마음을 쓰지 않도록 금했다. 그보다는 천상 신들을 공경하며 특히나 아버지 하느님을 공경하라고 가르쳤다. 하지만 이것은 신들도 명하는 바이고, 위에서 우리가 보여준 바와 같이, 신들은 어떻게든 우리가 정신을 하느님께 돌리도록 권유하고 어디서든지 하느님을 숭배하도록 명령한다. … (『신국론』 19.23)

포르퓌리오스의 주장을 요약하면 다음과 같다. 모든 사람이 숭배하는 하나의 신이 있다. 다른 경건한 사람들처럼, 예수는 이 신을 숭배했고, 사람들에게도 그렇게 하도록 가르쳤다. 예수는 사람들이 하나의 신에게 마음을 쓰도록 가르치며 이끌었는데, 제자들은 오류에 빠져 사람들에게 예수를 숭배해야 한다고 가르쳤다.

여신은 그를 지극히 경건한 인물이라고 했고 그의 영혼은 다른 경건한 사람들의 영혼이 그렇듯이, 사후에 불멸성을 얻을 자격이 있었다. 그런데 그리스도인들이 무식하여 이 영혼을 숭배한다. (『신국론』 19.23)

앞에서 포르퓌리오스의 복음서 비판에 관한 자료로 아우구스티누스의 「복음사가들의 일치」를 언급했다. 이 문헌에는 포르퓌리오스가 예수를 어떻게 대했는지와 더불어 그가 하나의 신에 대한 숭배를 어떻게 이해했는지에 관한 단서도 들어있다. 아우구스티누스에 따르면 어떤 이교도들은 예수가 아무런 저작도 남기지 않았고 마술에 기대어 명성을 도처에 떨쳤다 주장한다고 비판했다. 어떤 이들은 예수가 "지극한 지혜"를 가진 인물이었으나, "그저 인간일 뿐"이라고 주장했다. 그가 하느님의 아들이며 그를 통해 만물이 창조되었다는(요한 1:1) 사상을 퍼뜨린 책임은 제자들에게 있다는 것이다. 이를 바탕으로 이들은 그리스도교를 비판하며 예수를 "지극히 지혜로운 자로 존경"해야 한다고 하지만, 결코 "하느님으로 숭배해서는 안 된다"고 강조한다(「복음사가들의 일치」 1.7.11). 이교도들이 그리스도를 존경한 이유는 몇몇 철학자들을 통해 알 수 있는데, 포르퓌리오스는 "그리스도에 관해 어떻게 대답해야 할지 신들의 의견을 물어본 결과, 신탁에 의해서 예수를 칭송하지 않을 수 없었다"는 것이다(「복음사가들의 일치」 1.15.23).

아우구스티누스는 바로 이 이교 철학자들이 예수의 제자들을 비판한다고 말한다. 그들은 제자들이 예수의 가르침을 등지고 전통적인 숭배를 저버리고는, "신전의 파괴, 제사의 단죄, 우상의 파쇄"를 외쳤다고 말했다. 그리스도인들이 신들을 숭배하지 않는다는 것을 두고 예수를 비난할 수는 없는데, 제자들이 "그가 가르친 것과 다른 것을" 가르쳤기 때문이다(「복음사가들의 일치」 1.16.24). 즉 그들은 예수에게 배운 것에 반하는 내용을 가르치며 전통 종교에 반기를 들었고, 예수 이후 그리스도교는 그 주장에 있어서나 실제에 있어서나 예수가 창시한 종교가 아니라 그 제자들이 만들어낸 새로운 신앙 체계라고 할 수 있다. 예수의 종교가 모두가 숭배하는 최고신을 향하고 있었다면, 이 신앙 체계는 예수를 향했다. 그리스도교는 예수의 제자들이 만들어낸 종교이지, 예수가 구상한 종교가 아니라는 포르퓌리오스의 비판에는 놀라울 정도로 근대적인 요소가 있다.

아우구스티누스가 남긴 기록을 토대로 하면 포르퓌리오스가 「신탁으로부터의 철학」에서 다룬 그리스도교에 관한 논의는 다음과 같다.

(1) 포르퓌리오스는 예수를 선하고 경건한 자로 칭송하며, 그리스인들과 로마인들이 숭배하던 퓌타고라스나 헤라클레스와 같은 현자, 또는 반신반인의 반열에 올려놓는다.

(2) 그러면서도 예수의 제자들과 제자들의 가르침을 따르는 그리스도인들을 비판한다. 예수를 잘못 전하고 새로운 숭배 형태를 창설했기 때문이다.

(3) 하나의 최고신에 대한 숭배를 옹호한다.

(4) 이 최고신을 숭배하는 유대인을 칭송한다.

아우구스티누스 이외에도 4세기 초에 저술 활동을 한 두 라틴 호교론자, 아르노비우스Arnobius와 락탄티우스의 글을 통해 우리는 「신탁으로부터의 철학」에서 포르퓌리오스가 그리스도교를 어떻게 다루었는지 좀 더 많은 사실을 알 수 있다. 311년에 쓴 「이교인 반박」Adversus nationes에서 아르노비우스는 이교도들이 그리스도교를 비판하며 신들이 그리스도인들에게 적대적인 이유를 어떻게 설명해야 할지 모르겠다며 한탄한다.

> 우리는 그대들과 함께 하나의 공통 신앙을 따르며 그대들과 함께 전능한 신을 숭배한다. 그러나 이교도들은 "신들이 그대들을 적대하는 이유는 그대들이 인간에게서 태어난 한 인간을 신이라고 하며 그가 여전히 존재한다고 믿고 그에게 매일 기도하며 그를 숭배하기 때문이다"라고 대답한다. (「이교인 반박」 1.36)

아르노비우스가 포르퓌리오스의 이름을 언급하고 있지는 않다. 그러나 「이교인 반박」에 등장하는 비판자가 포르퓌리오스일 가능성은 충분하다.[15] 실제로 이 비판은 아우구스티누스가 전하는 포르퓌리오스의 요점과 정확히 일치한다. 그리스도인들이 섬기는 신은 이교도들이 섬기는 신과 같다. 다만 차이는 예수에 대한 시각이다. 그리스도교를 그리스도교답게 하는 믿음과 관행은 전

---

[15] Ernest Fortin, 'The Viri Novi of Arnobius', *The Heritage of the Early Church* (Rome, 1973), 197~226.

통적인 숭배를 저버리게 한다.

> (그대는) 우리가 옛사람들의 신앙에서 등을 돌렸다고 주장한다.
>
> (「이교인 반박」, 2.67)

아르노비우스보다 약 10년 전 「거룩한 가르침」을 쓴 라틴 호교론자 락탄티우스도 포르퓌리오스의 「신탁으로부터의 철학」을 염두에 둔 것 같다. 앞서 제국의 수도에 살며 세 권으로 그리스도인들에 대한 반박서를 집필했다는 "철학의 대가"를 언급한 바로 그 인물이다. 락탄티우스도 아우구스티누스가 「신국론」에서 인용한 것과 동일한 아폴론의 신탁 일부를 인용한다. 그에 따르면 이 신탁은 예수의 지혜와 기적을 칭송하는 부분에 있어서는 진리를 담고 있으나, "예수가 신이 아니라고 하는 것"에 있어서는 오류를 범하고 있다. "예수가 현자라면, 그의 가르침은 지혜이고 예수를 따르는 자들도 지혜롭다." 그런데 왜 "그대들의 신들이 인정하는 현자"를 따르는 우리가 "어리석고 허황된 바보"라는 이야기를 들어야 하냐며 락탄티우스는 항의한다. 또 이교도들은 예수의 수난을 두고 그리스도인들에게 "맹비난을 퍼붓는데", "악명 높은 형벌을 받아 고통스럽게 못 박혀 죽은" 자를 숭배한다는 이유다(「거룩한 가르침」, 4.13). 포르퓌리오스를 거명하지 않았지만, 락탄티우스는 「신탁으로부터의 철학」에 담긴 핵심 요지를 사실상 요약한 것이나 다름없다. 예수를 현자로 칭송하는 한편, 그를 신으로 숭배하던 추종자들의 광기를 비판하는 것이다.

포르퓌리오스가 세상을 떠난 지 얼마 되지 않아 집필 활동을 했던 교회사가 에우세비오스도 「신탁으로부터의 철학」을 주의 깊게 살펴보았다. 방대한 분량의 그리스도교 호교론 「복음의 준비」_Εὐαγγελικὴ προπαρασκευή_에서 에우세비오스는 거의 백 면에 걸쳐 포르퓌리오스의 글을 인용한다. 포르퓌리오스보다 더 많이 인용한 인물은 단 한 명, 플라톤뿐이다. 「복음의 준비」를 쓴 주된 목적 중 하나는 그리스도교를 비판하는 이교도들에 대한 그리스도교의 "반역"(에우세비오스는 "우리의 반역"이라고 쓴다)이 "정당하다"는 것이었다(「복음의 준비」, 2권 서문).

「복음의 준비」 1권에서 에우세비오스는 긴 단락을 할애해 그리스도인들에 대한 비판을 요약한다. 오랜 세월 사람들은 그가 "한 그리스인"이라고 말하는 무명의 인물이 포르퓌리오스일 것이라고 추정했다. 에우세비오스의 요약에 따르면 그는 이렇게 썼다.

모든 종족과 도시를 유지하는 선조들의 관습을 저버리고 나온 이들이 어찌 모든 면에서 불경한 무신론자라고 하지 않을 수 있겠는가? 자신을 있게 한 이들과 원수가 되어 싸우려는 이들에게 무슨 선을 기대하겠는가? 전 인류가 태고로부터 도시와 시골에서, 모든 종류의 제사와 신비와 의식에서, 왕들과 입법

자들과 철학자들이 인정한 신들에게 등을 돌리고 불경한 무신론으로 넘어간 이들에게 … 무슨 사면이 있단 말인가? 그들은 유대인들이 공경하는 신을 등지고 … 새로운 길을 찾아 이탈했다. (『복음의 준비』 1.2.1~4)

아우구스티누스와 라틴 호교론자들의 글이 전하는 요점과 유사하지만, 여기서는 전통 종교에 대한 배교가 더 강조되고 있다. 또 이 단편이 제국의 도시들을 유지하는 데 필수적인 공적 경건이라는 측면에서 그리스도교를 고발한다. 여기서 우리는 포르퓌리오스의 글이 어떻게 그리스도인들에 대한 박해를 종교적으로 옹호하는 데 사용될 수 있었는지 짐작할 수 있다. 포르퓌리오스는 2세기 초부터 제기되던 혐의, 곧 그리스도교가 미신이라며 내세웠던 혐의들을 더 정교한 방식으로 재조명하고 있다.

황제의 종교

그리스도교를 두고 포르퓌리오스가 이야기하는 바는 단순히 한 철학자 개인의 사색은 아니다. 로마 제국의 관리들도 비슷한 입장이었다. 그리스도교 최후의 박해자들 가운데 하나였던 황제 막시미누스 다이아Maximin Daia(재위 310~313) 치세의 몇몇 공문서들은 이를 잘 보여준다. 막시미누스는 그리스도교를 박해했던 로마 황제들 가운데 가장 종교인의 자의식이 있었다고 할 수 있

는 인물이었다.[16] 그의 생애와 짧은 치세에 관해 우리가 알고 있
는 내용은 하나같이 그가 로마 제국의 공적 경건을 중시했다는
사실을 가리킨다. 다행히도 소아시아의 여러 도시가 황제에게
보낸 탄원과 황제가 튀로스에 보낸 답변이 남아있다. 탄원과 답
변은 모두 막시미누스의 시각을 보여주는데, 탄원 자체가 황제
가 부추겨서 이루어진 것처럼 보이기도 한다. 소아시아 남서부
속주 뤼키아와 팜필리아의 탄원은 대리석 비문의 형태로 1892
년 튀르키예의 작은 마을 아리프(고대 도시 아뤼칸다)에서 발견되
어 현재 이스탄불 국립박물관이 소장하고 있다. 일부를 인용하
면 다음과 같다.

> 모든 종족과 인민의 주인인 황제 갈레리우스 발레리우스 막시
> 미누스와 발레리우스 리키니아누스 리키누스에게 리키아와 팜
> 필리아인이 진정과 탄원을 올리나이다. 신성한 황제시여, 폐
> 하의 동족이신 신들은 인류에 대한 사랑을 만인에게 보여주셨
> 나이다. 영원한 안녕을 염려하시어 폐하는 신들에 대한 숭배
> 를 소홀히 하지 아니하시나이다. 그리하여 우리는 폐하의 영원
> 한 위엄에 호소하오니 오랫동안 광기에 사로잡혀 오늘날까지
> 멈추지 않는 그리스도인들이 이를 그만두고, 불길한 새 종교로
> 신들에게 합당한 숭배를 해치지 않게 하도록 청원하나이다.

---

[16] Robert M. Grant, 'The Religion of Emperor Maximin Daia', *Christianity and Other Greco-Roman Cults* (Leiden, 1974), 4:143~166.

이 탄원에 대한 답변으로 황제는 "불멸의 신들의 자비로운 섭리"가 세계를 "통치하고 보우한다"는 사실을 확인하고, "불멸의 신들을 향해 보인 경건과 경외"를 보여주는 도시민들의 청원에 감사를 표한다. 황제는 그리스도인들이 "저주받을 광기 행각"을 고집한다며 비난하고, "최고의 신, 가장 위대한 신, 영광스러운 그대 도시의 수호자 유피테르"를 섬기도록 당부한다. 전통적인 숭배를 거부하는 광기 행각을 고집하는 무리는 "도시에서 추방되어야 할 것이니, 그렇게 도시의 모든 오염과 불경을 정화하고, 본래의 목적을 따라 불멸의 신들에 대한 공적 숭배를 합당히 거행"하도록 명한다. 막시미누스는 다시금 튀로스의 시민들이 "불멸의 신들에 대한 경건"의 증거를 보이도록 당부하며 답변을 마무리한다(에우세비오스, 「교회사」 9.7.3~15).

황제가 답변에 사용한 자구는 놀라울 정도로 포르퓌리오스의 「신탁으로부터의 철학」에 나타난 기조와 유사하다. 4세기 초, 그리스도교에 대한 로마 제국의 공식 입장, 다시 말해 황제의 입장은 몇몇 지식인들의 입장과 다르지 않았다. 그리스도교는 로마 세계의 종교 생활에 뚜렷한 영향력을 행사하고 있었다. 신도의 수가 크게 늘었고, 학식 있고 영향력 있는 지도자들이 등장했다. 그러나 그리스도인들은 자신을 어떻게 생각하든, 적어도 행동에서는 언제나 분리된 집단이었다. 그들은 사회의 공적 생활에 거의 기여하지 않았고, 예수만을 고집하며 그들이 살던 도시의 종교적 기반을 뒤흔들고 있었다.

황제들이 다시 한번 박해를 통해 그리스도교의 확산을 저지하려고 할 때, 포르퓌리오스는 또 다른 차원에서 엄청난 도전장을 그리스도인들에게 내민 셈이다. 에우세비오스의 표현을 빌리면, 이교도들과 그리스도인들 사이의 쟁점은 "정치 신학"이었다. 즉 그들은 한 도시, 혹은 한 민족 공동체의 삶에 필수적인 종교적, 신학적 믿음을 둘러싸고 논쟁을 벌였다. 에우세비오스에 따르면 이교도들은 그리스도인들이 도시의 수호신들에게 예를 표하지도 않는다며 비판했고, "명백하게 이로운 힘은 아랑곳하지 않고, 법도, 즉 조상들의 관습을 따라 살며 어기지 말아야 할 것은 어기지 않아야 한다는 원칙을 대놓고 저버리며, 조상들이 걸었던 경건의 길을 따르지 않고, 새로운 것을 좇아 남에게까지 참견한다"며 비난했다. 그런 식으로 법도를 저버리는 행위에 부합하는 대가는 사형이었다(『복음의 준비』, 4,1,3).

포르퓌리오스의 「신탁으로부터의 철학」은 일차적으로 전통 종교를 옹호하는 철학 저술이었으나, 그리스도교를 박해하는 근거를 제공하는 부수적인 목적이 있었을 수 있다. 이 책에는 그리스도교에 대한 오래된 혐의, 즉 예수를 숭배하는 새로운 종교는 다른 이들과 똑같이 최고신을 숭배한다고 하지만, 실상은 사람들을 최고신에 대한 숭배로부터 떼어놓을 뿐 아니라 전통적인 경건을 약화시킨다는 혐의가 전면에 드러나고 있다. 전통적인 숭배를 관리, 감독하고 보호할 책임을 느끼던 황제와 전통 종교를 옹호하는 것이 지식인의 책무라고 생각한 포르퓌리오스가 손을 잡은 것이다. 그런 점에서 포르퓌리오스는 2세기 초 플리니우스로부터 로마 관리들이 그리스도교를 다루었던 방식을 이론적으로 정립했다고 볼 수도 있다.

예수는 마술사가 아니다

「신탁으로부터의 철학」에 관한 대목을 마치기 전에 한 가지 짚고 넘어가야 할 것이 있다. 바로 예수에 대해 제기된 혐의 중하나, 곧 그가 마술사였고, 마술을 사용해 기적을 행했다는 주장이다. 이 혐의는 포르퓌리오스의 시대에도 이어지고 있었다. 에우세비오스는 예수를 튀아나의 아폴로니오스Apollonius of Tyana와 비교하는 책을 쓴 히에로클레스Hierocles라는 인물을 반박하는 논고를 남겼다. 아폴로니오스는 많은 기적과 치유를 행해 그리스인들의 추앙을 받던 현자였다. 히에로클레스는 아폴로니오스야 말로 참된 현자이며, 예수는 마술사라고 주장했다(「히에로클레스 반박」, 1~2). 아르노비우스도 예수가 주문을 외우고 특정한 문장을 사용하는 등 여러 마술을 통해 기적을 행했다는 혐의를 언급했다(「이교인 반박」, 1.43). 락탄티우스도 비슷한 혐의에 관해 기록한다(「거룩한 가르침」, 5.3). 히에로클레스를 의식한 것 같다.

한편 포르퓌리오스는 예수를 마술사로 보지 않았다. 그러한 비판을 삼가고 오히려 그를 '현자'로 칭송했다. 그렇게 예수를 자신의 전통 종교론에 편입하고자 했다. 「복음의 준비」를 쓰며 에우세비오스는 또 다른 긴 호교론, 「복음의 논증」Εὐαγγελικῆς ἀποδείξεως δέκα λόγοι을 썼는데, 여기서 그는 예수가 마법사였다는 혐의를 반박했다. 이러한 혐의에 맞서기 위해, 그는 "그대들 신들의 신탁"에 호소했으며, 예수가 "마술사가 아닌, 천상 세계와 접점이 있던 현자"라는 점을 입증하기 위해 신탁을 인용했다. 에우세비오스는 "우리의 대적자가「신탁으로부터의 철학」이라고 명명한 책 3권에서 말한바, "우리가 하려는 말은 어떤 사람들에게는 놀랍게 여겨질지 모른다. 신들은 그리스도를 지극히 경건한 불멸의 존재라고 선언했으며, 그를 기억하여 칭송한다"는 것보다 더 설득력 있는 증언은 없다"고 쓴다(「복음의 논증」 3.6.39~3.7.1). 아우구스티누스가 「신국론」에서 인용하고 락탄티우스가 「거룩한 가르침」에서 요약한 바로 그 단락이다. 예수에 대한 포르퓌리오스의 긍정적인 평가를 바탕으로, 에우세비오스는 포르퓌리오스를 이용해 히에로클레스를 논박한다. 일종의 이이제이以夷制夷다. 포르퓌리오스는 예수가 마술사라는 주장을 논박했다. 그리고 신탁을 통해 예수가 "경건하고, 극히 정의롭고 현명한 천상계의 존재"라고 주장했다.

그리스도인들이 포르퓌리오스의 「신탁으로부터의 철학」을 두려워한 이유는 바로 여기에 있었다. 이 책은 고대 다신교 세계관 속에서 예수를 긍정적으로 묘사한 최초의 저작이었다. 포르퓌리오스가 이 책을 쓰고 있었을 바로 같은 시기에 그리스도교 지도자들은 그리스도의 위치에 관한 커다란 논쟁에 휘말려 있었다. 그러고는 이른바 아리우스 논쟁이 일어났다. 주교들은 예수가 완전한 하느님이며 최고신과 동등한 존재인지를 두고 광범위한 논쟁을 벌였다. 포르퓌리오스의 그리스도 이해에 동의한 주교들이 없지 않았으리라고 보는 것은 다소 억측일 수 있겠으나, 적지 않은 주교들은 예수를 창조주 하느님과 완전히 동등한 방식에서 하느님이라고 말하는 것을 꺼렸던 것이 사실이다. 에우세비오스도 마찬가지였다. 결국 그리스도교 세계를 여러 세대에 걸쳐 분열시킨 이 논쟁은 바로 이 문제, 즉 예수가 최고신과 동등한 완전한 신인지, 아니면 성부 하느님과 친밀한 관계를 맺지만 최고신보다는 아래의 신적 존재인지의 문제를 다루는 것이었다. 예수를 헤라클레스, 퓌타고라스와 같이 영웅의 반열에 올리는 것은 고대 다신교의 입장에서 엄청나게 높은 지위를 부여하는 것이었다. 그러나 예수를 최고신과 동등한 존재로 이해하려던 그리스도인들의 입장에서 이는 뼈아픈 공격이었다.

이해 없는 신앙

지금까지 살펴보았듯 포르퓌리오스는 「신탁으로부터의 철학」에서 그리스도교에 대한 매우 중요한 비판을 전개했다. 이 장을 마무리하기 전에 그리스도교에 대한 포르퓌리오스의 또 다른 비판점 몇 가지도 간략히 짚고 넘어가기로 하자. 여기에는 얼마나 그가 철저하게 그리스도교라는 새 종교를 분석했는지, 또 켈소스가, 한편으로는 갈레노스가 제기한 성격의 비판이 얼마나 지속적으로 고대 사회의 지식인들에게 영향을 미치고 있었는지 드러나 있다. 어떤 것들은 몇 세대 후 '배교자' 율리아누스 황제에 의해 다시 수면 위로 등장한다.

갈레노스, 켈소스와 마찬가지로 포르퓌리오스 또한 그리스도 인들이 '이해 없는 신앙'을 추구한다며 비판했다(에우세비오스, 「복음의 준비」 1.3.1). 최근 밝혀진 포르퓌리오스의 한 단편이 있다. 4세기 알렉산드리아에서 활동한 주석가 맹인 디뒤모스Didymus the Blind의 작품에 포함된 것인데, 여기서 포르퓌리오스는 '신에게는 불가능한 일이 없다'는 그리스도교 교리에 관해 논하고 있다. 갈레노스와 마찬가지로 포르퓌리오스는 욥기 42장 2절에 나오는 "알았습니다. 당신께서는 못하실 일이 없으십니다"를 주석하며 신은 전능하다는 주장에 반대했다. 신이 모든 것을 할 수 있다면 자연에 반하는 일도 할 수 있고, 그렇다면 신에 대한 이성적인 이해는 불가능하다는 것이었다.

포르퓌리오스가 지적한 내용 상당수는 그리스도교를 특징짓는 요소를 겨냥한다. 그는 마지막 날에 죽은 이들이 부활할 것이라는 가르침도 지적했다. 여기서 부활은 라자로의 부활과 같은가, 아니면 그리스도의 부활과 같은가? 포르퓌리오스는 묻는다.

그리스도의 부활과 같다면 정자의 작용 없이 잉태된 자의 부활과 정자의 작용으로 태어난 자의 부활이 어떻게 같을 수 있겠는가? 라자로의 부활과 같다고 한다면 이는 적절하지 않아 보이는데, 라자로의 부활은 아직 완전히 부패하지 않은 몸, 라자로라고 인식할 수 있는 바로 그 몸으로 부활한 것이나, 여기서 말하는 몸의 부활은 수백 년이 지나 완전히 분해된 몸의 부활을 말하고 있기 때문이다. (단편 92)

또한, 어떤 몸으로 부활할 것인가? 고통받지 않고 배고픔도 느끼지 않는 복된 몸으로 부활한다면 부활한 그리스도는 왜 자신의 상처를 보여주고 음식을 먹었나? 그리스도인들은 이런 비판을 매우 심각하게 받아들였다. 아우구스티누스는 이러한 물음에 근심하던 벗에게 긴 편지를 쓰며 답변한다(『서간집』 102). 죽은 이의 부활과 앞으로 다가올 삶에 대해 다루는 『신국론』 후반부에도 비슷한 쟁점들이 등장한다.

나아가 포르퓌리오스는 켈소스가 제기했던 주제, 즉 역사적 계시라는 주장에 담긴 난점을 재조명했다. 켈소스는 그리스도인들이 하느님이 역사 속의 특정 시간과 특정 장소 안에서 인류에게 나타났다고 주장한다며 비판했다(『켈소스 반박』 4.7). 포르퓌리오스의 뇌리를 스친 것은 요한 복음서의 한 구절("나는 길이요 진리요 생명이다. 나를 거치지 않고서는 아무도 아버지께 갈 수 없다"(요한 14:6))이었다. 포르퓌리오스는 묻는다.

그리스도가 자신이 길이며, 은총이며, 진리라고 말하면서 오직 자신 안에서만이 신자의 영혼이 신을 향한 길을 찾을 수 있다고 주장한다면, 그리스도 이전에 살았던, 그 오랜 세월 동안 스쳐 간 사람들은 어떻게 되는 것인가? 결코 흠잡을 데 없었던 사람들, 헤아릴 수 없을 정도로 많았던 선인들은 어떻게 되는 것인가? 그들이 믿어야 했던 사람들이 아직 인류 가운데 나타나지도 않았더라면? … 구원자라고 불리는 이가 왜 그토록 오랜 세월 동안 숨어 있었단 말인가?

그가 보기에 그리스도의 강림 이후에야 사람들이 하느님에게 다가갈 수 있게 되었다는 그리스도인들의 주장은 오만하기 이를 데 없었다. 포르퓌리오스는 그리스도인들이 유대 전통의 고대성을 근거로 이에 대답한다는 사실도 알고 있었다.

옛 유대 율법이 인류를 돌보았다는 말은 하지 말도록 하자. 유대 율법은 시리아의 작은 지역에서, 그것도 매우 늦게 등장해 발전한 것이다. 그리고 이보다 훨씬 훗날에 이르러서야, 가이우스(칼리굴라) 황제 이후에, 혹은 가이우스 치세에 본국 이탈리아로 들어온 것이다. 그렇다면 제정이 시작되고야 강림한 그리스도의 은총을 얻지 못한 로마인들, 라티움인들의 영혼은 어떻게 되는가? (아우구스티누스, 「서간집」 102.8)

이 비판이 중요한 이유는 그리스도인들이 하느님이 세상과 맺는 관계를 이해하던 방식의 핵심을 건드리기 때문이다. 그리고 이 비판은 율리아누스 황제의 글을 통해, 또 4세기 말 주교 암브로

시우스Ambrose에 맞서 전통 종교를 옹호했던 쉼마쿠스Symmachus
의 글을 통해 다시 등장한다. 포르퓌리오스의 주장은 역사적인
동시에 신학적이다. 그는 세상의 모든 종족이 보편적으로 따를
수 있는 길을 찾지 못했다. 그는 이 문제를 매우 깊이 연구했다.
그러나 "일개 철학 학파의 학설을 영혼의 구원을 위한 보편적인
길로 확장하는 교리는 아직 없다. 어떤 철학도, 인도인들의 도덕
적 가르침과 수양도, 칼데아인의 주술도, 어떤 방법도 없다(아우
구스티누스, 「신국론」, 10.32)". 구원을 향한 길은 구체적이고 특정
한 것이다. 따라서 다양하다. 어떤 한 민족이나 국가에만 적용
되는 것이다. 어떤 민족의 길이 모든 민족에게 적용될 수 있다는
생각은 타당하지 않았다. 4세기 후반 쉼마쿠스는 원로원 의사당
에서 승리의 여신의 제단을 제거하려는 그리스도인들에 맞서 집
필한 짧은 글에서 이렇게 쓰고 있다.

> 우리는 같은 별들을 바라본다. 하늘은 모두의 것이다. 같은 세
> 상이 우리를 둘러싼다. ... 한 가지 길로는 위대한 비밀에 이를
> 수 없다. (「제안」, 3)

포르퓌리오스는 보편적인 길을 찾지 못했지만, 그런 것이 있을
것이라는 믿음을 완전히 포기하지는 않았다. 그러나 그리스도교
는 아니었다. 그리스도교가 계시를 그런 방식으로 이해하는 한
그런 길이 될 수 없었다. 그리스도교는 구체적인 시간과 장소에

서 살았던 한 사나이를 통하지 않고서는 하느님께로 올 수 없다고 주장한다. 나자렛 예수 전에 살았거나 나자렛 예수를 모르는 사람을 그리스도교는 구원의 길에서 제외한다.

제7장

율리아누스 - 개종자

기원후 361~63년, 약 19개월 남짓한 짧은 치세를 뒤로한 채 역사의 뒤안길로 사라진 율리아누스 황제, 그러나 고대 세계의 인물 가운데 그만큼 오늘에 이르기까지 사람들의 마음을 꾸준히 사로잡는 인물도 드물다. 20세기 초 그리스 시인 카바피C.P. Cavafy는 율리아누스를 소재로 우아하면서도 도발적인 몇 편의 시를 남겼다. 미국의 소설가 고어 비달Gore Vidal이 쓴 소설은 베스트셀러에 올랐다. 최근 몇 년 사이에도 영문으로 된 그의 전기들(영국 역사가 로버트 브라우닝Robert Browning과 프린스턴 대학교의 고전 학자 글렌 바우어서크Glenn Bowersock의 저작)이 출판되었다. 그리스도교의 그늘 아래 형성된 서구의 역사 서술 전통은 율리아누스를

'배교자'Apostata라고 불렀다. 그리스도인으로 자라나서는 선조들의 믿음을 저버리고 이교를 열정적으로 옹호하는 용서받지 못할 죄를 저질렀다는 이유다. 실제로 이는 율리아누스를 두고 한 그리스도인이 직접 내린 평가다. 반면 율리아누스를 고귀한 인물로, 비극의 주인공으로 보는 사람들도 있다. 그들에게 율리아누스는 페르시아군을 몰아내려 분전하다 서른한 살의 나이에 전장의 이슬로 사라진, 고전 문화 최후의 기수다.

상반된 평가는 율리아누스 당대에도 마찬가지였다. 한때 율리아누스와 교분을 나누기도 했던 시인이자 연설가, 나지안조스의 그레고리오스Gregory of Nazianzus는 율리아누스를 겨냥해 두 편의 신랄한 격문을 남겼다.

> 만민아 귀를 기울여라. 만백성아 이 말을 들어라. 노인도 젊은이도 귀를 기울여라. 오늘 살아 있는 자들과 미래를 이끌어갈 자들아 들을지어다. 하늘의 모든 권능이여 귀를 기울여라. 폭군을 굴복시킨 천사들이여 들어라. 아모리 왕 시혼이 어디에 있느냐? 바산 왕 옥이 어디에 있느냐? 이스라엘을 혼란케 한 미약한 왕들이 어디에 있느냐? 용이 쓰러졌도다. 배교자여! 가공할 정신이여! 아시리아인이여! 광기로 맹위를 떨치며 땅을 위협하고 하늘을 능멸한 만민의 대적자여!

한편 위대한 연설가로 그레고리오스와 율리아누스 모두의 스승이었던 수사학자 리바니오스Libanius가 율리아누스의 죽음에 부쳐 쓴 애도문은 그레고리오스와는 다른 방식으로 과장된 평가를 내린다.

> 아, 크나큰 슬픔이 아카이아를 넘어 로마 세계를 에워싸도다. 올바른 길을 걷고자 하는 선인의 삶이란 한낱 조롱거리에 지나지 않는 것일까. 두려움은 우리의 영혼을 때리고 짓밟는 것도 모자라 이제 온 세상을 강타하는구나. 그리스인들의 터전에는 어쩌면 더욱. 영광스러운 선은 떠나갔고, 사악하고 방종한 무리가 승리를 거두었다.

율리아누스가 살던 세상은 여전히 분열되어 있었다. 313년 로마 제국이 그리스도교를 공인하고 콘스탄티누스가 그리스도교를 받아들인 이래 황제의 관은 그리스도인들에게 돌아갔지만 그렇다고 로마 제국이 그대로 그리스도교 국가가 된 것은 아니었다. 그리스도교 사회가 이루어지기란 요원한 일이었다. 율리아누스가 사망한 지 17년 후인 기원후 380년, 황제 테오도시우스 1세는 그리스도교를 로마 제국의 국교로 선포했다. 그리고 여러 세대가 지난 후에야, 그리스도교는 사회를 지배할 만한 위치로 부상했다. 로마 세계에 살던 수백만의 사람의 신앙과 관행에서, 지식인들의 사고에서, 다신교 전통은 생생히 남아 있었다. 그러나 콘스탄티누스의 이복형제 율리우스 콘스탄티우스의 아들이, 그리스도인으로 자라나 교회에서 독서자까지 했던 그가 젊은 나이에 제위에 오르더니 그리스도교 전통에 등을 돌리는 것도 모자라 열렬히 그리스와 로마 신들에게로 돌아갔다는 사실은 그리스도인들에게 경악할 사건이었다.

율리아누스는 단순히 옛 종교로 돌아가는 것에 만족할 인물이 아니었다. 그리스도인들이 만든 변화를 내버려 둘 마음이 없었던 그는 그리스도교에 대한 정면 공격을 개시했다. 입법을 통해 그리스도교의 영향력을 제한하고, 황제의 특권을 사용하여 전통적인 종교 예식을 거행할 수 있도록 장려했다. 율리아누스는 황제이자 지식인이었고 철학자였다. 「갈릴래아인들에 대한 반박」Κατὰ Γαλιλαίων이라는 제목이 붙은, 그가 쓴 그리스도교 반박은 2세기부터 이어지다 사그라든 듯 보였던 고대 다신교의 그리스도교 비판에 다시 불을 지폈다. 율리아누스의 저작은 켈소스나 포르퓌리오스의 저작과 같은 운명을 맞았다. 그러나 책의 내용 대부분은 412~44년 알렉산드리아 주교를 지낸 퀴릴로스의 반박을 통해 복원할 수 있다. 퀴릴로스가 「율리아누스 반박」Πρὸς τὰ τοῦ ἐν ἀθέοις Ἰουλιάνου에서 율리아누스의 본문을 광범위하게 인용한 덕분에 저작의 성격과 내용을 파악하기란 어렵지 않다. 또 율리아누스의 치세를 다루는 동시대의 문헌도 있다. 이러한 문헌들은 율리아누스가 직접 쓴 편지와 글에 더해 율리아누스라는 인물에 관해, 또 그가 그리스도교를 어떻게 바라보았는지에 관해 상당히 풍부한 그림을 제공한다. 율리아누스는 정치가였다.

자기 생각을 말하는 데 그치지 않고 행동에 옮길 수 있었다. 따라서 율리아누스의 그리스도교 비판은 그의 치세에 일어났던 사건들과도 연결해야 한다. 가장 중요한 사건은 예루살렘에 유대교 성전을 재건하려던 시도였다.

경건

율리아누스는 331년 콘스탄티누스의 이복형제 율리우스 콘스탄티우스Julius Constantius와 비튀니아 출신의 부유한 여성 바실리나의 아들로 태어나 수도 콘스탄티노플에서 어린 시절을 보냈다. 그러나 어린 율리아누스의 세계는 337년 콘스탄티누스의 사망으로 산산이 조각나고 말았다. 콘스탄티누스의 세 아들 콘스탄티우스Constantius와 콘스탄스Constans, 콘스탄티누스 2세 Constantine II가 로마 세계의 주인 자리를 두고 다투었다. 황제의 관은 가장 강력했던 콘스탄티우스에게 돌아갔다. 율리아누스가 즉위하는 361년까지 콘스탄티우스는 제위에 있으면서 위협이 될 만한 인물들을 가차 없이 숙청했다. 율리아누스의 아버지는 물론 친척 중 여덟 명이 살해당했다. 율리아누스와 이복형제 갈루스Gallus만이 가까스로 목숨을 건졌다.

여섯 살의 율리아누스는 콘스탄티노플에서 약 100km 남짓 떨어진 니코메디아로 가야 했다. 외할머니와 주교 에우세비오스가 그를 돌보았다. 그곳에서 어린 율리아누스는 처음으로 호메로스와 헤시오도스 등 그리스 고전을 공부하기 시작했고, 에우세비오스는 그를 그리스도인으로 교육했다. 부유층 소년들이라면 그리스 고전과 그리스도교 성서를 모두 공부하는 것이 일반적이었는데, 율리아누스는 전자에 더 큰 흥미를 보였다. 열 살에서 열한 살이 되었을 무렵, 그는 다시 갈루스와 함께 카파도키아의 황제 별장으로 갔다. 그 후 6년 동안 사회에서 완전히 단절된 채 독서와 공부로 시간을 보냈다. 주로 읽은 것은 수사학과 철학 서적들이었다. 약 열여덟 살이 되자 율리아누스는 비로소 정식으로 수사학을 공부했다. 두 명의 수사학자, 니코클레스Nicocles와 헤케볼리오스Hecebolius가 율리아누스의 지도를 도맡았다. 니코클레스는 다신교인이었고, 헤케볼리오스는 그리스도인이었다. 두 수사학자의 문하에서 공부한 후, 율리아누스는 니코메디아로 돌아가 4세기의 위대한 수사학자, 안티오키아의 리바니오스의 문하로 들어갔다. 헤케볼리오스는 반발했지만 율리아누스의 뜻을 꺾을 수는 없었다.

수사학 공부를 끝낸 율리아누스는 철학으로 눈길을 돌렸다. 훌륭한 스승을 찾아 소아시아를 전전하던 그는 페르가몬으로 향해 아이데시오스Aedesius의 문하로 들어갔다. 아이데시오스의 스승은 이암블리코스Iamblichus였는데, 그는 포르퓌리오스의 제자였다. 아이데시오스가 중시한 것은 신플라톤주의 학파의 종교적, 의례적 요소였다. 바로 이런 것들이 율리아누스의 마음을 사로잡았다. 이암블리코스는 4세기 초에 플라톤주의자들의 철학적 종교를 종교의식과 신비주의theurgy를 포함하는 경험 종교로 바꾸는 데 핵심적인 역할을 한 인물이었다. 여기서 신비주의란 "마술을 통해, 고약과 기름을 바르고 향초와 뿌리 등을 사용해 신성에 다가갈 수 있다는 믿음이다. 이암블리코스에 따르면 인간과 신들의 연합은 '사고'가 아니라 모든 이해를 넘어서는 특정한 행위들을 합당한 방식으로 거행할 때, 오직 신들만이 이해할 수 있는, 말할 수 없는 징표들의 힘을 통해 이루어진다. ... 인간의 지적 행동 없이도 이 징표들은 독자적으로 작동한다"(「이집트인들의 신비」Περὶ τῶν Αἰγυπτίων μυστηρίων 2.11).

신들과 연합하는 한 가지 방법은 신상에 일종의 숨결을 불어넣는 식으로 신탁을 구하는 것이었다. 향초와 향료를 사용하여 분향하고 노래를 부르며, 숭배자는 신상이 미소를 짓거나 고개를 끄덕이는 등 자신의 간구에 어떤 식으로든 응답하기를 기대했다. 각 신은 동물이나 식물, 광물에 현현한다고 믿었기에, 잘만 조작한다면 신의 응답을 얻는 것은 어렵지 않았다. 율리아누스 시대에 유행했던 기술은 헤카테 여신의 손에 들려있는 횃불이 불길로 활활 타오르게 하는 것이었다. 무아지경의 상태를 만들어 신들림을 체험하게 하는 방법도 있었다. 영매靈媒는 우선 물과 불로 자신을 정화하고, 신을 모시기에 합당하도록 특별한 띠와 화환을 두른 후 눈에는 약물을 발랐다. 그렇게 하면 광채를 발하며 신이 임하는 것이었다.

율리아누스는 철학을 공부하던 소년 시절에 이러한 이야기를 처음 접했다. 에우세비오스의 제자 아이데시오스Aedesius는 그

에게 에페소스의 막시모스Maximus of Ephesus라는 철학자가 능하다
며 귀띔해주었다. 율리아누스는 곧바로 그를 찾아 나섰다. 에우
세비오스가 반대하자 율리아누스는 이렇게 대답하며 에우세비
오스에게 작별을 고했다. "주교님은 읽으시던 책을 계속 읽으세
요. 제가 찾던 분을 찾아주셨네요."

율리아누스는 오랜 시간 동안 신비 행위들을 체험했고, 정식
입교를 기다리며 열망했다. 율리아누스가 준비를 끝냈다고 생각
한 막시모스는 그를 어느 지하 암자로 데려갔다. 그곳에서 율리
아누스는 퀴벨레교에 입교했다. 율리아누스가 평생 간직할 종교
관이 탄생하는 순간이었다. 훗날 그는 미트라교에도 입교했다.
지하에 마련된 방에서 향의 연기가 피어오르고, 불꽃이 아른거
렸다. 그리고 사람들은 노래했다. 카바피가 쓴 시는 이런 기이한
의식이 어떻게 젊은 율리아누스를 사로잡았는지, 이교 신들이
어떻게 그를 두려움에 빠뜨렸는지 (약간의 그리스도교적 시각을 담
아) 잡아내고 있다.

땅속 무시무시한 심연에서

불경한 그리스인들이 그를 둘러싸고

짙은 어둠이 깔렸을 때

유령들이 눈앞에 나타나고

빛이 그들을 에워싸자

청년은 겁에 질려 쓰러졌다.

하느님 두려워하던 시절로 돌아가

성호경을 하며 떨던 청년 율리아누스

그러자 유령들은 갑자기 사라졌다.

후광도, 빛도 자취를 감추었다.

그리스인들은 돌아보았다.

청년은 말했다. 기적을 보셨나요?

무섭습니다. 그만 떠나고 싶습니다, 여러분.

제가 거룩한 십자 성호를 긋자마자

저 악마들이 곧바로 도망하는 것을 보시지 않았나요?

그리스인들은 얼굴을 찡그리며 비웃었다.

부끄러운 줄 아시오. 그렇게 말씀하시다니

우리 박사들과 철학자들을 두고 말이오.

그렇게 말씀하시려거든

니코메디아의 주교와 사제들에게나 그리하시오.

영광스러운 우리 그리스의 위대한 신들이

전하 앞에 나타났었소. 그들이 사라진 것이

설마 두려움 때문이었겠소이까?

생각도 마시오. 이는 전하께서 저 역겨운,

저 끔찍한 표식을 만드시는 것을 신들이 보시고는

고귀한 본성이 이를 견디지 못해

전하를 경멸하며 떠나가신 것이오.

그러자 어리석은 사내는

그리스인들의 불경한 말에 넘어가서는

일어났다. 두려움, 거룩하고 복되었던

청년의 두려움은 온데간데없이.[1]

율리아누스는 개종의 순간을 기억한다. 그때 그는 스무 살의 청년이었다. 율리아누스를 그리스도교에서 그리스와 로마의 옛 신들에게로 끌어낸 장본인은 에페소스의 철학자 막시모스였다. 나중에 리바니오스는 율리아누스에게 이렇게 쓴다.

> 이오니아에 도착하시자마자, 폐하께서는 명성으로도, 실제로도 지혜로운 한 사람(막시모스)을 만나셨고, 이 세상을 빚어내고 지탱하시는 신들에 대해 들으셨지요. 철학의 아름다움을 맛보셨고, 그 달콤한 우물에서 물을 길으셨지요. 그러고는 곧장 그릇된 길을 버리시고, 사자처럼 담대히 속박을 끊어내며 어둠에서 나와 무지가 아닌 참된 앎을, 허위가 아닌 진실을, 갑자기 나타난 훼방꾼과 그의 사악한 의식들이 아닌 우리의 옛 신들을 취하셨지요. (『연설』 13.12)

물론 율리아누스는 자신이 그리스도인이 아니라며 공언할 수는 없었다. 사촌인 콘스탄티우스 황제가 (비록 아리우스파이긴 했지만)

---

[1] C. P. Cavafy, *Collected Poems* (Princeton, 1975), 171.

그리스도인인 이상, 황실 모두가 그리스도인이라는 사실은 당연했다. 그는 10년 동안 개종을 숨기며 그리스도교 행사에 꼬박꼬박 참석했다. 심지어 교회에서는 독서자로 활동하기도 했다.

그런 율리아누스에게 전환점이 찾아왔다. 제국의 북쪽과 서쪽 변방 너머의 게르만 부족들과의 갈등이 고조되자 콘스탄티우스 황제가 율리아누스를 갈리아로 부른 것이다. 콘스탄티우스는 그를 국가의 최고 지도자인 정제(아우구스투스) 다음가는 부제(카이사르)로 임명하고 서방의 병력을 지휘하게 했다. 그렇게 평생 책만 읽던 율리아누스는 갈리아에서 여섯 해를 보내며 무인으로 다시 태어났다.

율리아누스는 일련의 군사 작전을 통해 프랑크인 등 게르만인들을 제압하고 라인강 방어선을 안정적으로 보강했다. 한편 율리아누스의 군사적 성공과 세력 증대에 위협을 느끼기 시작한 콘스탄티우스는 율리아누스에게 몇몇 부대를 동부로 차출하도록 명령했다. 그러나 군대는 이에 따르는 대신 360년 2월 파리에서 율리아누스를 정제로 추대했다. 신들의 징조라고 생각한 율리아누스는 이를 수락했다. 동부 전선에 발이 묶인 콘스탄티우스는 격분했지만 속수무책이었다. 율리아누스가 공동 황제를 주장하며 동부로 진격했을 때, 콘스탄티우스가 할 수 있는 일은 없었다. 그러나 내전이 코앞에 다다랐을 때, 콘스탄티우스가 사망했다. 361년 11월 3일이었다.

이제 유일한 황제가 된 율리아누스는 그리스도교의 신을 믿

는 시늉을 할 필요가 없었다. 옛 스승 막시모스에게 율리아누스
는 이렇게 썼다.

> 우리는 이제 당당히 신들을 섬깁니다. 나와 함께 돌아오는 부
> 대들 대부분도 신들을 섬깁니다. 모두가 보는 앞에서 다시 신
> 들에게 제사를 지내고 있습니다. 황소 100마리를 잡아 신들에
> 게 감사의 제물로 바쳤습니다. 신들께서는 모든 것을 정화하라
> 고 명령하셨습니다. 그 명령을 받들기 위해 열정을 다하고 있
> 습니다. (「서한」8).[2]

이 편지에서 율리아누스는 공개적으로 자신의 종교를 따라 행동
할 수 있다는 사실에 대한 기쁨뿐만 아니라, 전통적으로 하던 숭
배 행위들을 새롭게 되살리겠다는 의향도 밝히고 있다. 황제가
된 율리아누스는 가면을 벗었다. 바우어서크는 말했다.

> 율리아누스는 콘스탄티우스의 죽음을 보고는 자신이 오랜 세
> 월 남몰래 간직해 온 믿음에 신들이 상을 준 것이라고 생각했
> 다. 그는 면도를 그만두었고, 콘스탄티우스에 대한 형식적 예
> 우도 중단했다. 마찬가지로 그리스도인의 가면도 벗어던졌

---

[2] 율리아누스의 연설과 편지, 「갈릴래아인들에 대한 반박」 단편의 본문
과 영역본은 다음을 보라. Wilmer Cave Wright, *The Works of the Emperor
Julian*, 3 vols. (Cambridge: Loeb Classical Library, 1959~62)

다. 몸을 사리던 그리스도인 부제는 이교도 정제로 우뚝 일어
섰다.[3]

교육

이전 시대의 비판자들과는 달리, 율리아누스는 그리스도인
으로 태어나 의식적으로, 그것도 많은 숙고를 거쳐 옛 신들에게
로 돌아선 인물이다. 그런 점에서 율리아누스는 고대 다신교로
의 첫 '개종자'다. 그는 리바니오스와 같은 '구시대'의 학자도 아
니었고, 원로원 의원 쉼마쿠스와 같이 문화적인 차원에서 전통
종교를 두둔하고 나선 인물도 아니었다. 리바니오스와 쉼마쿠스
는 종교의 주된 기능이 사회적이고 문화적인 것에 있다고 보았
다. 리바니오스에 따르면 신들을 숭배하는 일은 곧 그리스의 문
화유산을 지키는 일이다(『연설』, 62.8). 신들은 도시의 수호자며,
종교는 옛 전통을 보전하고, 문화와 언어를 전수하며, 전통 가치
를 함양한다. "필수적인 사회 조직으로서의 도시에 대한 신뢰,
또 도시 종교의 가치에 대한 신뢰는 동일한 문화 보수주의의 면
모들이다."[4] 제도 종교는 공동체의 문화유산이었다. 종교의식의
엄수는 도시 공동체의 안정과 안녕을 보장했다.

율리아누스도 고대 그리스를 열렬히 예찬했고 전통 종교를

---

[3]   Glenn Bowersock, *Julian the Apostate* (Cambridge, 1978), 61.

[4]   J.H.W.G.Liebeschutz, *Antioch: City and Imperial Administration in the
      Later Roman Empire* (Oxford, 1972), 12~13.

보전하는 일이 곧 그리스의 유산을 보전하는 길이라고 믿었다. 그러나 그에게 종교란 지식이나 문화유산만은 아니었다. 율리아누스는 종교를 진지하고 감정적으로 받아들였다. 『로마 제국 쇠망사』에서 에드워드 기번은 "깊고 진지하며 바래지 않는 열정이 율리아누스의 마음을 꿰뚫었다"라고 썼다.[5] 종교가 문화의 한 요소인 양 이야기하면서도, 또 종교의 공적, 시민적 기능을 강조하면서도, 율리아누스의 모습에는 막 개종한 사람들에게서 흔히 보이는 열의가 가득했다. 신들의 뜻이라고 생각되면 물불을 가리지 않았고, 이상과 다른 현실을 인정하지 못했다. 그런 태도는 열정을 넘어 거의 광적인 모습으로 이어지기도 했다. 율리아누스의 신앙은 개인적이고 구체적이었다. 그는 희생 제사가 공공 행사일 뿐 명상의 기회를 제공하지 않는다는 사실을 개탄했다.

> 신들의 것들, 거룩한 것들은 통속적인 방식이 아닌 평화와 고요 속에서 거행해야 할 것입니다. (『서한』 58).

또 율리아누스는 사람들을 설득하여 자신의 믿음을 받아들이게 하는 것에 관해, 두려워하는 이들에 관해 이야기한다. 시리아의 원로들 앞에서는 사람들이 그의 주장을 듣고는 "환호하였으나", "개종한 사람은 거의 없었다"며 토로한다(『서한』 58). 그리스의 지

---

[5] 23장에 나오는 내용이다. 『로마 제국 쇠망사』 22장과 23장은 오늘날에도 읽을 가치가 충분하다.

식인들은 이런 식으로까지 종교를 대하지는 않았다. 헬레니즘 전통의 기수 리바니오스의 모습과 비교하면 율리아누스의 특이함은 더 두드러진다. 신전 앞에서 희생 제사가 거행되던 어느 축제일, 리바니오스는 집에서 독서에 열중했다. 한편 율리아누스는 희생 제사를 즐겼다. 심지어 전쟁을 수행하는 중에도 정기적으로 희생 제사를 거행했다.

> 저녁에, 새벽에, 나는 제사를 지냅니다. 매일 제사를 지내는 것이 몸에 익어서 그렇습니다. (『서한』 58)

율리아누스가 그리스도교를 이해한 방식을 살펴보기 위해서는 전통문화에 대한 그의 애착과 열렬한 신심, 특히 제물을 바치는 일에 대한 열정을 염두에 두어야 한다. 오죽하면 율리아누스가 페르시아 전쟁에서 승리를 거두고 귀환했다면 제국에는 황소가 남아나지 않았을 것이라는 말이 있을 정도다. 하지만 율리아누스가 그리스도인으로 자랐고, 성서를 비롯한 그리스도교 문헌들을 제대로 공부한 인물이라는 사실도 중요하다. 그리스도교 전통에 해박했던 만큼, 그는 그리스도교 신앙에서 비판에 가장 취약한 부분이 어디에 있는지도 잘 알고 있었다. 이는 그리스의 언어와 문화를 두고 율리아누스가 보인 태도, 또 그가 그리스도교를 반박하기 위해 유대교를 활용한 방식에서 드러난다. 제국의 단독 권력자가 된 지 반년 만에, 율리아누스는 다음과 같은 칙서를 발행했다.

> 학당의 장과 교사는 첫째로 품행이 단정해야 할 것이며, 다음
> 으로 언변에 능숙해야 할 것이다. 그러나 짐이 전 군현에 주재
> 할 수 없는바, 명하노니, 가르치기를 원하는 자는 성급하고 경
> 솔히 이 직무를 맡지 않아야 할 것이며, 지역 원로단의 승인,
> 탁월한 시민들의 동의와 합의에 의거한 의원들의 결정을 득해
> 야 할 것이다. 이 결정은 다시 짐에게 상달하여 검토를 구할 것
> 이다. 이는 짐의 판단에 따라 더 높은 영예로 도시의 강단에 나
> 아가도록 하기 위함이다.[6]

현대인에게 율리아누스의 칙령은 이렇다 할 특이점이 없는 것
처럼 들린다. 고대인들에게도 (적어도) 표면적으로는 그랬다. 전
통적으로 교사 임용 등 교육에 대한 감독 권한은 도시에 있었다.
그리고 임용된 교사에게는 법률을 통해 일부 세금을 면제하는
등 혜택을 베풀었다. 도시가 황제를 대신하여 교사를 임용하였
다는 사실은 이 시기의 입법 내용이 증명하는 사실이다.

　율리아누스의 칙령에서 새로운 내용은 교사가 언어와 문학에
능할 뿐만 아니라, 그에 앞서 품행이 단정해야 한다는 점이었다.
여기서 '품행'은 교사의 청렴함이나 인품을 이야기하는 것이 아

---

[6] 「테오도시우스 법전」 13.3.5

니었다. 이는 그리스 문학에 담긴 구체적인 종교적, 도덕적 가치에 대한 믿음을 의미했다.

고대 그리스의 문학, 그리고 이를 전수해 온 학문 전통은 가치 중립적인 미학적, 문학적 총체가 아니었다. 문학은 사회가 숭상하는 가치를 전수하는 매개였고, 문학 공부는 성품과 삶의 가치관 전체를 함양하는 일이었다. 종교와 문학이 뗄 수 없는 관계를 맺던 시대에, 문학 교육이란 고대 시와 희곡 대부분을 차지하는 이야기, 곧 제우스나 헤라, 아폴론, 아레스, 아르테미스, 아프로디테와 같은 전통 신들에 대한 믿음을 주입하는 행위나 다름없었다. 이러한 맥락에서 언뜻 보기에 별 해가 되지 않아 보이는 율리아누스의 칙서는 사실 그리스도인에 대한 전면전을 선포한 것이었다. 칙서가 발행되자 그리스도교 지도자들은 우려를 표했고, 자녀를 둔 그리스도인들은 분노했다. 심지어 그리스도인도 아니었던 역사가 암미아누스 마르켈리누스Ammianus Marcellinus조차 율리아누스의 법률은 "영원히 묻어두고 언급하지 말아야 할 무자비한" 것이었다며 비판했다(「로마사」 22.10.7).

우려가 현실이 되기까지는 몇 달이 채 걸리지 않았다. 율리아누스가 그리스도교를 겨냥하고 있다는 사실은 명백했다. 그는 말했다.

가르치기 위해 소신을 저버려야 한다는 말이 아니다. 자신이 신봉하지도 않는 것을 가르치지 않도록, 가르친다면 … 있는 그대로 가르치도록 선택할 기회를 주는 것이다. 사실 (옳다고 믿지도 않으면서) 그런 작가들의 글로 살아가는 선생들은 한 푼을 위해서라면 자신은 무엇이든 할 수 있다고 인정하는 셈이다. 지금까지는 신전에 가기 어려운 이유가 있었다. 사방에 도사리는 위협 때문에 신들에 대한 정직한 신앙을 숨겨야만 했다. 그러나 이제 신들의 가호로 자유를 누리게 되었으니, 누구든 자신이 건전하지 않다고 여기는 것을 가르칠 이유가 없다고 본다. 그러므로 강의하는 (저자들이) … 현자라고 생각한다면 가장 먼저 신들에 대한 그들의 신심을 본보기로 삼을 것이다. 반면 그들이 (그 점에 있어) 오류를 범했다고 생각한다면 얼마든지 갈릴래아인들의 교회로 떠나 마태오와 루가를 가르칠 것이다.

(「서한」 36)

이제 문법과 문학 교육은 종교적 문제가 되었다. 교사는 어린 학생에게 문학 작품에 담긴 믿음과 가치관을 함양해야 하는 책임을 지게 되었다. 자신이 가르치는 내용에 담긴 신 대신 다른 신을 믿는 선생, 자신이 가르치는 내용에 담긴 것과 다른 가치관을 따르는 선생은 좋은 교육자라고 할 수 없다는 것이 율리아누스의 입장이었다. 당시 여러 주교와 마찬가지로 그리스 수사학 전통의 후예였던 나지안조스의 그레고리오스는 율리아누스가 "그리스어가 언어가 아닌 종교인 양" 행동하며 그리스도인이 "그리스어를 사용하는 것을 남의 것을 훔치는 것처럼" 몰아갔다며 분개했다(「연설」4,5).

그리스도교 지식인들이 200여 년에 걸쳐 구축해 놓은 그리스도교와 고전 전통 간의 연결 고리를 율리아누스는 일격에 끊어내려고 하고 있었다. 이는 학자들만의 문제가 아니었다. 출세를 위해 수사학 교육이 필수적이었던 사회에서, 자녀를 둔 그리스도인들, 특히 부유한 그리스도인들은 어떻게든 자녀에게 수사학을 가르치려고 했다. 그런데 율리아누스는 여기서 그리스도인들을 사실상 배제한 것이다.

법조계로 진출하거나, 고위 공직에 오르거나, 도시나 속주 등 지역에서 공무원으로 활동하기를 희망하는 젊은이는 고전 문학에 능통해야 했고, 이를 바탕으로 자신의 의견을 표현할 수 있어야 했다. 고전 문체를 모방하는 것으로는 부족했다. 고전에 대한 지식을 바탕으로 상황에 따라 이를 직접적으로, 때로는 넌지시 인용할 수 있어야 했다. 이런 능력은 사회적 차별성의 상징이었다. 신분의 척도였다. 고전 문학 교육을 받지 못한 이는 지역 공동체에서 특권과 영향력을 행사하는 위치에 오르지도 못했거니와 성 바실리오스나 리바니오스의 서한들에서 엿보이는 식의 서한을 통한 교류와 천거에서도 제외되었다. 집단에서 어떤 식의 지도권도 얻을 수 없었다. 자녀를 둔 엘리트 계층의 그리스도인들은 선택의 기로에 섰다. 자녀에게 고전 교육을 시키지 않고 주변부로 밀려나게 하거나, 그리스도교를

적대하는 선생에게 가치관이 한창 형성될 시기의 자녀를 맡기거나.[7]

상황은 심각했다. 그리스도인들은 자녀를 제대로 교육하기 위한 나름대로의 방도를 찾아 나섰다. 아폴리나리오스 부자父子는 그리스 고전 문학의 양식과 형식에 맞게 성서를 다듬는 기발한 작업에 착수했다. 그들은 사울의 치세에 이르는 히브리인들의 고대사를 서사시로 만들어 호메로스를 대체하려고 했다. 마찬가지로 메난드로스를 본떠 희극을, 에우리피데스를 본떠 비극을, 핀다로스를 본떠 서정시를 썼다. 요컨대 성서에서 주제를 가져다 "방식과 표현, 성격과 배열에 있어, 또 그 수와 영향력에 있어 그리스 문학과 동등한 수준의 작품"(소조메노스, 「교회사」, 5.18)을 쓰려고 시도했던 것이다.

율리아누스의 '학교법'은 적시에, 치밀한 계산을 통해 이루어진 공격이었다. 그리스도교에 자체적인 교육 체계가 없고, 전적으로 이교 교육과 문학 전통에 의존하고 있다는 점을 겨냥한 일격이었다. 이 교육으로부터 그리스도인을 배제하면, 그리스도교는 곧 강력한 자원인 언어 실력, 그리스어와 라틴어를 정확하고 유려하게 구사하는 능력을 상실하고 말 것이었다. 그리스의 지적, 문학적 전통을 전통 종교를 따르는 이들의 전유물로 만듦으

---

[7] Robert Browning, *The Emperor Julian* (London, 1975), 172~73.

로써, 율리아누스는 그리스도교가 해체하고 있던 종교와 문화의 결합을 다시 강화하려 했다.

갈릴래아인들에 대한 반박

이 법률이 공표된 것은 362년 여름이었다. 율리아누스는 같은 해 겨울을 시리아 북부 안티오키아에서 보냈다. 4세기 후반 안티오키아는 제국에서 가장 찬란한 도시 중 하나로, 그리스 문화와 학문을 대표하는 중심지였다. 도시의 교육 기관과 풍습, 문화와 학문, 축제와 예술에는 여전히 그리스 문화의 혼이 서려 있었다. 그러나 안티오키아의 시민 상당수는 그리스도인이었다. 율리아누스는 그리스도인들이 안티오키아에 막대한 영향력을 행사하고 있는 현실을 보고는 실망했다. "조상들의 성스러운 예식들"을 존중할 줄 모르는 "무신론자"(『수염혐오자』Μισοπώγων 357d)들의 모습은 그의 심기를 불편하게 했다. 그리스 문화를 대표하는 전시장과도 같은 도시에 그리스도인들이 수두룩하다는 사실은 갑자기 튀어나온 이 신흥 종교의 권력과 영향력을 빼앗고 옛 의례와 관습을 소생시켜야겠다는 율리아누스의 결심만 굳혔을 뿐이었다.

이후 몇 개월에 걸쳐 율리아누스는 포르퓌리오스와 켈소스의 양식을 따라 그리스도교를 논박하는 글을 쓰고자 구상했다. 이 시기에 쓴 어느 편지에서 율리아누스는 자신이 "신생 갈릴래아 신"에게 "사람들이 부여한 거짓 신성"을 벗겨내고야 말겠다는 의지를 내비치고 있다(「서한」 55). 리바니오스는 "대다수가 애욕에 탐닉할 추운 겨울밤에 경건한 황제는" 이 책을 썼다고 한다(「연설」 18.179).

「갈릴래아인들에 대한 반박」이라는 이름이 붙은 율리아누스의 책은 세 권으로 이루어져 있다. 그러나 주된 사료인 알렉산드리아의 주교 퀴릴로스의 책 「율리아누스 반박」은 첫 번째 책의 내용만 다룬다. 또한, 퀴릴로스의 반박문은 440년경에 쓰였는데, 이는 「갈릴래아인들에 대한 반박」보다 약 80년 후로, 율리아누스가 사망한 지도 오랜 세월이 지난 다음이다. 게다가 380년 이래 로마 제국은 공식적으로 그리스도교 국가였다. 이때쯤이면 그리스도교에 대한 이교의 비판은 사실상 완전히 힘을 잃었다고 볼 수 있다. 물론 448년에도 포르퓌리오스의 책들은 테오도시우스 2세의 명으로 불태워야 했다.

율리아누스의 책이 그리스도인들에게 깊은 인상을 남긴 것은 분명해 보인다. 5세기 중반에도 율리아누스의 글은 회자되었다. 「율리아누스 반박」 서문에서 퀴릴로스는 그리스도의 "원수들" 가운데 율리아누스가 특히 경계할 인물이라고 말한다. "황제가 되기 전에는 그리스도인이었고, 세례에 합당했던 자이며, 성서를 공부한 자"였기 때문이다. 즉 율리아누스는 그리스도교 내부자 출신이었고, 그리스도교 호교론자들이 어떤 논리로 무슨 주장을 하고 있는지 정확히 파악하고 있었다. 또한, 퀴릴로스는 율리아누스가 "타고난 달변가"였다고 말한다. 종교 논쟁에서 연설술이 중요하게 작용하던 시대에 이는 결코 범상한 재능이 아니었다. 율리아누스의 책은 "많은 사람을 혼란에 빠뜨리고 큰 피해를 입혔다"고 퀴릴로스는 덧붙였다. 팔랑귀를 지닌 순진한 신자들만 율리아누스에게 넘어간 것이 아니었다. "믿음이 굳건한 이들조차 혼란스러워했으니, 이는 율리아누스가 성서를 알고 있다고 생각했기 때문이었다. 실제로 율리아누스는 성서 안에서 여러 증언을 모아 활용했다." 퀴릴로스는 덧붙인다. "그러나 율리아누스는 이것들의 의미를 제대로 이해하지 못했다." 그 결과 이교도들은 "그리스도인들을 사방에서 공격했다. 그들은 율리아누스의 글을 들이대며, 이는 비할 바 없이 탁월하며 우리 중 어떤 스승도 이를 반박하지 못한다고 말한다(PG 76,508c)."

율리아누스의 책이 정확히 어떻게 구성되어 있었는지는 모른다. 퀴릴로스는 율리아누스가 복음서와 그리스도교 신앙을 공격했다고 말하나(PG 76,508), 이는 너무 막연하다. 퀴릴로스가 인용한 단편들로 미루어 보면 책의 상당 부분은 유대교 성서, 즉 그리스도교 구약성서에 대한 그리스도교의 해석과 관련되어 있었던 것으로 보인다. 복음서와 바울의 글들을 다루기도 하나 현존하는 단편만 놓고 보자면 크게 중요한 부분은 아니다. 율리아누스의 책에 담긴 중요한 특징은 켈소스에게서 이어지는 비판의 한 갈래, 즉 그리스도교가 유대교를 배반하고 나온 집단이라는 비판을 더 발전시키고 확장했다는 점이다.

율리아누스는 「신탁으로부터의 철학」에서 포르퓌리오스가

취한 접근을 잘 알고 있었던 것이 분명하다. 리바니오스에 따르면 저작의 목적은 "팔레스티나 출신의 그자가 신이자 신의 아들"이라고 주장하는 그리스도교 성서를 공격하는 것이었다(『연설』18.178). 율리아누스는 예수의 신성을 걷어내고자 했다. 이 주제는 율리아누스의 저술에서 여러 가지 형태로 등장한다. 그리스도교와 유대교의 관계를 다루는 부분에서도 마찬가지다. 그리스도를 직접 다루는 부분은 소실된 것 같으나 율리아누스는 포르퓌리오스와 마찬가지로 그리스도인들이 인간을 신으로 숭배하는 오류를 저질렀다고 주장한다(『갈릴래아인들에 대한 반박』, 201e). 또 4세기 이래 그리스도의 신성을 놓고 격론을 벌이던 그리스도인들에게는 안타까운 일이나, 예수를 하느님이라고 부른 성서 저자는 복음사가 요한뿐이며, 그조차 "분명하고 뚜렷하게" 말하지는 않았다고 이야기하는 것도 잊지 않았다. "바울이나 마태오나 루가나 마르코는 예수를 감히 하느님이라고 부르지 않았다"(『갈릴래아인들에 대한 반박』, 327a). 대다수 현대 학자에겐 정론으로 굳어진 주장이지만, 퀴릴로스는 격노했다(PG 76,1004c-d).

포르퓌리오스와 마찬가지로 율리아누스는 그리스도교 성서에 근거해 예수의 신성에 반론을 제기했다. 니케아 공의회 이후 율리아누스 시대에 이르기까지 교회 내부에서 끊이지 않고 이어진 그리스도의 위치에 대한 논쟁이 반론에 힘을 더해주었다. 예수를 완전한 의미에서 하느님이라고 부를 수 없다고 주장하던 신아리우스주의자들은 설득력 있는 인물들의 지도 아래 몇몇 집단에서 강한 지지를 얻고 있었다. 선황 콘스탄티우스부터 아리우스에 동조한 인물이었다. 포르퓌리오스가 그랬듯 율리아누스는 예수가 신이라는 주장이 추종자들의 날조일 뿐, 예수 자신의 가르침이 아니라고 주장했다. 포르퓌리오스와 달리, 율리아누스는 더 확신을 가지고 신약성서를 다루었고 더 차별적으로 성서를 활용했다. 그는 예수의 제자 중 요한만 예수가 하느님이라는 새로운 사상을 끌어들였다고, 다른 사도들은 그렇게 가르친 적이 없다고 말했다. 게다가 유대교 성서가 그리스도교의 주장에 얼마나 중요한 근거가 되는지 알고 있던 율리아누스는 모세의 글 어디에서도 예수의 신성을 뒷받침하는 근거가 없다고 단언한다. 모세는 "한 분 하느님만이 계신다고 가르쳤다".

> 말씀이 하느님의 아들이라거나 하느님이라는 것은 나중에 그대(그리스도인)들이 날조한 사상 중 하나다. (『갈릴래아인들에 대한 반박』, 290e)

예수는 평범한 인간이었다. 포르퓌리오스와는 달리 그는 예수가 현자라고도 말하지 않았다. 예수가 죽은 뒤, 그리스도인들이 이 평범한 인간에게 신의 지위를 부여했다고 율리아누스는 주장했다. 이 주장이 한창 그리스도의 신성을 두고 네스토리오스와 치열한 논쟁을 벌이던 퀴릴로스의 심기를 건드린 것은 당연했다. 퀴릴로스는 말한다.

우리는 그대(율리아누스)의 생각처럼 인간을 하느님으로 만들지 않았다. (PG 76.809c)

지금까지 율리아누스가 그리스도교에 가한 비판의 전체 윤곽을 살펴보았다. 이제는 좀 더 세밀히 살펴볼 차례다. 먼저 유대교 성서에 담긴 그리스도교(와 유대교)의 신 이해에 대한 율리아누스의 비판, 그리고 그리스도교가 유대교를 배교한 집단이라는 그의 주장에 관해 살펴보자.

민족신

율리아누스는 유대교에 대해 이중적인 시각을 보였다. 한편으로 그는 유대 전통, 특히 율법이 규정하는 의례들과 같은 선조들의 관습을 보전하려는 유대인들의 열정을 높이 평가했다. 반면에 유대 성서가 전하는 신화와 전설은 폄하했다. 유대인들의 신을 추앙하고 이를 모두가 숭배하는 최고신과 기꺼이 동일시하는 단락이 있는가 하면, 「갈릴래아인들에 대한 반박」에서처럼 한 부족의 신, 한 민족의 신을 만물의 주관자로 섬겨야 한다고 믿는 유대인들을 비판한다. 그러나 율리아누스의 화살은 유대인들보다는 유대교의 관념을 극복했다고 주장하면서도 유대 성서를 사용하는 그리스도인들을 겨냥하고 있었다.

율리아누스에 따르면 "히브리인들의 신은 만물을 주관하는 우주의 창조자가 아니며, 그의 지배 영역은 한정되어 있다. 그는 여러 신 가운데 하나일 뿐이다(「갈릴래아인들에 대한 반박」, 100c)".
율리아누스의 지적 이면에는 우리가 꾸준히 살펴본 신학적 사고
가 반복되고 있다. 그리스인들은 만물을 주관하는 최고신의 존
재를 인정하면서도 각 국가나 민족이 모시는 신들이 있다고 믿
었다. 물론 최고의 숭배는 최고신에게 돌아가야 하지만, 이 신들
도 최고신과 함께 섬겨야 했다. 율리아누스가 보기에 히브리인
들의 신, 그리스도인들의 신은 어디까지나 민족신이었다. 그를
숭배하되, 최고신에게 종속된 존재임을 잊지 말고 합당한 예를
표하면 그만이었다. 실제보다 더 큰 존재로 모셔서는 안 된다고
그는 생각했다.

최고의 숭배에 합당한 존재가 부족신이 아니라 '만인의 신'이
라면, 이 신은 당연히 어떤 특정한 민족의 신도 아니고, 특정한
방식으로 계시하는 존재도 아니었다. 만인의 신은 모든 인류에
게 당신을 계시한다고 율리아누스는 믿었다.

인류는 본성적으로 신을 안다. 배워서 아는 것이 아니다. 사인
이든 공동체든, 개인이든 종족이든, 모든 인간은 신을 갈망한
다. 배우지 않아도 우리는 모두 어느 정도 신에 대한 믿음이 있
다. 비록 모든 사람이 이를 정확히 알지는 못하나, 안다고 해서
모든 사람에게 이야기할 수 있는 것도 아니다.

율리아누스의 생각은 당대는 물론 이후에도 많은 철학자와 종교

사상가들이 이야기한 것이다. 그리스도교를 반박하며 율리아누스는 최고신이 구체적인 역사적 계시를 통해 인간에게 나타났다는 주장이 얼마나 어리석은지 보이려고 했다. 그리고 유대인들을 두고는 그들의 선민사상을 꼬집었다.

> 모세는 우주의 창조주가 오직 히브리 민족을 택하여 돌보았고 세계를 그들의 손에 붙였다고 말한다. 그러나 다른 민족들은 누가, 어떤 신들이 다스리는 것인가? 그는 한마디도 하지 않는다. (『갈릴래아인들에 대한 반박』 100a)

이 선민사상은 유대인만의 것이 아니었다. 율리아누스는 그리스도인들도 마찬가지라는 사실을 알고 있다.

> 태초 이래 등장했던 모든 마술사와 협잡꾼을 능가하는 예수와 바울은 자신이 믿는 신이 이스라엘과 유대의 신이며, 유대인들은 그가 택한 백성이라고 말한다. (『갈릴래아인들에 대한 반박』 100a)

만인의 신이 특정한 사람들이나 구체적인 역사적 인물을 통해 자신을 드러내는 일은 있을 수 없다고 주장했던 포르퓌리오스의 주장에 율리아누스는 또 하나의 요소를 덧붙인다. 포르퓌리오스는 예수보다 이전에 살았던, 그래서 예수를 몰랐던 고대 로마인들은 어떻게 되느냐고 물었다(『단편』81). 이미 2세기에 켈소스는 "그렇게 오랜 세월이 흐르고 나서야 신은 인간을 심판해야겠다고 생각했단 말인지, 이전에는 관심도 없었다는 말인지" 물었다(『켈소스 반박』4.7) 율리아누스는 여기에 또 하나의 질문을 덧붙인다. 왜 "신이 돌보기로 한 땅은 유대뿐인가(『갈릴래아인들에 대한 반박』141c)?" 예수를 다루는 어느 단락에서는, 왜 신은 유대인들에게만 예언자들을 보내고 "우리에게는 예언자도, 기름 부음도, 교사도, 그의 사랑을 선포하는 사자도 보내지 않았는지" 묻기도 했다.

> 언젠가, 시간이 걸리더라도, 우리에게도 신의 사랑은 전해져야 하는데 … 그들의 하느님이 우리 모두의 신이며 만물의 창조자라면, 왜 그는 우리를 버렸는가? (『갈릴래아인들에 대한 반박』 106d)

율리아누스와 그리스도인의 갈등은 그리스 다신론과 유대 · 그리스도교 유일신론의 대결이 아니었다. 율리아누스는 플라톤주의자들이 가르치는 정교한 신론을 무기로 들었다. 영적 존재로서의 참 신, 만인의 주인인 신은 또한 만인이 인식할 수 있는 존재라는 것이었다. 율리아누스에 따르면 "모든 인류는 배우지 않아도 신의 존재를 믿는다"(『갈릴래아인들에 대한 반박』52b). 민족신, 특정 집단의 신보다 더 우월한 이 신은 특정한 장소와 시간을 통해 자신을 계시하지 않으며, 신을 관조할 수 있도록 정신과 영혼을 단련한 사람은 누구나 그 신을 인식한다고 그는 생각했다. 다른 사람과 달리 자신들만이 특별한 계시를 받았다고 주장하는 그리스도인들의 태도는 오만하기 이를 데 없었다. 켈소스, 포르퓌리오스와 마찬가지로, 율리아누스는 그리스도교 신론의 기반을 겨냥한다. 이 비판은 훗날에도 끊임없이, 특히 계몽주의 이후 근대에는 더욱 빈번하게 등장할 것이다.

율리아누스는 그리스 전통과 유대·그리스도교 성서를 비교하며 그러한 고전 신론이 더 우월하다는 사실을 보이려 했다. 그는 상당 부분을 할애하여 성서의 창세기와 플라톤의 「티마이오스」에 나타난 창조 이야기를 다루며, 종교적 진리 표현에 신화와 전설이 어떤 역할을 하는지 논한다. 율리아누스는 구약성서가 신화의 언어로 창조를 이야기하는 것처럼 그리스인들도 신화를 사용한다는 사실을 인정한다. 문제는 유대인들과 그리스도인들이 신화를 신화로 받아들이지 않는다는 점이다. 그들은 성서의 창조 이야기를 우의적 해석 없이 문자 그대로 이해해야 한다고 주장했다. 그러나 성서의 신화들을 문자 그대로 받아들이면, 신과 인류에 대한 상像은 설득력이 급격히 떨어지게 된다.

율리아누스는 에덴동산의 뱀 이야기를 지목한다. 그는 묻는다. 대체 어떤 신이 선과 악에 대한 앎도 없이 인간을 창조한단 말인가? 선한 신이 인간에게 지혜도 없이, 선과 악을 구분할 능력도 없이 창조한단 말인가? 이 이야기를 있는 그대로 이해한다면 오히려 뱀을 칭송해야 하는데, 인간에게 도덕적 책임을 가르친 장본인이 바로 뱀이기 때문이다. 따라서 히브리인들의 신화는 "뱀은 인류의 원수가 아니라 은인"이라는 이상한 가르침으로 이어진다. 그러나 그렇다면 히브리 성서는 신성모독으로 가득한 책이 된다. 남자의 배우자로 창조한 여자가 타락의 원인이 될 것이라는 사실을 모른 무지한 존재로, 다음으로는 인간의 판단력에 일관성을 부여하는 선과 악에 대한 지식을 주지 않은 존재로, 마지막으로 인간이 생명나무의 열매를 통해 영원히 살지 못하도록 수단과 방법을 가리지 않는, 악의와 질투심 가득한 존재로 신을 묘사하기 때문이다.

여기에는 율리아누스가 유대인들의 하느님에게서 발견한 또 하나의 못마땅한 특성이 드러나 있다. 성서의 하느님은 질투한다. 무엇보다 성서에서 하느님 자신이 "나는 질투하는 신이다"라고 말하고 있다. 무슨 신이 그렇단 말인가?

질투심 많은 인간은 비난하면서 질투하는 신은 거룩하다고 말하는가? (『갈릴래아인들에 대한 반박』, 155c)

그리스 신화에서 신은 결코 "분노하지도, 분개하지도, 격노하지도, 맹세하지도, 이쪽을 편들다 갑자기 저쪽을 편들지도, 의도를 바꾸지도 않는다(『갈릴래아인들에 대한 반박』, 160d)". 그러나 유대 성서는 계속하여 신을 이런 식으로 묘사한다.

율리아누스는 플라톤의 「티마이오스」와 모세의 창세기가 묘사하는 우주의 기원을 비교해볼 때, 세상이 창조된 과정에 관해 플라톤이 더 뚜렷이 파악했다고 주장했다. 일례로 모세가 전하는 창조 이야기는 치밀하지 않았다. 빠진 부분이 너무 많았다. 하늘과 땅, 그리고 땅의 생명체들에 관해 이야기하지만, 신과 세상을 잇는 존재들에 관해서는 언급조차 하지 않으며, 천사의 정체도 뚜렷하지 않다. 영을 이야기하지만 정작 "영이 어떻게 생겨났거나 만들어졌는지"에 관해서는 이야기하지 않는다. "하느님의 영이 수면 위에 움직이고 있었다"라고 말할 뿐이다. 영이 "창조되지 않은 존재인지, 창조된 존재인지"에 대한 설명도 없다. 이는 다분히 그리스도교를 비꼰 것이었다. 한때 그리스도교에 몸담았던 사람으로서, 율리아누스는 '창조되지 않은'ἀγένητος 존재라는 말을 두고 일어난 논란을 알고 있었다. 수십 년간 그리스도교 사상가들은 성자가 '창조된' 존재인지, '창조되지 않은' 존재인지를 두고 논쟁했다. 성자가 창조된 존재라면, 즉 처음부터 있던 존재가 아니라면, 하느님일 수 없다. 오직 하느님만이 창조되지 않은, 불변하는 존재다. 율리아누스가 「갈릴래아인들에 대한 반박」을 쓰고 있을 무렵, 이 논쟁은 성자를 넘어 성령에 관한 문제로 확장되었다. 성령이 창조되었는지, 창조되지 않았는지의 물음은 성령이 정말 하느님이냐는 물음과 맞닿아 있었다. 여기서 율리아누스는 그리스도인들을 조롱하는데, 모세는 이 물음에 대해 일언반구도 하지 않았기 때문이다. 그렇다면 성령도 창조된 존재는 아닐까? 성령이 창조되지 않은 존재라면, 하느님이라면 모세는 무언가 언급하지 않았을까?

율리아누스는 비판을 이어간다. 그리스도교는 영적 종교를 자처하면서도 정작 영적 존재에 관해 침묵하는 창조 이야기를 신봉한다. 이는 자가당착이다.

모세에 따르면 신은 무형한 어떤 것도 창조하지 않았고, 그저 이미 존재하던 재료를 이리저리 활용했을 뿐이다. "땅은 모양을 갖추지 않았고 아무것도 생기지 않았다"라는 말은 바로 신이 축축하고 건조한 물질을 원질로 해 이를 배합했다는 의미 그 이상도 이하도 아니다.

게다가 모세의 설명은 불충분하다. 물질세계의 창조만 이야기할 뿐, 천사를 비롯한 영적 존재에 관해서 다루지 않기 때문이다. 이에 견주면 플라톤의 설명은 훨씬 탁월하다. 신에게서 나오는, 보이지 않는 영적 존재도 다루기 때문이다. 모세는 "우주의 조물주에 관한 종합적인 기록을 제공하지 않는다(『갈릴래아인들에 대한 반박』, 99e)".

율리아누스의 비판은 이뿐만이 아니지만 퀴릴로스는 율리아누스의 성서 비평을 다 다루지는 않는다. 가령 율리아누스는 바벨탑의 이야기를 두고 지상의 여러 언어를 설명하기 위한 "완전한 전설"(『갈릴래아인들에 대한 반박』, 134d)이라고 평가했다. 그는 그리스도인들이 왜 바벨탑의 이야기는 그토록 좋아하면서 호메로스의 「오뒷세이아」에 나오는, 산 세 개를 나란히 쌓아 "하늘을 재려고" 했던 거인 형제 알로아다이의 전설은 믿지 않는지 의아해한다.

> 나는 이 이야기도 다른 이야기와 마찬가지로 여러 전설 중 하나라고 생각한다. 그러나 그대들은 대체 왜 바벨탑 이야기는 맹신하면서 호메로스의 이야기는 불신하는가?

많은 부분이 소실되었으나, 율리아누스의 핵심은 분명하다. 유대·그리스도교의 지혜는 옛 그리스의 지혜와 견줄 수 없다. 플라톤과 소크라테스, 아리스테이데스Aristides, 탈레스, 뤼쿠르고스Lycurgus, 아르키다모스Archidamus와 같은 현자들의 계보는 유대·그리스도교에 없다. 「갈릴래아인들에 대한 반박」은 율리아누스가 앞서 내린 문학 교육에 관한 칙서의 부록인 셈이다. 그리스의 학문 전통 없이 성서와 자체적인 스승들에게만 의존한다면, 그리스도교는 웃음거리로 전락하고 만다. 척박하며 빈약한 전통을 그리스의 지혜로 덧입히지 않는 한 그리스도교는 생존할 수 없다고 율리아누스는 믿었다.

유대교

율리아누스의 「갈릴래아인들에 대한 반박」을 살펴보며 앞서 다루었던 논의들은 모두 중요하다. 하지만 율리아누스의 가장 강력한 논변은 따로 있다. 「갈릴래아인들에 대한 반박」에서 가장 중요한 특징인데, 바로 그리스도교가 유대교에서 이탈한 집단이라는 사실을 그리스도교에서 가장 취약한 부분으로 파악해 지목한 것이다. 율리아누스에게 이 사실은 철학적, 문학적 논의보다 어쩌면 더 중요했다. 그리스도교를 향한 율리아누스의 공격은 가시적이고 역사적인 행동으로 드러났다. 바로 예루살렘에 유대 성전을 재건하기로 한 것이다. 황제만이 할 수 있는 시위였다. 율리아누스는 더는 단순한 비판자가 아니었다. 율리아누스의 시도를 그리스도인들은 두고두고 잊지 않았다. 중세 시리아의 연대기 작가 미카엘Michael은 썼다. "그를 기억함이 만대에 저주가 될지어다. 아멘!"

예루살렘의 유대 성전은 70년 티투스Titus가 이끄는 로마군이 도시를 파괴할 때 함께 파괴되었다. 132~35년 바 코흐바Bar Kochba가 봉기를 일으켜 유대인들은 잠시 예루살렘을 수복하고 성전 재건을 시도했으나, 하드리아누스 황제에 의해 봉기가 진압되며 예루살렘은 하드리아누스의 씨족명 아일리우스를 딴 로마의 속주 도시, 아일리아 카피톨리나로 탈바꿈했다. 도시에 남아 있던 유대인들은 추방되었고, 성전이 있던 자리에는 카피톨리움 신 유피테르의 신전이 건설되었다. 그리고 그 안에는 하드리아누스의 동상이 세워졌다. 예루살렘은 더는 유대인들의 도시가 아니었다. 그리스도인들의 표현에 따르면 예루살렘은 "그리스인들과 이방인들, 우상 숭배자들"의 도시였다(에우세비오스, 「시편 주해」 86:2~4, PG 23 1044c).

그리스도인들은 예루살렘 함락과 희생 제사의 중단을 유대 종교의 종말로 이해했다. 유대 성서, 즉 구약성서에 따르면 성전은 이전에도 파괴되었고, 도시는 약탈당했고, 유대인들은 추방당했다. 그러나 매번 어느 정도 시간이 흐르면 하느님은 도시를 유대인들에게 돌려주었고, 성전이 재건되도록 내버려 두었다는 사실을 그리스도인들은 알고 있었다. 그러나 이번에는 상황이 달랐다. 오리게네스는 유대인들이 "이렇게 오랜 시간 동안 의례와 제사를 못 하게 된 것"은 처음이라고 썼다(「켈소스 반박」 4.22). 율법은 예루살렘과 이스라엘 땅에 거주하는 사람들에게 하느님이 내린 것이었다. 그러나 이제 율법을 제대로 지킬 방법이 사라졌다. 그러므로 예루살렘의 상실은 옛 유대 율법의 폐기를 뜻하는 것이나 다름없었다. 적어도 그리스도인들은 그렇게 믿었다.

성전이 파괴된 채로 남아 있고 유대인들이 예루살렘에 발을 붙이지 못하는 한 유대교의 생명력이 다했다는 주장, 정통성을 잃었다는 주장은 그리스도교 바깥에도 어느 정도 설득력이 있을 정도였다. 더군다나 그리스도인들은 유대 성서가 전하는 예언을 들고 나섰다. 성전 파괴는 수백 년 전에 예견된 사건이었을 뿐 아니라, 다시는 지어지지 못할 것이라고 기록되어 있다는 것이었다. 가장 중요한 근거를 제공한 본문은 다니엘서였다. 그리스도인들이 사용한 70인역 다니엘서에 따르면, "희생 제사와 예물 봉헌이 중지될 것"(다니 9:27)이었다. 율리아누스의 동시대인이기도 했던 히에로뉘무스는 이 단락을 들며 성전이 "세상 끝날까지" 돌무더기로 남아 있을 것이라고 썼다(『다니엘서 주해』 9:24).

그리스도인들에 따르면 구약성서만 이렇게 예언한 것이 아니었다. 무엇보다 예수가 유대인들에게 종말이 다가왔다며 경고했다. 마태오와 루가는 입을 모아 예수의 예언을 기록한다.

> 예수께서 성전을 나와 얼마쯤 걸어가셨을 때 제자들이 곁으로 다가와서 성전 건물들을 가리키며 보시라고 하였다. 그러자 예수께서는 "저 모든 건물을 잘 보아두어라. 나는 분명히 말한다. 저 돌들이 어느 하나도 제자리에 그대로 얹혀 있지 못하고 다 무너지고 말 것이다"하고 말씀하셨다. (마태 24:1~2, 루가 21:6 참조)

이어지는 15~16절에서 예수는 성전 파괴에 관한 다니엘의 예언을 인용한다. 4세기 중반 예루살렘 총대주교 퀴릴로스는 한 설교에서 예수와 다니엘의 예언이 최후 심판의 날까지 유대 성전이 폐허로 남아 있으리라는 확실한 증거라고 말했다(『교리교육』 15:15). 당시 그리스도인들 사이에는 이런 믿음이 널리 퍼져 있었다.

예언이 사실임을 강조하듯, 그리고 예루살렘이 더는 유대인들의 도시가 아니며 앞으로도 유대인들과 전혀 관련이 없을 것임을 입증하듯, 그리스도인들은 콘스탄티누스 황제와 모후 헬레나의 종교적, 금전적 지지를 등에 업고 예루살렘의 대대적인 재건축에 나섰다. 그리스도교 역사 최초로 예루살렘과 근교의 성지를 찾아 팔레스티나로 떠나는 순례자들이 등장했다. 팔레스티나 해안 도시 카이사레아의 주교로 콘스탄티누스의 전기를 쓰기도 했던 교회사가 에우세비오스는 예루살렘에 들어서는 새로운 건물들을 보며 감격했다. 예수의 무덤 위로 장엄하게 들어서는 부활 성당은 유대교에 대한 그리스도교의 승리이자 그리스도인이 옛 유대인의 자리를 계승했다는 증거라고 그는 믿었다. 에우세비오스에 따르면 콘스탄티누스는 "팔레스티나에, 히브리 왕국의 심장에, 인류의 구원을 증언한 바로 그 터에, 거대한 기도소와 성전"을 건축했다(「콘스탄티누스 찬가」, 9.16). 콘스탄티누스가 건축한 건물들은 "옛 예루살렘 맞은편에" 우뚝 선 "새 예루살렘"을 이루었다(「콘스탄티누스의 생애」, 3.33). 새 예루살렘이 성전산을 중심으로 한 옛 유대 예루살렘과 떨어진 곳에 건설되었다는 사실은 의미심장했다.[8]

그리스도인으로 태어나 자랐던 율리아누스는 예루살렘과 그 성전이 그리스도교에 어떤 의미인지 잘 알고 있었다. 성전의 파괴는 예언의 성취를, 성전의 폐허는 그리스도교의 진리를 입증하는 증거였다. 그리스도인들은 성전을 유대 신앙의 정통성과

---

[8] 예루살렘의 그리스도교화에 관해서는 다음을 보라. E.D.Hunt, *Holy Land Pilgrimage in the Later Roman Empire* (Oxford, 1982)

율법 준수의 상징으로 이해했다. 즉 성전이 폐허로 남아 있는 한 그리스도인들의 주장은 옳았다. 유대인의 생활 방식은 유효하지 않았고, 그리스도교는 옛 유대 전통의 적법한 계승자였다.

율리아누스의 생각은 달랐다. 그가 본 유대교는 건재했다. 제국 동부의 대도시들에서 유대교 공동체는 학식과 교양을 두루 갖춘 지도자들 아래 번창했다. 유대인들은 여전히 옛 전통과 율법의 가르침을 열정적으로 고수했고, 성서 연구도 소홀히 하지 않았다. 신흥 종교가 유대 종교를 대체했다거나, 옛 유대 전통의 적법한 상속자라는 식의 주장은 유대인들에게 있어서는 논할 가치도 없는 것들이라는 사실을 율리아누스는 모르지 않았다. 유대 전통을 따르는 삶이 이제는 의미가 없어졌다거나, 아예 사라졌다는 주장은 오직 그리스도인들, 아니면 기껏해야 상황을 모르는 이들이나 하는 것이었다.

이러한 배경에서 율리아누스는 그리스도교에 대한 전략을 구상했다. 그리스도교가 이전부터 유대교를 배교하고 나온 집단이라는 비판을 받았다는 사실을 율리아누스는 잘 알고 있었다. 켈소스는 그리스도인들이 유대 율법을 "경멸"하면서도 유대 전통의 적법한 계승자를 자처한다는 점을 지적했다(『켈소스 반박』 2.4). 앞서 살펴보았듯 켈소스는 예수와 모세가 서로 충돌한다는 사실을 지목했다. 하느님이 모세에게 준 율법과 아들이라고 하는 나자렛 사람에게 준 율법이 상반된 것인가? 켈소스는 물었다.

누가 잘못된 것인가? 모세인가, 예수인가? 하느님 아버지가 예수를 보내며, 이전에 모세에게 준 가르침을 잊어버린 것인가? 아니면 스스로 만든 율법을 뒤집고는 마음을 바꿔 다른 가르침을 전하라고 사자를 보낸 것인가? (『켈소스 반박』 7.18)

켈소스의 논박은 유대 성서를 읽고 율법을 준수하는 유대교 공동체가 건재했다는 사실을 전제한다. 2세기 후반과 마찬가지로 율리아누스의 시대에도 유대인은 각 도시에서 상당한 세력을 이루었을 뿐 아니라, 그리스어 이름을 가지고 그리스식 교육을 받으며 자치 정부나 로마 제국의 지방 행정조직에서 활동하는 등 완전히 동화되어 살아가고 있었다. 그러면서도 고대 이스라엘의 후예를 자처하며 유대인으로서의 정체성을 간직했다. 4세기에 이르러 그런 유대인들의 생활 방식은 세간의 존경을 받고 있었다. 4세기 말 안티오키아에서 사제로 활동하던 요안네스 크뤼소스토모스(요한 크리소스토무스)John Chrysostom는 말했다.

많은 사람이 유대인들을 존경하며, 그들이 경건한 생활을 하고 있다고 여긴다는 사실을 모르지 않습니다. (『유대인 반박 연설』 1.3)

이처럼 외부자의 시각에서 말 그대로 '유대' 공동체가 존재한다는 사실은 그리스도교의 정당성 주장을 심각하게 약화했다. 유대인의 전통을 따라 살아가는 사람들이 있는데, 이를 따르지 않는 그리스도인이 어떻게 유대 전통의 참된 후계자를 자처할 수 있을까?

그리스도교만이 진리고 유대교는 정당성을 잃었다는 주장의 근거는 가시적인 사건들이었다. 예를 들어 그리스도교로 개종한 사람들이 많다는 것, 유대 성전은 여전히 폐허가 된 채 터만 남아 있다는 식의 주장이었다. 그렇다면 모든 것을 되돌리면 어떻게 될까? 유대인들이 예루살렘으로 귀환하고, 성전을 재건하고, 다시 제사를 지낼 수 있게 된다면? 율리아누스는 여기에 착안했다. 그리스도교에 대한 비판의 단골 불씨인 율법 준수 문제에, 율리아누스는 성전을 새로 지어 기름을 끼얹으려 했다. 그리스도교는 거짓이며 유대인만이 옛 이스라엘의 적법한 계승자라는 주장에 이보다 더 좋은 증거가 어디에 있겠는가? 철학자들은 그리스도교에 대해 펜과 논변으로 나아갈 수밖에 없었다. 하지만 율리아누스는 로마 황제였다. 역사를 바꿀 수 있는데 역사에 관해 떠들어 무엇 하겠는가?

유대 성전을 재건하겠다는 율리아누스의 계획은 전통 종교의 재확립이라는 그의 포부에도 부합했다. 기도를 완성하기 위해서는 제물이 필요하다고 그는 믿었다. 이는 신플라톤주의 학자들에게서 배운 것이기도 했다. 성전의 파괴와 함께 중단되긴 했지만, 과거 유대 종교의 핵심은 번제였다.

아브라함은 우리 그리스인들과 같이 항상, 그리고 꾸준히 제물을 바쳤다. (『갈릴래아인들에 대한 반박』 356c)

유대교와 그리스도교의 근본적인 차이가 여기에 있었다. 유대인들은 비록 여러 가지 측면에서 지중해 세계의 다른 민족들과 다른 점이 많았으나 어떤 식으로든 동물을 제물로 바친다는 점에 있어서만은 유사했다. 유독 그리스도교만이 피를 보지 않는 '영적' 예배를 고수했다. 율리아누스에 따르면 당대에 이르기까지도 유대인들은 가정에서 제물을 바치는데, "제물을 바치기 전 기도하고 오른쪽 어깨를 사제에게 첫 열매로 내어"주었다(『갈릴래아인들에 대한 반박』 306a). 번제라기보다는 유대 음식을 준비하며 가축을 잡는 방식(카슈루트Kashrut에 따른 방식)을 이야기하는 것으로 보인다.

그렇다면 로마 세계 전통 종교의 부활에 유대교도 동참할 수 있지 않을까? 그리스와 로마의 전통 종교를 따르지는 않았지만, 희생 제사의 중요성은 인정하고 있지 않나? 율리아누스는 유대 성전에 옛 영광을 되찾아주고 유대 지도자들이 번제라는 옛 전통을 되살리게 하면 그리스도교는 효과적으로 고립될 것이라고 판단했다. 제국의 공적 종교를 거부한다는 사실은 부차적인 문제였다. "황제를 위해 (제물을 바치며) 기도"하는 유대교는 로마 세계의 다른 민족과 다르지 않았다.

예루살렘 성전의 재건은 참 이스라엘을 자처하는 그리스도교의 주장에 대한 효과적인 반박인 동시에 율리아누스의 종교 개혁을 강화하는 수단이었다. 게다가 예수의 신적 권위를 깎아내리는 또 하나의 요소로 이용할 수 있었다. 성전이 재건된다면, "돌들이 어느 하나도 제자리에 그대로 얹혀 있지 못하고 다 무너지고 말 것이다"라고 한 예수의 예언은 거짓이 되고 만다.

현존하는 「갈릴래아인들에 대한 반박」 단편에는 성전에 대한 율리아누스의 언급이 거의 없다. 소실되었거나 퀴릴로스가 의도적으로 외면했을 수 있다. 그러나 그가 남긴 편지나 동시대인들의 언급을 함께 놓고 보면 율리아누스가 어떤 의중에서 이러한 행동을 했는지 어느 정도 파악할 수 있다. 앞서 살펴본 것처럼, 율리아누스가 그리스도인들을 비판하며 제기한 혐의 중 하나는 그리스도인들이 그리스의 지혜를 버리고 유대의 율법을 택했다는 것이었다(『갈릴래아인들에 대한 반박』, 235d, 207d). 그런데 그리스도인들은 심지어 그렇게 받아들인 유대의 율법에 충실하지도 않았다.

어찌하여 그대들은 히브리인들의 전통도, 신이 그들에게 내린 율법도 따르지 않는가? 그대들은 우리의 가르침보다도 유대인들의 가르침에서 더 크게 벗어났고, 예언에 집착하며 조상들의 법도를 저버렸다. (『갈릴래아인들에 대한 반박』, 238a)

율리아누스는 그리스도인들이 유대 예언자들을 근거로 유대 전통에서의 이탈을 정당화한다는 사실을 잘 알고 있었다. 그래서 그는 그리스도인들이 예언을 잘못 해석했으며, 그런 식으로는 그들의 방식을 정당화할 수 없다는 사실을 입증하려고 했다.

> 갈릴래아인들은 자신들이 유대인들과 다르지만, 예언을 근거로 참 이스라엘이며, 무엇보다 모세를, 그리고 그를 계승한 유대의 예언자들을 따른다고 주장하니, 그들이 어떤 점에서 예언자들을 따르는지 살펴보자. (『갈릴래아인들에 대한 반박』 253b)

율리아누스가 드는 첫 번째 예시는 예수의 탄생이다. 모세는 줄곧 모든 인류가 한 분 하느님을 섬겨야 한다고 주장했다. 어디에서도 "또 다른 신"(『갈릴래아인들에 대한 반박』 253c)을 섬겨야 한다고 말한 적이 없다. 어떤 이들은 신명기의 구절("너희 하느님 야훼께서는 나와 같은 예언자를 동족 가운데서 일으키시어 세워주실 것이다. 너희는 그의 말을 들어야 한다"(신명 18:15))을 들지도 모른다. 사도행전 7장 37절에서 예수를 가리키는 근거로 인용된 이 구절을 그리스도인들은 모세가 예수의 강림을 예언했다는 증거로 믿었다. 그리스도인으로 자란 율리아누스는 이 해석을 모르지 않았다. 그는 이 본문 어디에서도 이 예언자가 신이라고 이야기하지는 않는다며 지적했다. 더군다나 신명기 18장 18절에서 모세가 한 말에 따르면 이 예언자는 "모세와 같을 것이나 하느님과 같지는 않을 것"이라고, 신이 아니라 그와 같이 인간에게서 난 예언자일 것"임이 분명하다고 율리아누스는 지적했다(『갈릴래아인들에 대한 반박』, 253d).

또 다른 유명한 예언은 창세기 49장 10절("왕의 지팡이가 유다를 떠나지 아니하리라. 지휘봉이 다리 사이에서 떠나지 아니하리라. 참으로 그 자리를 차지할 분이 와서 만백성이 그에게 순종하게 되리라")이었다. 이 예언 또한, 그리스도인들은 예수를 가리킨다고 믿었다. 율리아누스도 이 구절을 그리스도인들이 어떤 식으로 해석하는지 알았다. 그는 이야기한다. 이 구절은 두 가지로 해석할 수 있는데, 하나는 그 자리를 차지할 "사람"이 온다는 것이고, 다른 하나는 그가 받을 몫을 받게 된다는 의미다. 율리아누스에 따르면 그리스도인들은 첫 번째의 해석만을 받아들인다. 그러나 이는 예수와 전혀 상관이 없다. 이 본문이 가리키는 것은 이스라엘 왕정, 다시 말해 "다윗 왕가"다. 그리고 이 왕가는 시드키야를 끝으로 종말을 고했다. 율리아누스는 물었다. 예수는 유다의 자손도 아닌데 어떻게 이 예언이 가리키는 대상일 수 있나? 성서의 족보는 사실상 아무것도 입증하지 못한다. 우선 마태오와 루가가 이야기하는 족보가 서로 다르다. 그리고 요셉의 계보가 어떻게든 유다와 이어진다고 하더라도, "요셉이 아닌 성령으로 난 이"가 어떻게 유다의 자손이며, 이 예언의 대상이 될 수 있는가(『갈릴래아인들에 대한 반박』, 253e, 261e)?

성서를 해석하고 신학적 논리를 따지는 일에 이 정도 위력을 발휘한 사람은 거의 없었다. 내부자였기에 얻을 수 있었던 지식이었다. 그리스도교 성서 해석에서 취약한 부분은 모조리 들추어내고, 수 세대에 걸쳐 주석가들이 씨름했으나 해결하지 못한 문제들을 지목하며 공격하는 율리아누스의 모습에 그리스도인들은 몸서리를 쳤다. 율리아누스는 그리스도인이 어떻게 답변할지도 대체로 알고 있었다. 퀴릴로스는 그리스도인들이 아무 말도 할 수 없었다고 전한다.

율리아누스는 또 하나의 잘 알려진 예언인 이사야 7장 14절("처녀가 잉태하여 아들을 낳고 그 이름을 임마누엘이라 하리라")을 지목했다. 그리스도인들은 이 구절을 근거로 예수가 동정녀에서 난 신적 존재라고 주장했다. 그러나 이 본문에는 신에 관한 이야기가 없다. "신이 처녀에서 날 것이다"라는 예언은 이사야 어디에도 없다. 이사야가 "하느님의 독생자"나 "만물에 앞서 태어나신 분"이라고 하지도 않았는데, 그리스도인들은 왜 마리아를 하느님의 어머니라고 주장하는 것일까(『갈릴래아인들에 대한 반박』, 262d)?

이처럼 율리아누스는 성서의 예언을 해석하며 자신의 주장을 강화했다. 그리스도인들은 성서가 어떤 말도 하지 않는데도 새 법을 세우고 유대 율법을 저버렸다. 유대인들은 "예배에 관한 정확한 율법"이 있으며 이를 지켜오고 있다. 반면 그리스도인들은 모세의 율법을 지키지 않으며, 오히려 율법을 폐지하였다는 것을 두고 자랑스러워한다. 그러나 성서 어디에도 모세는 훗날 새 율법이 제정될 것이라고 말하고 있지 않다. 하느님은 어디에서도 "히브리인들에게 기존 율법 이외의 두 번째 율법을 선포하지 않는다. 심지어 이미 제정된 율법에 대한 수정도 없다"(『갈릴래아인들에 대한 반박』, 320b). 오히려 모세는 율법이 영원할 것이며, 여기에 어떤 것도 더하거나 빼지 말아야 한다고 말했다.

> 내가 너희에게 명령하는 말은 한마디도 보태거나 빼지 못한다. 내가 받들어 너희에게 전하는 너희 하느님 야훼의 계명들을 너희는 지켜야 한다. (신명 4:2, 율리아누스는 신명 27:26을 인용한다.)

그러나 그리스도인들은 모세가 분명히 율법을 "대대로 길이 지켜야 한다"(『갈릴래아인들에 대한 반박』, 320a, 출애 12:14~15)고 말했음에도 성서의 이 말씀을 무시한다.

율리아누스는 할례의 문제도 지적했다. 왜 할례를 하지 않는지에 대한 답변은 정해져 있었고, 율리아누스는 이를 잘 알고 있었다. 하지만 그는 묻는다. "왜 할례를 하지 않는가?" 그러고는 그대로 그리스도인들이 하는 답을 따라 내어놓는다. "아브라함이 받은 믿음의 증표는 육체의 할례가 아닌 마음의 할례였다고 바울은 말한다. 따라서 우리는 그와 베드로가 보인 경건한 가르침을 믿어야 한다." 그러나 율리아누스는 덧붙인다. 성서는 분명히 아브라함이 계약의 증표로 "육체의 할례"를 받았다고 증언한다. 창세기는 "너희 남자들은 모두 할례를 받아라. 이것이 너와 네 후손과 나 사이에 세운 내 계약으로서 너희가 지켜야 할 일이다. 너희는 포경을 베어 할례를 베풀어야 한다. 이것이 나와 너희 사이에 세운 계약의 표다"(창세 17:10~11)라고 쓰고 있다. 율리아누스는 유대 성서뿐 아니라 마태오 복음서가 전하는 예수의 말("내가 율법이나 예언서의 말씀을 없애러 온 줄로 생각하지 마라. 없애러 온 것이 아니라 오히려 완성하러 왔다."(5:17), "가장 작은 계명 중에 하나라도 스스로 어기거나, 어기도록 남을 가르치는 사람은 누구나 하늘 나라에서 가장 작은 사람 대접을 받을 것이다"(5:19))도 인용한다. 그러면서 그리스도인이 유대 전통을 배반하도록 부추긴 것은 예수가 아닌 제자들이라는 사실을 암시한다. 율리아누스가 보기에 예수는 율법을 지켜야 한다고 분명하게 가르쳤다.

마지막으로 율리아누스는 희생 제사 문제를 건드린다. 성서와 유대 전통이 분명히 번제를 요구함에도 불구하고 제물을 바치지 않는 이유가 무엇인지 그는 묻는다.

왜 그대들은 우리(그리스인)를 버리고는 유대인의 율법도 미워하고 모세의 명령에도 귀를 기울이지 않는가? (『갈릴래아인들에 대한 반박』, 305d)

여기에서도 율리아누스는 그리스도인들이 어떻게 대답할지 알고 있다. "예리한 이는 유대인들도 제물을 바치지 않는다는 사실을 이야기할 것이다." 율리아누스는 대답한다.

그대들은 유대인들이 지키는 어떤 관습도 따르지 않는다. …
유대인들은 가정에서 제물을 바치는데, 오늘날까지도 그들이
먹는 모든 것은 성별된 것들이다. 그들은 제물을 바치기 전 기
도하고 오른쪽 어깨를 사제에게 첫 열매로 내어준다. (『갈릴래아
인들에 대한 반박』, 305d)

희생 제사 문제를 포함해 율리아누스의 비판은 유대 율법과
그리스도교의 관계 전반을 겨냥하고 있다. 모세의 가르침을 전
해 받았다고 자처하는 그리스도인들은 유대 율법 어떤 것도 지
키지 않았다. 그러나 바로 그때 유대인들은 모세의 율법에 따른
삶을 고수했다. 그리스도인이 고대 이스라엘을 계승한다는 주장
은 전혀 근거가 없었다.

그러나 희생 제사 이야기에서 정결법 준수는, 즉 카슈르트의
준수는 부차적인 것에 불과했다. 율리아누스는 이를 성전의 상
황과 연결했다. 유대인들이 희생제를 바치지 않는 이유는 무엇
보다 성전이 없기 때문이었다. "신전을, 그들의 표현을 따르자
면 성전을 빼앗겼기에 그들은 희생 제물의 첫 열매를 신에게 바
치지 못한다." 반면 그리스도인들은 "예루살렘이 필요 없는 새
로운 제사를 고안했고, 따라서 제물도 바치지 않는다"(『갈릴래아
인들에 대한 반박』, 306b). 그러므로 그리스도교는 유대교의 계승을
주장하나, 사실 유대교와 아무런 관련이 없다. 이는 예수의 추종
자들이 만들어낸 새롭고 이상한 의례일 뿐, 고대성을 결여하고

있다. 오히려 그리스인들이 유대인들과 공유하는 것이 더 많은데, "신전, 성소, 제단, 정화, 교리" 등이 있다는 점에서 그렇다.

율리아누스는 유대교에 전혀 호감을 갖고 있지 않았다. 하지만 그리스도교에 맞서기 위해 그는 얼마든지 유대교를 아군으로 끌어들일 준비가 되어 있었다. 그리스도교의 정당성은 유대교와의 관계에 달린 것이나 다름없었다. 율리아누스는 그리스도교에서 구약성서가 사라질 경우 그간 구축해 놓은 믿음 체계가 얼마나 큰 타격을 입게 될지 간파했다. 아니, 몇몇 대목에 대한 그리스도인들의 해석이 잘못되었다는 것, 유대교 성서는 나자렛 예수가 그리스도라고 이야기하지 않는다는 사실을 입증하면 충분했다. 게다가 유대인들은 모세의 율법을 계속하여 준수하고 있고, 모세는 율법을 언제나 준수해야 한다고 가르쳤을 뿐 "두 번째 율법"에 관해 한마디도 하지 않았다면, 그리스도인들은 그들이 존경한다고 말하는 바로 그 스승을 거역하는 것이었다. 모세의 가르침을 준수하는 이들은 유대인이었지 그리스도인이 아니었다. 그리스도인들은 성전의 폐허가 자신들의 정당성을 입증하는 증거라고 생각했다. 율리아누스에 따르면 그리스도인들에게 남은 마지막 정당성은 바로 유대인들이 "예루살렘 바깥에선 희생 제사를 거행할 수 없으므로" 율법을 온전히 지키지 못한다는 주장이었다(『갈릴래아인들에 대한 반박』 351d). 예루살렘 성전이 없는 한, 유대 종교도 없었다. 반면 성전이 재건된다면, 그리스도인들은 유대 종교가 건재하다는 사실을 인정하지 않을 수 없었다. 그렇게 되면 그리스도교의 정당성 주장도 완전히 힘을 잃게 된다. 율리아누스는 성전의 재건이야말로 그리스도교에 최후의 일격을 가할 것이라고 확신했다.

362년에서 63년으로 넘어가던 겨울, 안티오키아에 머물며 페르시아와의 전쟁을 준비하던 율리아누스는 가까운 벗으로 속주 총독을 지내기도 했던 알뤼피오스Alypius에게 유대 성전 재건 총괄 임무를 맡겼다.

내가 직접 사비를 들여 거룩한 도시 예루살렘을 다시 짓고자
하네. (『서한』 51)

막대한 황실 재산의 후원을 등에 업고 알뤼피오스는 예루살렘으로 떠났다. 그러나 성전의 건설은 얼마 지나지 않아 봄에 일어난 재해(지진으로 추정하기도 한다)로 별안간 중단되었다. 이 재해를 두고 역사가 암미아누스 마르켈리누스는 땅 아래에서 불덩어리들이 튀어나왔다고 전한다(23.1.2~3). 그리스도교 역사가들은 하늘에서 불이 내려와 현장은 물론 인부들까지 태워버렸다고 쓴다(소크라테스, 「교회사」 3.20). 성전 재건 계획은 무기한 연기되었다. 일단 보류하고 임박한 전쟁에 집중하라고 보좌관들이 권했을 수 있다. 같은 해 6월, 율리아누스는 페르시아와의 전투 중에 사망했다. 그리고 그의 죽음과 함께 성전 재건 계획도 영구히 중단되었다.

율리아누스의 성전 재건 계획은 실패로 끝났으나, 그것이 준 충격은 엄청났다. 유대 성전을 다시 지으면 그만이라는 생각은 율리아누스의 시대는 물론, 이후 세대에 이르기까지 그리스도인들을 커다란 근심에 빠뜨렸다. 이 장을 시작하며 잠시 다루었던 나지안조스의 그레고리오스의 신랄한 글에 따르면 율리아누스는 성전의 재건을 넘어 아예 수백 년 전에 추방된 유대인들을 예루살렘으로 돌아오게 하려는 계획을 품고 있었다. 유대인들이 예루살렘으로 돌아온다면, "이는 옛 전통의 권위를 되살리는" 일이 될 것이다(『연설』3.5). 율리아누스가 사망하고 한 세대가 지나고 나서도 그리스도인들은 유대 성전의 재건이 과거에 일어난 일이 아니라 앞으로도 얼마든 일어날 수 있는 일이라며 웅성거렸다. 386년 유대교로 개종하려는 그리스도인들을 대상으로 한 연설에서 요안네스 크뤼소스토모스는 안티오키아의 유대인들이 여전히 "자신들의 도시를 되찾고 말 것이라며 우쭐대면서" 도시를 활보하고 있다고 말했다(『유대인 반박 연설』7.1). 이는 유대인들이 "옛 삶의 방식"으로 돌아갈 수 있을 것임을 의미한다고 크뤼소스토모스는 말했다.[9]

성전 재건의 꿈은 유령이 되어 끊임없이 그리스도인들을 근

---

[9] 율리아누스의 성전 재건 시도가 이후 그리스도교 전통에 준 영향에 관해서는 다음을 보라. David B.Levenson, 'A Source and Tradition Critical Study of the Stories of Julian's Attempt to Rebuild the Jerusalem Temple' (Ph. D. diss., Harvard University, 1979) 그리고 다음을 참조하라. Robert L.Wilken, *John Chrysostom and the Jews: Rhetoric and Reality in the Late Fourth Century* (Berkeley, 1983)

심으로 몰아갔다. 율리아누스에 대해 그리스도인들이 보인 신랄한 태도는 그가 민감한 부분을 자극했다는 증거다. 그리스도교 전통의 아킬레스건은 유대교와의 관계였다. 그리스도교와 유대교는 양립할 수 없었다. 유대교가 여전히 생명력을 가지고 있는 한, 그래서 그리스도교의 대안이 될 수 있는 한, 옛 유대 전통을 보전하는 한, 유대인들이 유대 성서를 읽고 연구하며 해석하는 한, 그리스도교는 이스라엘의 적법한 계승자를 자처할 수 없었고, 예수가 바로 유대인들이 기다리던 메시아라고 주장할 수도 없었다. 성전을 재건하려는 율리아누스의 계획은 물거품으로 돌아갔으나, 이는 초기 그리스도교에 대한 가장 결정적이고 성공적인 타격이었다.

그리스도교에 대한 고대 세계의 비판은 고전 고대의 지적 전통에만 의존하지 않았다. 유대교와의 관계도 중요했다. 그리스도교와 유대교의 관계가 그리스도교라는 새 종교에 중요한 요소라는 사실을 모르는 사람은 없었다. 그러나 이 부분을 파고들 경우 그리스도교가 얼마나 취약한 상황에 처하게 되는지 알려준 비판자는 내부에서 나왔다.

나가며

아돌프 폰 하르낙은 당대에 이르기까지 포르퓌리오스의 「그리스도인들에 대한 반박」보다 "그리스도교를 겨냥해 쓴 가장 광범위하고 철저한 비판"은 없었다고 평가했다. 그에 따르면 "종교 철학과 그리스도교의 대립은 포르퓌리오스가 설정한 바로 그 지점에서 계속되고 있다고 보아도 무리가 없다. 포르퓌리오스가 제기한 문제들은 오늘날까지 그대로 남아 있다".[1] 당대 아우구스티누스는 물론 오늘날에도 많은 학자가 동의할 만한 평가다. 하지만 율리아누스 황제 또한 포르퓌리오스만큼이나 그리스도교 신앙에 커다란 도전으로 다가왔다는 사실도 덧붙일 수 있다. 5세기 알렉산드리아의 퀴릴로스는 율리아누스를 논박하며

---

[1]   Adolf von Harnack, *The Mission and Expansion of Christianity in the First Three Centuries* (London, 1908), 1:505.

"우리의 스승 누구도 율리아누스의 글을 반박할 수 없었다"라고 썼다.

율리아누스는 그리스도인으로 성장했다. 그는 유대인이 아니었다. 그러나 율리아누스는 그리스도교가 유대 전통이라는 뿌리에서 이탈한 사교, 정통성 없는 종교라는 점을 꼬집었다. 켈소스나 포르퓌리오스의 분석은 날카로웠다. 그리스도교 핵심 교리의 문제점을 겨냥한 갈레노스의 안목도 뛰어났다. 그러나 그리스도인으로 세례를 받고 교회의 기도와 전례를 직접 경험하며 성장했으며, 소년 시절부터 성서와 교리를 공부한 율리아누스에게는 다른 차원의 통찰력이 있었다. 그는 다른 이들이 희미하게만 보았던 문제점을 뚜렷하게 보았다. 그리스도교는 유대교와 어쩔 수 없는 관계를 맺고 있으며, 따라서 유대교를 이탈하는 부분에 있어서는 언제나 꺼림칙한 상황에 처할 수밖에 없다는 점이었다.

로마 세계가 그리스도교를 어떻게 바라보았는지 살펴보았던 이 책을 마무리하며 유대교의 역할을 강조하는 것은 논점을 이탈하는 것처럼 보인다. 그러나 로마 세계가 그리스도교에 던진 비판은, 특히 예리한 사상가들이 제기한 비판은 로마 세계 대도시들에서 유대 공동체가 그리스도교와 나란히 공존했다는 점을 염두에 두어야 비로소 온전히 이해할 수 있다. 유대교를 들며 그리스도교를 비판한 인물은 단연 율리아누스지만, 율리아누스가 많은 지면을 할애하며 제기한 주장은 이미 2세기 켈소스가 암시한 것들이다. 자신들의 기원을 유대교에 두고 유대 성서가 그리스도교의 성서라고 주장한다면, 그리스도인들은 왜 모세가 하느님께 받아 성서에 기록한 율법을, 그래서 유대인들은 오늘날까지도 이를 떠받들고 따르는 율법을 따르지 않느냐는 질문이다. 그리스도교에서 가장 취약한 부분이 유대교와의 관계라는 사실은 그리스도교가 유대교와 완전히 결별한 후에 드러났다. 이교 사상가들은 이 부분을 정확히 파악했다.

가장 강력한 비판자는 누구일까? 율리아누스? 포르퓌리오스? 그 밖의 인물? 이를 규명하는 것은 이 책의 목적이 아니다. 이 책의 목적은 어디까지나 그리스도교가 막 고전적인 형태를 갖추기 시작하던 무렵 고대 로마인들이 그리스도교를 바라보던 시각을 이해하는 것, 그리고 이를 통해 고대 세계의 생활과 가치, 나아가 그리스도교 자체에 관해 알아보는 것이다. 그리스도교라는 새 종교를 이해하고 평가하는 과정에서, 고대 다신교 세계의 비평가들은 그들 자신에 관해, 즉 그들이 신을 어떻게 바라보았는지, 종교 예식을 어떻게 행했는지, 자연, 사회, 역사, 이성, 신앙, 전통, 덕을 따르는 삶을 어떻게 이해하였는지 등 많은 것을 알려준다. 그들은 그리스도교의 가장 중요한 특징이라고 할 수 있는 것들을 지목해냈다. 특정 시간과 공간에 일어난 역사적 계시, 인간 예수를 신으로 숭배하는 것의 문제, 의지로 만물을 창조한 자유롭고 초월적인 하느님에 대한 믿음, 새 신앙을 사회와 정치라는 공공 영역으로 (적어도 초창기에는) 연결하기 꺼리는 태도 등이다. 그리스도교가 로마 세계에 성공적으로 정착하는 데는 그리스도교의 가르침보다 그리스도인의 행동이 기여한 바가 더 크다.

나는 고대 다신교 배경에서 나온 자료들을 그리스도교 세대가 아닌 그리스도교 세계의 등장 이전 세대의 사고 틀에 두고 이해하려고 했다. 유념해야 할 것은 그리스도교에 대한 비판이 빗발치던 첫 300년 동안에도 진정한 대화가 이루어졌다는 사실이다. 고대 다신교 세계는 그리스도교에 이유 없이 비난을 퍼붓지 않았다. 그만큼 그리스도인들도 그들의 비난에 무작정 귀를 막지 않았다.

물론 처음에는 대화랄 것이 없었다. 플리니우스와 타키투스는 일방적이었다. 그리스도교에 관해 잘 모르기도 했고, 그리스도교에 관한 논의도 다른 문제를 다루던 중 부차적으로 나온 것에 불과했다. 그러나 2세기 후반에 그리스도인들은 답변에 나섰다. 이 무렵 글을 쓴 켈소스는 순교자 유스티노스의 호교론을 알고 있었던 것으로 보인다. 오리게네스는 켈소스의 「참말」을 주의 깊게 읽고 구구절절 응답했다. 포르퓌리오스는 오리게네스가 어떤 학자인지 잘 알고 있었다. 그리고 율리아누스는 그리스도교 출신이었다. 알렉산드리아의 퀴릴로스는 율리아누스의 「갈릴래아인들에 대한 반박」을 읽었고, 아우구스티누스는 포르퓌리오스의 「신탁으로부터의 철학」에 답변했다. 이런 답변이 가능했던 것은 그리스도인들이 비판자들과의 공통점을 부각하고 그들의 논변을 그대로 차용하며 맞섰기 때문이다.

사회에 대한 종교의 공적 책임을 회피한다는 혐의를 받던 그리스도인들이었지만, 지적 토론과 논쟁에서 그들이 보인 태도는 달랐다. 그리스도인들은 기꺼이 토론장에 섰고, 학문적 기준을 수용했다. 켈소스는 근거도 없이 자신들만이 진리라며 으스대던 그리스도인들을 조롱했다. 그러나 많은 그리스도인은 거침없이 나아가 비판자들의 도전에 맞섰다. 그리스도교는 1세기 팔레스티나에서 일어난 구체적인 사건에 뿌리내린 새로운 길로 사람들을 초대했다. 그리스도교 호교론자들은 이 구체적인 역사적 사건이 인류 전체와 맞닿아 있다고 믿었다. 그리고 이를 학문 세계에 소개하기 위해서는 이성이라는 보편 언어의 도움이 필요했다. 오리게네스는 말했다.

> 우리 신앙의 가르침은 보편 관념과 완전히 일치한다. (『켈소스 반박』 3.40)

그리스도교를 비판하는 문헌이 300년에 걸쳐 끊임없이 나왔다는 사실 자체가 그리스도교 사상이 웃어넘길 만한 것이 아니었다는 증거다. 진정한 대화가 가능했던 이유가 여기에 있다.

물론 그리스도인들을 겨냥했던 비판 중 잘못 짚었거나 그리스도교와 무관했던 내용도 적지 않다. 게다가 어떤 대목들은 격앙된 표현으로 가득하다. 고대 수사학 전통이 그랬다. 그러나 전반적으로 로마 세계의 지식인들은 그들이 비판하는 대상의 문제점들을 정확히 알고 있었고, 그리스도교에 대한 이해 수준도 놀라울 정도로 높았다. 그들이 남긴 글들이 여전히 읽어볼 만한 가치가 있는 이유다. 나아가 이들의 비판은 그리스도교 교리의 발전에 크게 기여했다. 덕분에 그리스도교 사상가들은 자신들의 주장에 담긴 문제점들을 발견할 수 있었고, 그리스도교 신앙의 함의들을 신속히 파악할 수 있었다. 비판자들과의 교류가 없었다면 훨씬 더 시간이 오래 걸렸을지도 모르는 일이다. 다시 말해 비판 덕분에 그리스도인들은 자신들이 옹호하는 바로 그 전통 자체를 더 잘 이해할 수 있었다. 그리스도교가 자체적인 학문 전통을 구축하고 있던 바로 그 시기에 로마 세계에서 가장 뛰어난 학자들의 비평 대상이 되었다는 사실은 그리스도교 사상이 안정적인 항로에 오른 매우 중요한 요인이었다.

계몽주의는 그리스도교와 고전 고대를 걸핏하면 대척점에 두곤 했다. 나는 초기 그리스도교가 이성을 신앙으로 대체했다는 비판을 항상 이상하게 여겼다. 이런 비판은 18세기 에드워드 기번으로부터 20세기 길버트 머리Gilbert Murray까지 끊임없이 이어져 내려왔다. 기번은 그리스도인들이 "정신의 능력을 저하하고 해쳤"을 뿐 아니라 "철학과 과학의 날카로운 빛을 꺼버렸다"며 비난했다. 머리는 그리스도교가 권위로 이성을 대체했다고 말했다. "진리에 더는 희망은 없었다. 세상은 이성을 불신했고, 논쟁과 호기심을 기피하며 계시의 권위에 미혹 당해 스스로 무릎을

끓었다. 계시가 곧 진리였고, 자유로운 탐구에는 죄의 낙인이 찍혔다. … 좌절은 오랜 세월에 걸쳐 지중해 세계에 독약처럼 스며들었고, 그리스를 빛낸 지성의 우물은 끝내 말라버렸다."

나는 바로 그리스도교 초기 300년간 있었던 그리스도교와 고대 다신교 세계의 대화가 이를 반박하는 가장 좋은 근거라고 생각한다. 그리스도인과 고대의 지성은 같은 씨름터에서 만났다. 켈소스의 「참말」과 오리게네스의 「켈소스 반박」을 두고 철학자 켈소스는 이성과 논증에 호소한 반면 오리게네스는 신앙과 권위에 호소했다고 말할 사람은 없다. 오히려 철학자들이 가장 분노한 까닭은 그리스도교 사상가들이 그리스의 사상과 사고 방법론을 채택해 그리스도교를 설명한 데 있다. 포르퓌리오스는 오리게네스가 그리스인을 흉내 냈다고 말했고, 켈소스는 그리스도인들이 그리스 학문의 산물인 우의를 사용해 성서를 해석한다며 불평했다.

그리스도교와 고대 다신교의 갈등은 사실상 종교심에 관한 서로 다른 두 이해의 논쟁이라고 말할 수 있다. 로마인이라고 덜 경건한 것은 아니었다. 게다가 율리아누스는 비슷한 연령대에 있던 사람 중 누구보다 열정적으로 종교에 심취했던 인물이다. 그는 한 사람을 변화시키는 종교적 체험이 얼마나 강력한 것인지 잘 알고 있었다. 오늘날의 표현을 따르면, 그는 '개종자'였다. 율리아누스가 따른 다신교는 그저 옛 로마 세계의 공적 의례가 아니었다. 확신을 품은 신자의 인생을 건 믿음이었다. 물론 율리아누스는 한 걸음 더 나아갔다. 그는 전통 종교를 수호하고자 했고, 포르퓌리오스, 켈소스, 플리니우스와 마찬가지로, 신들을 버린 그리스도인들을 공격했다. 로마 세계에서 이는 단순히 '우리 신들'과 '너희의 신' 사이의 싸움이 아니었다. '신들'은 곧 사회 공동체를 의미했다. '신들'을 받아들이지 않겠다는 것은 사회 안에 들어가지 않겠다는 선언이었다. 그래서 그리스도교는 '미신'으로 불렸다. 그리스도인들은 이 표현을 공격으로 받아들였고, 나중에는 오히려 로마 종교를 향해 사용하게 되지만, 사실 이는 적확한 표현이었다. 그리스도교를 접하자마자 나온 평가는 미신이라는 것이었다. 그리스도교가 주장하는 방식이 로마 세계의 공적 경건에 결코 기여하지 않을 것이라는 사실을 로마인들은 알고 있었다.

초창기에 이러한 혐의는 모호했고 경계도 불분명했다. 미신은 그리스도교뿐 아니라 로마인들의 시각에서 낯선 모든 집단을 도매금으로 지칭하는 용어였다. 그러나 시간이 흐르며 켈소스를 필두로 한 새로운 세대는 고대 세계가 종교를 바라보던 방식에 관해 더 심도 있는 설명을 내놓았다. 켈소스는 종교가 각 민족의 고유한 관습과 법도에 불가분하게 연결되어 있다고 생각했다. 종교적 믿음이나 관행을 궁극적으로 정당화하는 것은 신들의 본성에 관한 철학적 논변이 아닌, 세대를 거쳐 전수된 전통의 고대성이었다. 오래되었다는 것, 관행으로 굳어졌다는 것, 바로 이것이 종교 문제에 있어서 모든 판단의 기준이었다. 에우리피데스의 「박코스 여신도들」에서 예언자 테이레시아스는 신앙이란 물려받은 것으로 시간만큼이나 오래되었고, 어떤 논변으로도 뒤엎을 수 없는 것이라고 말한다. 그리스도교는 고향도 없고 한 민족이나 국가의 신앙도 아니었다. 따라서 그 전통의 고대성도 이야기할 수 없었다. 그들이 내세울 수 있었던 단 하나의 과거는 고대 이스라엘이었는데, 그리스도인들 스스로 척을 진 상황이었다. '오래된 가르침'이 '참 가르침'이라고 믿던 문화에서 그리스도교가 진리라고 주장할 수 있는 근거는 없었다.

여기서 쟁점은 고대 지중해 세계의 전통 종교와 팔레스티나에서 일어난 새 종교의 갈등만은 아니었다. 새로운 종교 이해가 핵심에 있었다. 그리스도교가 받은 비판 중 하나는 바로 종교를 사유화하고 취향에 따라 선택하는 개인적인 것으로, 로마 세계의 각 도시에서 그리스도인들이 조직한 '자발적' 단체의 것으로 만든다는 데 있었다. 그런 점에서 그리스도교는 종교라기보다는 차라리 철학의 한 학파로 보였다. 어느 정도 규모가 커진 후에도, 그리스도인들은 전통적으로 경건한 사람들에게 기대하던 모습의 삶을 따르지 않았다. 그리스도교가 종교를 사회와 정치에서 분리하고 있다는 비판이 뒤따랐다. 그리스도인들은 개인의 도덕적, 영적 변화, '개종'에 더 관심이 있어 보였다. 공적 경건에 기여하기보다는 교회라는 새로운 형태의 공동체로 사람들을 모으는 것에 관심이 있어 보였다. 물론 상황은 4세기 그리스도교가 로마 세계의 사회, 정치 체제를 종교적으로 정당화하는 역할을 떠맡으며 완전히 뒤바뀐다. "회개하여라. 하느님의 나라가 다가왔다!"라던 외침에서 출발한 이 운동은 카이사레아의 에우세비오스, 라틴 시인 프루덴티우스, 황제들의 칙령을 통해 로마 세계의 공적 종교, 나아가 서구 문명의 공적 종교로 다시 태어난다.

고대 세계와 그리스도교의 논쟁에서 중요한 또 다른 주제는 그리스도교 계시의 역사성이다. 초창기부터 그리스도교 외부자들은 그리스도인들이 예수를 선생이나 교주를 넘어 하느님의 독특한 계시로 이해한다는 사실을 발견했다. 켈소스는 물었다. 신이 인류에게 내려온 목적은 무엇인가? 그리스도인들은 하느님이 세상에 간섭하는 존재라고 믿었다. 그 결과 그들은 역사와 자연을 다른 방식으로 이해했다. 그리스도인들이 이성을 무시한다는, 이성에 반하는 주장을 한다는 비판은 여기에서 비롯되었다. 그리스도교는 이성이 추상적이고 논리적인 사고 과정이나 자연적 증거에 호소하는 데 머물러야 한다는 이해를 뒤집는다. 이성은 이를 뛰어넘어야 했다. 역사적 사건, 특히 예수 사건을 담아내야 했다.

이 논쟁은 결국 예수의 생애에 관해 성서가 기록하는 바가 얼마나 신뢰할 만하냐는 문제로 귀결된다. '신앙과 역사'라는 문제는 최근 두 세기 이상 신학계를 지배한 관심사였다. 18세기 말에 등장한 역사 비평으로 촉발된 이 문제는 복음서 전승에 관한 철저한 비판적 연구로 이어졌다. 그러나 이미 2세기에 켈소스는

「참말」에서 예수의 생애에 관한 기록을 비판적으로 다룬 바 있다. 포르퓌리오스는 성서의 문학적, 역사적 분석에 더 큰 주의를 기울였다. 그가 제시한 다니엘서의 저작 연대는 오늘날까지 성서비평학에서 정설로 여겨지고 있다. 성서를 두고 벌인 논쟁의 핵심 쟁점은 성서가 전하는 말들과 사건들을 신뢰할 수 있는지의 물음이었다. 성서는 요르단강에서 예수가 세례를 받을 때 하늘에서 소리가 나 예수를 불렀고, 새 같은 것이 예수에게 내려왔다고 한다. 그러나 켈소스가 말하듯, "이러한 환영을 본 믿을 만한 증인"은 없다(「켈소스 반박」 1.41).

고대 지식인들은 성서가 전하는 예수의 역사적 상이 얼마나 신뢰할 만한지에 그리스도교의 정당성이 달려 있다는 사실을 알아차렸다. 그리스도교 전통의 권위가 완전히 확립된 중세의 사상가들은 이를 근거로 논의를 펼칠 수 있었으나, 초기 그리스도교 사상가들의 처지는 달랐다. 자신들이 역사적 예수에 관해 주장하던 내용을 어떤 식으로든 방어해야 했다. 그리스도교 공동체의 기억과 자의식만으로 예수를 이야기할 수는 없었다. 400년경 아우구스티누스는 중요한 저작 「복음사가들의 일치」를 쓰며 복음서의 신뢰성에 관해 다루었다. 초기 그리스도교 사상에서 이 쟁점의 중요성을 과장할 생각은 없다. 많은 그리스도교 사상가는 무엇이 문제인지조차 알지 못했다. 그러나 바로 그러했기에 이 사실은 눈여겨볼 만하다.

'역사성' 문제의 또 다른 차원은 포르퓌리오스가 제기했다. 그리스도교의 구체적 형태가 예수에게서 유래한 것이 맞는지, 아니면 예수의 추종자들이 만든 것인지에 관한 물음이었다. 포르퓌리오스, 나아가 율리아누스는 신약성서를 근거로 예수가 자신을 하느님이라고 한 적이 없으며, 자기 자신이 아닌 한 분 하느님, 만인의 하느님에 관해 가르쳤다고 주장했다. 반면 예수의 추종자들은 예수의 가르침을 버리고 한 분 하느님 대신 예수를 예배와 숭배의 대상으로 끌어올리는 등 새로운 가르침을 내세웠다며 비판했다. 여기에서도 고대의 논쟁은 근대에 일어날 논의를 예견하고 있다. 포르퓌리오스의 의도는 물론 예수를 그리스 영웅들과 나란히 범신전에 모셔두고 그를 숭배한 사도들과 그리스도인들의 오류를 만천하에 드러내는 것이었다. 그러나 결과적으로 포르퓌리오스는 그리스도교 사상사에 끊임없이 속삭일 근심의 목소리, 그 긴장을 분명히 지적해낸 셈이다. 그리스도교는 예수의 가르침을 따르는 것인지, 예수 사후에 제자들이 날조한 가르침을 따르는 것은 아닌지.

비판은 언제나 뼈아프다. 초기 그리스도인들은 이러한 비판자들을 '진리의 적'이라고 부르며 못마땅하다는 반응을 보였다. 그러나 비판은 필요했고, 결과적으로 유익했다. 그리스도교 사유는 이러한 대화를 통해 발전했다. 일례로 무로부터의 창조를 들 수 있다. 갈레노스는 최초로 성서의 하느님 이해가 그리스 전통에서 발전한 창조 과정과 다른 관점에 있다는 사실을 파악한 인물이었다. 그리스도교 사상가들이 이 문제에 주목하기도 전에 그는 무언가 심오한 (그리고 그에게는 못마땅한) 사고의 변화가 일어나고 있다는 사실을 감지했다. 그리스도인들은 신이 자유롭고 초월적인 존재로, 의지로 물질을 만들어내 신의 의도에 따라 형성했다고 믿었다. 그리스 전통과의 대화를 통해, 그리스도인들은 계시에 담긴 함의를 정교화하고 독자적인 형태의 교리를 구축해 갔다. 영지주의자들이 그 첫 삽을 떴다. 그리스도교가 경건과 덕의 삶으로 사람들을 인도하는 학파로 비친 것도 그리스도교 사유가 발전하는 데 중요한 역할을 했다. '경건'이라는 표현은 처음부터 그리스도교 문헌에 등장한 것이 아니다. 그리스도교가 바깥 세계에 미신, 불경으로 몰리던 시기에 그리스도인들이 채택한 표현이다. 그리스도교를 철학의 한 학파로 제시하고, 예수를 도덕적 스승으로 묘사하며, 그리스도교 사상가들은 로마 세계에 설득력 있는 목소리를 낼 수 있었다.[2]

그리스도교 신학 전통은 씨앗에서 식물이 자라나듯 단일한 원천에서 발전하지 않았다. 이런 유기체적 은유는 역사적 경험과 잘 들어맞지 않는다. 사상과 제도는 내부의 논리 및 활력과 외부의 힘 사이에 일어나는 상호 작용을 통해 발전한다. 그리스도교에 대한 고대 다신교 세계의 비판을 다루며 맺는 결론이라할 수 있다. 그리스도교가 지금 형태의 모습으로 발전한 것은 켈소스와 포르퓌리오스, 율리아누스와 같은 비판자들이 있었기 때

---

[2]   Robert L. Wilken, 'Toward a Social Interpretation of Early Christian Apologetics', *Church History* 39 (1970), 437~58.

문이다. 이들 덕분에 그리스도교는 독자적인 목소리를 찾았다. 이들이 없었다면 그리스도교는 빈약한 형태에 머물렀을 것이다. 그리스도인들은 고대 세계의 전통을 과거의 지적 유산으로만 접한 것도, 교육을 통해서만 접한 것도 아니다. 지식인들이 제기한 가혹한 비판에 필사적으로 대응하는 과정에서 그들은 고대 세계의 전통과 만났고, 이를 자신의 것으로 만들었다.

그리스도인들이 비판자들과 얼마나 많은 것을 공유하였는지, 또 얼마나 그들에게서 배웠는지 돌아본다면 헬레니즘 문명이 그리스도교 사상의 방향성을 설정했다고 대답하기 쉽다. 그러나 사실 그 반대라고 할 수도 있다. 그리스도교는 새로운 쟁점을 철학에 던졌다.[3] 그리스도교의 독특한 면모는 호교론자들의 끈질김에 힘입어 그리스·로마 문화의 새로운 지평을 열었고, 고대 세계의 종교적, 지적 전통에 새로운 생명력을 선사했다.

---

[3] Stephen Gersh, *From Iamblichus to Eriugena* (Leiden, 1978)

참고 문헌

· Garl Andresen, Logos und Nomos: Die Polemik des Kelsos wider das Christentum (Berlin, 1955)

· Polymnia Athanassiadi-Fowden, Julian and Hellenism: An Intellectual Biography (Oxford, 1981)

· Timothy D. Barnes, 'Legislation .against the Christians', Journal of Roman Studies 58 (1968), 32~50.

· Walter Bauer, Das Leben Jesu im Zeitalter der neuiestamentlichen Apokryphen (Tübingen, 1909)

· Jean Beaujeu, La religion romaine à l'apogée de l'empire romain (Paris, 1955)

· Stephen Benko, 'Pagan Criticism of Christianity, during the First Two Centuries A. D.', Aufstieg und Niedergang der römischen Welt (Berlin, 1980)

· Stephen Benko, John J. O'Rourke, The Catacombs and the Colosseum: The Roman Empire as the Setting of Primitive Christianity (Valley Forge, 1971)

· Hans Dieter Betz, 'Lukian von Samosata und das Christentum', Novum Testamentum (1959).

· Glenn Bowersock, Julian the Apostate (Cambridge, 1978)

· Robert Browning, The Emperor Julian (London, 1975)

· Samuel Dill, Roman Society in the Last Century of the Western Empire (London, 1899)

· Samuel Dill, Roman Society from Nero to Marcus Aurelius (London, 1911)

· E. R. Dodds, Pagan and Christian in an Age of Anxiety (New York, 1965)

· Andre-Jean Festugiere, Personal Religion among the Greeks and Romans (Berkeley, 1954)

· Ludwig Friedlaender, Roman Life and Manners under the Early Empire (London, 1908)

· H. Fuchs, 'Tacitus über die Christen', Vigiliae Christianae 4 (1950)

· Eugene V. Gallagher, Divine Man or Magician? Celsus and Origen on Jesus (Chico, CA, 1982)

· Johannes Geffcken, The Last Days of Greco-Roman Paganism (Amsterdam, 1978)

· Robert Grant, The Sword and the Cross (New York, 1955)

· Robert Grant, The Earliest Lives of Jesus (New York, 1961)

· Robert Grant, 'The Religion of Emperor Maximin Daia', Christianity and Other Greco-Roman Cults vol. 4 (Leiden, 1974)

· E. G. Hardy, Christianity and the Roman Government (London, 1894)

· Adolf von Harnack, The Mission and Expansion of Christianity in the First Three Centuries (London, 1908)

· I. Heinemann, 'The Attitude of the Ancient World toward Judaism', Review of Religion 4 (1940)

· L. F. Janssen, "Superstitio' and the Persecution of the Christians', Vigiliae Christianae 33 (1979)

· D. Kaufmann-Buhler, 'Eusebeia', Reallexikon Antike und Christentum vol. 6 (Stuttgart, 1966)

· P. Keresztes, 'The Imperial Roman Government and the Christian Church. I. From Nero to the Severi. II. From Gallienus to the Great Persecution', Aufstieg und Niedergang der römischen Welt vol. 23.2 (Berlin, 1980)

· Pierre de Labriolle, La Réaction païenne: Étude sur la polémique antichrétienne du Ier au vi^e siècle (Paris, 1948)

· G. La Piana, 'Foreign Groups in Rome during the First Centuries of the Empire', Harvard Theological Review 20 (1927)

· J. H. W. G. Liebeschultz, Continuity and Change in Roman Religion (Oxford, 1979)

· Ramsay MacMullen, Paganism in the Roman Empire (New Haven, 1981)

· Wayne A. Meeks, The First Urban Christians: The Social World of the Apostle Paul (New Haven, 1983) 『1세기 기독교와 도시 문화』 (IVP)

· Anthony Meredith, 'Porphyry and Julian against the Christians', Aufstieg und Neidergang der römischen Welt vol. 23.2 (Berlin, 1981)

· Arnaldo Momigliano(ed.), The Conflict between Paganism and Christianity in the Fourth Century (Oxford, 1963)

· Pierre Nautin, 'Trois autres fragments du livre de Porphyre Contre les chrétiens', Revue Biblique 57 (1950)

· Wilhelm Nestle, 'Die Haupteinwände des antiken Denkens gegen das Christentum', Christentum und antike Gesellschaft (Leipzig, 1948)

· A. D. Nock, Conversion: The Old and the New in Religion from Alexander the Great to Augustine of Hippo (Oxford, 1933)

· Wolfhart Pannenberg, Basic Questions in Theology 2 (Philadelphia, 1971)

· Raffaele Pettazzoni, 'State Religion and Individual Religion in the History of Italy', In Essays on the History of Religions (Leiden, 1954)

· Karl Pichler, Streit um das Christentum: Der Angriff des Kelsos und die Antwort des Origenes (Frankfurt-am-Main, 1980)

· Paul Rabbow, Seelenführung: Methodik der Exerzitien in der Antike (Munich, 1954)

· M. Radin, The Jews among the Greeks and Romans (Philadelphia, 1915)

· William R. Schoedel, 'Christian 'Atheism' and the Peace of the Roman Empire', Church History 42 (1973)

· Morton Smith, Jesus the Magician (New York, 1978)

· Morton Smith, 'Pauline Worship as Seen by Pagans', Harvard Theological Review 73 (1980)

· Wolfgang Speyer, 'Zu den Vorwürfen der Heiden gegen die Christen', Jahrbuch für Antike und. Christentum 6 (1963)

· Peter Stockmeier, 'Christlicher Glaube und antike Religiosität', Aufstieg und Niedergang der römischen Welt Vol. 23.2. (Berlin, 1980)

· Jules Toutain, Les cultes païens dans l'empire romain (Paris, 1911)

· Joseph Vogt, Zur Religiosität der Christenverfolger im Römischen

Reich, Sitzungsberichte der Heidelberger Akademie der Wissenschaften, Philosophisch-historische Klasse (Heidelberg, 1962)

· J. P. Waltzing, Étude historique sur les corporations professionnelles chez les Romains, 4 vols (Brussels, 1895~96)

· Richard Walzer, Galen on Jews and Christians (London, 1949)

· E. P. Sanders (ed.), Jewish and Christian Self-Definition, Vol. 1 (Philadelphia, 1980)

. Robert Louis Wilken, 'Toward a Social Interpretation of Early Christian Apologetics', Church History 39 (1970)

찾아보기

그리고 로마는 그들을 보았다
- 로마 세계의 눈에 비친 그리스도교

초판 발행 ｜ 2023년 6월 30일

지은이 ｜ 로버트 루이스 윌켄
옮긴이 ｜ 양세규

발행처 ｜ 비아
발행인 ｜ 이길호
편집인 ｜ 이현은
편　집 ｜ 민경찬
검　토 ｜ 강성윤 · 정다운 · 황윤하
제　작 ｜ 김진식 · 김진현 · 이난영
재　무 ｜ 황인수 · 이남구 · 김규리
마케팅 ｜ 김미성
디자인 ｜ 손승우

출판등록 ｜ 2020년 7월 14일 제2020-000187호
주　소 ｜ 서울시 강남구 봉은사로 442 75th Avenue 빌딩 7층
주문전화 ｜ 02-590-9842
이메일 ｜ viapublisher@gmail.com

ISBN ｜ 979-11-92769-34-9 (93230)
한국어판 저작권 ⓒ 2023 ㈜타임교육C&P